**워런 버핏
투자의 역사**

버핏의 투자 포트폴리오 20개로 배우는 가치투자의 법칙

워런 버핏
투자의 역사

예페이 루 지음 | 백승우 옮김 | 오인석 감수

한스미디어

나의 아름다운 딸 릴리와 멋진 아들 레오에게

●

버핏의 역사에서 캐낸
가치투자의 새로운 이정표

최준철(VIP 자산운용 대표)

· · ·

"역사상 최고의 투자자가 베팅하는 순간을
마치 옆에서 목격하는 듯한 황홀한 경험을 했다."

내가 처음 워런 버핏을 만난 건 1996년이었다. 물론 직접 알현한 건 아니었다(그랬으면 얼마나 좋았을까!). 대학에 입학해 호기심에 주식 투자를 시작한 직후 우연히 학교 앞 서점에서 버핏의 투자 일대기를 다룬 『마이더스의 손』(존 트레인 저)이란 책을 접했고 이에 완전히 매료된 나는 가치투자자로 살기로 결심했다.

버핏으로 인해 인생 행로가 송두리째 바뀐 나는 그 이후로 23년간 시중에 발간된 모든 버핏 관련 서적을 탐독했다. 사실 『마이더스의 손』은 핵심을 담고 있긴 하나 버핏의 방대한 면모까지는 나아가지 못한 얇은 책이었다. 하지만 그의 명성이 더해갈수록 새로 나오는 책들은 점점 더 넓고 깊은 내용을 담기 시작했다. 급기야 그의 인생사를 샅샅이 조사한 책부터 주주총회의 질의응답 내용을 모두 담은 책까지 출간됐다.

이쯤 되니 돌아가시기 전까지 앞으로 나올 주주서한을 제외하곤 그분에 대해 더 이상 모르는 게 없다는 생각을 가지고 있었음을 솔직히 고백한다. 그러던 차에 『워런 버핏 투자의 역사』를 접하게 되었고 버핏의 투자 철학과 방법을 이해하기에 그동안 나온 책들로 충분했다는 내 생각은 산산이 깨졌다. 그의 굵직한 투자 사례를 지금의 각도에서만 바라봤지 의사결정을 내릴 당시의 상황과 주어진 기업정보를 가지고 접근해볼 생각을 하지 못했다는 생각이 들었기 때문이다. 또한 현재의 정점에 이른 진화의 관점에서 봤던 탓에 초기의 투자 건이 가진 의미에 대해 깊이 있는 통찰을 하지 못했음을 반성했다.

이 책의 가장 큰 미덕은 과거사에 대한 평론의 입장이 아니라 당시로 돌아가 버핏의 판단을 최대한 객관적으로 이해하려 노력했다는 데 있다. 예컨대 뎀스터 밀 사례에선 사모펀드Private Equity Fund 매니저의 면모를, 텍사스 내셔널 페트롤리엄 사례에선 차익거래자의 면모를 읽을 수 있다. 이에 더해 어떻게 가치평가를 해서 얼마의 가격을 지불했을까 하는 진지한 추론의 과정도 이 책의 가치를 드높인다. 무려 60년 전의 재무 데이터를 수집한 저자의 수고로 인해 독자인 우리의 수고가 줄어들었음은 물론이다.

　살로먼과 US 에어는 둘 다 우선주의 형태로 투자를 했다, 실패를 경험했다는(최종 수익의 관점에선 실패가 아니었지만) 공통점을 가지고 있는 사례다. 하지만 버핏이 직접 임시회장을 맡은 스토리 때문에 기존 책들에선 살로먼 건에 대해서만 많은 분량을 할애할 뿐 US 에어는 잘 다뤄지지 않았다. 하지만 이 책은 당시 왜 버핏이 US 에어 우선주를 살 만하다고 여겼는지 파고든다. 그의 흥미로운 인생 역정보다 사례 하나하나를 통해 워런 버핏 가치투자법을 캐내려는 저자의 노력이 느껴지는 대목이다.

　어느 분야나 탁월한 대가들이 존재한다. 그리고 대가들은 분야를 뛰어넘어 서로를 수식하기도 한다. 버핏을 투자계의 마이클 조던이라 부르는 것처럼 말이다. 우리는 조던 하면 NBA 파이널의 결정적인 버저비터 혹은 덩크 컨테스트에서 보여준 자유투 라인 덩크슛 장면을 떠올린다. 비록 경기장에 없었더라도 녹화된 영상을 반복적으로 봤기 때문이다. 하지만 투자는 스포츠가 아니니 그런 연상을 할 수가 없었다.

이제는 다르다. 버핏이 혼신의 힘을 모아 투자한 20건의 사례를 당시의 정보와 시점을 바탕으로 분석한 저자의 시도와 노력 덕분에 역사상 최고의 투자자가 베팅하는 순간을 마치 옆에서 관람하는 듯한 황홀한 경험을 할 수 있게 됐다. 버핏의 명승부 장면을 감상하며 머리에 잘 새겨두길 바란다. 투자에 도움이 될 것이라 확신한다.

들어가며

●

워런 버핏과 그의 투자 수단으로 활용된 버크셔 해서웨이는 지난 30년을 거치며 이제는 모두가 아는 이름이 되었다. 마찬가지로 투자 업계에 종사하는 사람에게 네브라스카 주 오마하는 더는 알려지지 않은 미국 중서부 마을이 아니다. 버핏의 전설적 투자 성과 덕분에 개인 투자자들은 그와 똑같은 방식으로 투자하려 했고, 많은 투자 전문가도 버핏의 전략을 모방하려 했다. 그런데 버핏의 투자 중 가장 좋았던 투자는 무엇이었으며, 그는 어떤 이유로 그 투자를 했을까? 더 나아가 우리는 버핏의 경험에서 무엇을 배울 수 있을까?

버핏의 투자 경력을 거슬러 올라가 이러한 질문에 대한 답을 찾아내는 것이 이 책의 초점이다. 구체적으로 내가 판단하기에 버핏의 투자 경력에 실질적으로 가장 큰 영향을 미쳤다고 생각되는 20건의 투자를 살펴보고자 한다. 다양한 유형의 투자뿐 아니라 특히 유익하다고 생각한 투자 실례를 추렸다. 또한 각 투자가 집행될 당시의 상대적 투자 규모도 고려했다.

버핏의 주요 투자 사례를 분석하면서 그가 투자 결정을 내리며 취했던 상세 조치를 살펴보고, 제삼자의 관점에서 버핏 및 당시 다른 투자자가 각 상황에서 고려했을 논리적 근거를 이해해보려고 했다. 또한 어떤 경우에는 독특한 그의 관점을 강조하기 위해 그와 같은 시기에 버핏이 했던 것처럼 그 기업에 관해 연구한 애널리스트의 관점을 취해보려 했다. 이 책은 버핏에 관한 다른 책들과는 달리 앞서 언급한 방식을 통해 그의 주요 투자와 관련 있는 내용만 담는 데 초점을 맞추고 있다. 가능하면 원본 문서와 기타 정보를 활용해 버핏의 투자에 관한 기존 책들이 다루어온 내용(버핏의 연간 서한 포함)의 범위를 넘어보려 한다. 버핏이 집행했던 주요 투자에 관한 현실적 분석을 독자들에게 제공하고, 독자들이 스스로 자신의 통찰과 결론을 끌어낼 수 있도록 하는 것이 나의 전반적 목표다.

이 책은 연대순으로 나열된 세 부분으로 구성돼 있다. 1부에서는 버핏이 버크셔 해서웨이를 인수하기 전에 운영했던 민간 투자 파트너십인 버핏 파트너십에서 1957년부터 1968년 사이에 집행한 핵심 투자 5건에 관해 상세히 다룬다. 2부에서는 버크셔 해서웨이를 자신의 투자 수단으로 활용한 첫 20년인 1968년에서 1990년 사이에 버핏이 집행한 9건의 투자에 관해 자세히 다룬다. 3부에서는 1990년 이후 버크셔의 투자에 초점을 맞춘다. 각 부의 도입 부분에서는 각각의 투자가 버핏의 투자 경력과 얼마나 잘 맞았는지뿐만 아니라 그가 투자한 주요 시장인 미국 증시의 당시 투자 상황에 관해 광범위하게 살펴본다. 각 부의 개별 장에서는 구체적인 투자 사례에 초점을 맞춰 각각의 투자를 케이스 스터디처럼 다룬다. 이 책의 4부에서는 투자자로서의 버핏의 폭넓은 진화에 관해 깊이 생각해본다. 또한 20건의 주요 투자를 통해 분석한 버핏의 투자 철학과 투자 전략에서 내가 배운 내용을 요약한다.

　버핏의 투자를 구체적으로 살펴보기 전에 내가 분석에 적용한 방법론에 관해 정의하고자 한다. 어떤 투자를 평가할 때 나의 접근법은, 우선 투자의 질적 요소와 상황을 이해한 후 그 가치를 평가하는 것이었다. 가치평가에서는 주로 회사의 지속 가능한 이익 수준을 고려한 후 그 이익을 기반으로 내재가치를 계산했다. 이 과정에서는 종종 사업의 순환성을 고려한 조정도 진행했다. 어떤 경우에는 자본적 지출 CAPEX에 대한 상각비용을 반영하기도 했고, 또 다른 경우에는 단순히 직전 연도의 이익을 사용하기도 했다. 일관성과 단순함을 위해 나는 위에 언급한 이익 기반 가치평가 지표로 PER(기업의 시가총액을 명목이익으로 나눈 값 혹은 주가를 주당이익으로 나눈 값) 지표보다는 표준화된 수치를 기반으로 산출된 EV/EBIT(기업가치EV: Enterprise Value를 이자 및 세전 이익EBIT: Earnings before Interest and Tax으로 나눈 값) 지표를 더 많이 적용하기로 했다.

또한 적용이 가능한 몇몇 사례에서는 이익 기반 가치평가 대신 혹은 추가로 자산 기반 가치평가를 진행했다. 내가 선택한 질적 평가와 가치평가 방법이 기업들을 평가하는 유일한 방법은 아니다. 나의 분석에는 다양한 해석의 여지가 있으며, 확실히 내가 하지 않은 다른 조정을 통해 그 해석이 개선될 수 있는 경우도 있다. 하지만 다시 요약하자면, 이 책은 이용 가능한 데이터를 바탕으로 회사들에 대한 정확한 투자 분석을 제공하는 것을 목표로 한다. 종합적으로 나는 그 투자 사례들을 분석하면서 버핏의 투자 결정에 관해 내가 최선을 다해 이해하고 해석한 내용을 반영하고자 했다.

🔑 목차

1부 투자에 눈을 뜨다:
파트너십 기간(1957-1968) 19

2부 기업의 본질적 가치를 발견하다:
중반기(1968-1990)   113

Warren Buffett

투자에 눈을 뜨다: 파트너십 기간
(1957-1968)

Warren Buffett

INSIDE THE INVESTMENTS OF
WARREN BUFFETT

워런 버핏의 투자 경력은 1957년 첫 투자 파트너십을 결성하면서 본격적으로 시작되었다. 기록을 통해 잘 알려진 것처럼 버핏은 컬럼비아 경영대학원에서 벤저민 그레이엄Benjamin Graham에게 배우고, 그레이엄-뉴먼 코퍼레이션Graham-Newman Corporation에서 증권 애널리스트로 2년간 일한 후 친구들과 가족, 가까운 동료들에게서 펀딩을 받아 버핏 파트너십BPL: Buffett Parnership Limited을 결성했다.

투자에 관한 버핏의 사고 프로세스는 이후 그의 투자 경력에서 기록을 통해 훨씬 더 많이 밝혀지지만, 몇 가지 분명한 테마는 그의 파트너십 기간에 뚜렷하게 인식된다. 무엇보다 버핏은 좋은 가격에 살 수 있는 구매자가 되는 것에 집중한다. 그는 1962년 파트너십 서한에서 자신의 투자 철학의 토대는 자산을 헐값에 사는 것이라고 말하는데, 이는 낮은 가격 대 내재가치평가 (즉 기업의 현금흐름 창출 능력이나 자산가치에 대한 근본적 평가)라는 전통적 벤저민 그레이엄의 관점에서 버핏이 고려한 부분이다. 둘째, 버핏은 움직이는 시장이라는 관점이 확고하다. 즉 미스터 마켓Mr. Market은 기업가치를 과대평가하거나 과소평가하기도 하지만, 장기적으로는 그 가치가 내재가치 주위에서 움직인다는 것이다. 셋째, 버핏은 시장에 어떤 투자자가 참여하고 있으며, 그 투자자의 생각이 시장에 어떤 영향을 미치는지 같은 투자자 심리에도 주목한다. 특히 다양한 시기별로 투자자들이 확고한 태도를 지니고 있는지, 아니면 광기에 휩싸여 있는지에 관한 자신의 생각을 수차례 언급한다.

버핏은 파트너십을 운영하면서 이 기간 중 자신이 투자한 회사를 파트너들에게만 공개하는 블랙박스 유형의 전략을 채택했다. 버핏은 1963년 연말 파트너십 서한에서 "현재 투자 운용에 관한 내용은 말할 수 없다. 그러한 공개 정책은 결코 우리의 결과를 향상할 수 없으며, 어떤 상황에서는 우리에게 심각한 타격을 입힐 수도 있다. 이러한 이유로 파트너를 포함해 어떤 누구라도 우리에게 정보 보안에 관해 묻는다면, 우리는 수정 헌법 5조(자기에게 불리한 증언의 거부, 자유·재산권의 보장 등이 규정된 미국의 헌법 조항-옮긴이)를 그 질문에 대한 답변으로 제시해야 한다"고 말한다.

이 시기에 버핏이 집행한 주요 투자는 기업가치에 대한 베팅과 기업활동이 혼합된 투자였다. 버핏 파트너십은 파트너십 전체 순자산의 35%를 한 회사에 투자하기도 했고, 기회가 된다면 회사 전체 지분의 과반수를 인수하기도 했다.

버핏이 자신의 파트너십을 운영한 1950년대 후반부터 1960년대에 미국은 비교적 평온했으며 경제적으로는 번창했다. 1950년대는 한국전쟁이 있었고 1960년대 초반에는 냉전이 한창이었는데, 미국 경제는 이러한 정치보다는 덜 다사다난했다. 1950년대에 다우지수는 1950년 200포인트에서 1960년 600포인트로 상승(약 200% 상승)했다. 1960년대 초 작은 불황으로 다우지수가 1961년 말 최고치였던 730선에서 1962년에는 530선(27% 하락)으로 떨어졌지만, 1965년 다시 900선(최저치 대비 70% 상승)을 넘어섰다.

경제는 케네디 정부 동안 계속 성장했는데, 심각한 우려의 신호는 인플레이션율이 더 빠르게 상승하기 시작한 1960년대 말에야 처음으로 나타났다. 1968년 버핏이 자신의 투자 파트너십을 해산할 무렵에는 경제 번영으로 가치투자 대상을 발견하는 일이 점점 더 힘들어졌다. 사실 이것도 훌륭한 성과를 거뒀던 자신의 파트너십을 해산한 주요 이유였다.

이 책의 1부에서 다룬 5건의 투자는 버핏의 파트너십 기간 중 내가 가장 중요하다고 생각하거나 가장 흥미롭다고 생각했던 투자들이다.

01
·
샌본 맵 컴퍼니1958
Sanborn Map Company

· · ·

버핏은 이 경우 대부분 다른 애널리스트보다
회사 내 핵심 이해관계자들을 훨씬 더 자세히 이해하고 있었다.

샌본 맵 컴퍼니의 역사는 흥미진진하다. 1860년대에 D. A. 샌본
D.A.Sanborn이라는 젊은 측량사가 애트나 보험회사Aetna Insurance
Company에 고용되어 보스턴 시의 여러 지도를 제작했다. 애트나는
조사 지역에 있는 특정 건물의 화재보험 위험을 평가하기 위해 이 지
도를 사용했다. 제작된 지도들이 큰 인기를 끌면서 샌본은 샌본 맵
컴퍼니라는 자신의 회사를 설립했다. 1860년대와 1870년대를 지나
며 샌본은 지역적으로 확장했고, 1870년대 후반에는 이미 50개가 넘
는 도시의 지도를 제작했다. 1920년대까지 샌본 맵 컴퍼니는 미국의
화재보험 지도 분야의 시장 선도자가 되었다.

샌본 맵 컴퍼니와 이 회사의 제품을 더 잘 이해하기 위해서는 화재보험 산업에 관해 이해해야 한다. 화재보험은 1666년 런던 대화재 이후 영국에서 시작되었다. 이 화재로 런던의 주택 1만 3,000채 이상이 파괴되었고, 런던의 주민 약 20%가 노숙자가 되었다. 1700년대와 1800년대에 이 산업은 미국에 진출했는데, 초창기에는 사업 운영 칙령을 받은 영국 기업들에 의해 운영되다가 이후 미국 내에서 이 사업을 개척한 자국 기업들에 의해 운영되었다. 1800년대 후반까지는 화재보험회사들이 주로 보스턴과 필라델피아 같은 대도시에서 눈에 띄었다. 이 회사들은 해당 건물의 건축 유형, 건설 자재, 창 수 그리고 주변 구조물 같은 구조 관련 기타 요인에 대해 검사한 후 위험을 인수하고 가격을 매겼다. 따라서 이 절차에는 전문 조사관의 현장 검사가 필요했다.

현장 검사에는 시간이 오래 걸리고 비용이 많이 들었기 때문에 화재 위험을 적절히 평가할 수 있는 수준의 상세 지도 제작이 가능한 회사에는 분명한 이점이 있었다. 우선, 한 번에 하나의 구조물을 평가하는 것보다 한 번에 한 블록이나 나아가 도시와 근교까지 함께 평가하는 것이 훨씬 더 효율적이었다. 더 중요한 것은 지도에는 규모의 이점이 있다는 사실이었다. 한 보험자와 관련해 생성된 정보를 한 번만 활용하는 대신, 한 번 작성된 지도는 여러 보험회사에서 동일한 보험 인수 대상 구조물을 평가하는 데 사용될 수 있었다.

이것은 오늘날 인공 지진을 통한 지질탐사 산업, 즉 석유회사를 위해 해저 석유 시추에 필요한 지도를 제작하는 산업과 유사하다. 예를

[그림 1.1] 샌본 맵 컴퍼니의 연차보고서

들어 TGS-노펙TGS-Nopec 같은 회사들은 (이와) 유사한 규모의 편익

을 얻는다. TGS-노펙은 멕시코 만 등의 해저 지역을 2차원과 3차원

으로 측량한 후 이 정보를 해당 지역 시추에 관심 있는 주요 석유회

사들에 판매한다. 샌본 맵 컴퍼니의 지도는 당시 멀티 보험 관행과도 아주 잘 맞았다. 위험의 일부만 부담하는 몇몇 보험회사들이 모여 큰 산업 구조물의 보험을 인수하는 일이 당시에는 꽤 흔했다.

상세 지도 제작에는 초기 비용이 매우 많이 들었다. 하지만 일단 샌본이 한 도시의 지도 제작에 필요한 막대한 초기 비용을 집행한 후에는 그 지역에서의 지속적 사업 운영에 필요한 자본집약도는 그보다 훨씬 낮았다. 지속적인 사업을 위해 필요한 조사관은 한 지역당 단지 몇 명에 불과한 경우가 많았다. 이들은 도로와 건설물의 변화를 파악한 뒤 이를 지도를 편집하는 지도제작부서에 보냈다. 이는 시간이 지날수록 샌본이 매우 높은 마진을 얻을 수 있다는 것을 의미했다. 하지만 경쟁업체가 같은 시장에 진입해 샌본과 그 업체가 그 도시의 고객들로부터 창출되는 수익을 나눠야 한다면, 그 분할된 시장에서 얻게 될 적은 수익으로는 더 이상 지도 제작에 필요한 선행 투자를 정당화할 수 없을 것이다. 따라서 일단 샌본이 한 도시의 지도를 제작하면 다른 어떤 경쟁자도 시장에 진입하지 못하게 될 것이다.

이 두 번째 요인 때문에 그 산업 내에서는 통합의 기회가 무르익게 되었다. 이런 배경을 고려하면 정확한 양질의 지도를 제작하기 위해 직원 훈련에 세심하게 신경 썼으며 초기에는 유기적으로, 나중에는 인수를 통한 확장에 적극적이었던 샌본같이 잘 운영된 회사가 어떻게 큰 성공을 거둘 수 있었는지를 어렵지 않게 이해할 수 있다.

1800년대 후반에는 제퍼슨 보험회사Jefferson Insurance Company, 헥사머 앤 로커Hexamer & Locher, 페리스 앤 브라운Perris & Brown(1889년

샌본과 합병), 댄킨 맵 컴퍼니Dankin Map Company 등 여러 지도회사가 있었지만, 1920년대에 들어서면서 샌본 맵이 산업 내 지배적 역할을 하게 되었다. 이러한 변화에 크게 기여한 마지막 요인은 표준화에 대한 보험회사들의 요구였다. 일반적으로 보험회사들은 하나의 표준을 정해 인수 담당 직원들을 훈련시키고자 했기 때문에 전국적인 규모에서 체계적인 조사 프로세스를 보장할 수 있는 회사를 선호했다.

[그림 1.2] 샌본이 제작한 보스턴 시 지도 일부(1867년, 범례)

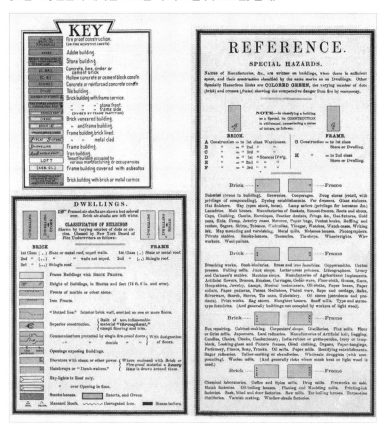

1958년 워런 버핏이 샌본에 투자했을 당시 그 회사는 수십 년 동안 산업 내에서 지배적 역할을 해왔다. 샌본이 생산한 제품을 이해하기 위해서는 1867년 샌본이 제작한 보스턴 시 지도([그림 1.2]와 [그림

[그림 1.3] 샌본이 제작한 보스턴 시 지도 일부(1867년, 보스턴 보험 지도)

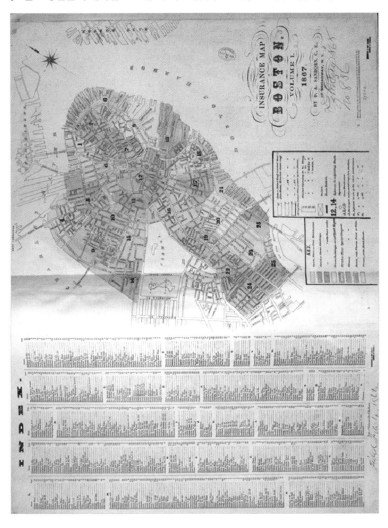

1.3])를 참조하는 것이 좋겠다.

보험회사의 화재 위험 추정이라는 원래 목적에 충실하면서도 샌본의 지도에는 도시의 도로와 주택뿐 아니라 지하 수도관의 지름, 창문의 수, 엘리베이터 통로, 건물의 자재, 산업시설의 생산 라인 같은 항목들도 있었다. 일반적으로 고객들에게 판매되는 상업용 제품은 23kg 정도 되는 많은 지도로 구성돼 있었는데, 그 지도에는 특정 도시의 상세 레이아웃도 포함돼 있었다. 지도의 초기 구입비용 외에도 샌본은 고객들에게 지도 수정비용을 지속적으로 부과했는데, 오마하와 같은 중간 규모 도시의 경우 그 비용은 연간 약 100달러 수준이었다. 그러한 상세 지도를 이용하는 고객은 전기·수도·가스 등을 다루는 유틸리티 공기업, 모기지 회사, 세무당국 등으로 확대되었지만, 1950년 말까지만 해도 여전히 샌본 수입의 약 95%는 30여 개 보험회사로 이루어진 핵심 그룹에서 창출된 것으로 알려져 있다.

모든 요소를 고려했을 때 1950년대까지 샌본의 사업은 훌륭했다. 샌본은 고객에게 중요한 서비스를 제공한 대가로 고마진의 수익을 꾸준하게 얻었다. 하지만 불행하게도 1950년대에 들어서며 샌본의 지도를 대체할 새로운 기술이 개발되었다. 보험회사들은 이제 지도에 표시된 구조물과 주변 환경에 기반해 보험 위험을 측정하는 대신 구조물 비용 같은 재무정보를 바탕으로 한 알고리즘 계산에 의존하게 되었다. '카딩carding'이라는 방법이었다.

샌본에게 더 안 좋았던 것은 점점 더 많은 보험회사들이 카딩을 이용하고 있다는 사실이었다. 1958년 버핏이 샌본에 투자하기 시작했을 때 이익률은 과거 수년간 급격히 하락하고 있었고, 1938년 110달러까지 올랐던 주가도 45달러 선으로 하락(약 60% 하락)한 상황이었다. 워런 버핏이 버핏 파트너십 주주들에게 보낸 연례 서한을 보면, 이 시기는 다우지수가 120포인트 수준에서 약 550포인트 수준으로 상승(약 360% 상승)한 시기와 겹친다.

버핏과 같은 시기에 샌본 투자를 고려하던 투자자에게 샌본에 관한 평가는 다음과 같았을 것이다. 샌본의 사업은 오랫동안 거의 완벽한 사업이었고, 샌본은 중요한 서비스를 제공하는 유일한 회사로 자본이익률도 높았다. 하지만 1958년 이전 몇 년간 이 사업은 새로운 기술의 도입으로 심각한 대체 위험에 직면했는데, 이로 인해 화재보험 산업 내에서 회사의 핵심 사업이 현저히 잠식되었다. 그동안 쌓아 온 자랑스러운 유산에도 불구하고, 당시 막 샌본의 사업을 살펴보기 시작한 분석가에게 그 회사의 사업은 구조적으로 쇠퇴하고 있으며 근본적으로도 다소 부실해 보였을 것이다. 1960년 무디스 산업 매뉴얼에 실린 샌본 맵 컴퍼니(1959년 퍼스트 펠햄 코퍼레이션First Pelham Corporation으로 회사명 변경)의 상세 재무정보([붙임 1.1] 참조)를 보면 1950년 이후 매출총이익과 순이익 모두 점진적으로 감소하고 있음을 알 수 있다. 순이익은 1950년부터 1958년까지 매년 약 10%씩 줄어들었다.

그러나 버핏이 파악한 것처럼 좀 더 세심하게 분석했다면 비록 쇠퇴하긴 했지만 샌본의 사업은 죽은 사업과는 거리가 멀다는 결론을 내릴 수 있었을 것이다.

[붙임 1.1]

1960년 무디스 매뉴얼에서 샌본 맵 컴퍼니의 재무정보를 발췌
퍼스트 펠햄 코퍼레이션

역사: 1876년 2월 8일 뉴욕에서 샌본 맵 앤 퍼블리싱 컴퍼니 Sanborn Map and Publishing Co.로 설립. 이후 샌본-패리스 맵 컴퍼니Sanborn-Perris Map Co.로, 그리고 1901년에는 샌본 맵 컴퍼니 Sanborn Map Co.로 사명 변경. 1959년 12월 31일 현재 사명으로 변경됨. 아래 '개편' 참조.

개편: 샌본 맵 컴퍼니라는 새로운 뉴욕 소재 회사로 지도 사업을 이전하며 1959년 12월 15일 사명 변경에 관한 주주들의 승인을 받았음. 새로운 사명은 12월 31일부터 실제 효력 발생. 퍼스트 펠 햄 코퍼레이션으로 사명 변경. 타 회사의 주식, 채권, 증권 유통을 포함한 회사의 권한 및 목적을 확장하기 위한 정관 변경. 그 결과 회사는 운영 자산에 대해 발행된 새로운 샌본 맵의 보통주 31만 5,000주를 포함한 투자자산 관리에만 직접 관여하게 됨.

사업: 1959년 12월 31일부터 모든 종류의 증권에 투자한다. 이전 지도 사업을 운영하고 자산을 보유하는 샌본 맵 컴퍼니의 주식 전체를 소유한다.

자회사: 지분 전체를 소유한 샌본 맵 컴퍼니는 미국 전역 및 국경 일부 도시와 마을을 조사하고 화재보험 및 부동산 지도를 발간한다. 주로 화재보험회사와 관련 이익단체에 지도를 판매한다. 또한 지역사회 계획 수립, 유틸리티 공기업의 기록 및 시장 분석을 위한 지도 서비스를 제공한다. 공장 지도도 발간한다. 본점은 뉴욕 주 펠햄, 그리고 지점은 시카고와 샌프란시스코에 있으며, 영업 사

무소는 뉴욕과 애틀랜타에 있다.

경영진: C. P. 허벨(사장), H. E. 오비어트(부사장 및 비서실장), R. E. 켈너, C. F. 돈(부사장). C. H. 카(부사장보), F. H. 클라이스트(재무이사), D. G. 도빈스(비서실장보)

이사진: D. R. 애커먼, 에스몬드 어윙, H. H. 플래그, C. P. 허벨, H. W. 밀러, H. E. 오비어트, W. B. 리어던, J. S. 태버, W. C. 리지웨이 주니어, W. L. 놀런, J. A. 노스, L. A. 빈센트, P. S. 브라운, W. E. 버핏.

주주 수: 1,475명(1959년 12월 31일 현재).

종업원 수: 350명(1959년 12월 31일 현재).

회계감사: 차일드, 로손 앤 레오나드.

주소: 뉴욕 주 펠햄 5번가 629.

자본: 퍼스트 펠햄 주식회사 보통주. 액면가 25달러.

[표 1.1] 손익계정

12월 31일 마감

	1959	1958
매출총이익	$665,693	$706,168
영업비	533,573	542,765
영업이익	132,120	163,403
기타 이익	228,013	242,862
총이익	360,133	406,265
연방소득세	77,608	103,400
순이익	282,526	302,866
유보이익(1월 1일)	1,664,749	1,659,351
배당	267,750	283,500
순세액 조정	1,752	cr 1,465
기타 공제	–	5,735
주식매각이익	8	dr 9,698
유보이익(12월 31일)	1,681,281	1,664,749

발행주식: 105,000주. 액면가 25달러(1934년 액면가 100달러인 주식 1주당 액면가 20달러인 주식 5주로 분할).

[표 1.2] 이익 항목

12월 31일 마감

	매출총이익($)	순이익($)	발행주식 수	주당순이익
1959	665,693	282,526	105,000	2.69
1958	706,168	302,866	105,000	2.88
1957	774,785	372,185	105,000	3.54
1956	800,890	418,980	105,000	3.99
1955	1,151,648	537,078	105,000	5.12
1954	1,196,199	550,998	105,000	5.25
1953	1,170,047	513,223	105,000	4.89
1952	1,152,705	511,873	105,000	4.87
1951	1,216,617	537,742	105,000	5.12
1950	1,344,170	679,935	105,000	6.48

배당: 1934년 4:1 주식분할, 주식 1주 추가 지급
개서 및 등기: 뉴욕 마린 미들랜드 트러스트 주식회사

자료: 무디스 산업 및 기타 증권 매뉴얼(915페이지, 1960년)

[표 1.3] 대차대조표

12월 31일 기준

	1959	1958
자산:		
현금	$425,831	$227,852
외상매출금	444,430	414,860
재고자산	830,331	1,068,785
선급금	4,726	6,404
총유동자산	$1,705,319	$1,717,902
고정자산	154,356	155,540
투자자산*	2,601,873	2,592,706
이연자산	6,000	–
총계	$4,467,547	$4,466,148

부채:		
미지급임금	$8,494	$6,908
외상매입금	29,610	19,814
연방소득세	77,608	100,987
기타미지급세금	45,555	43,140
총유동부채	$161,267	$170,850
이연수입	–	5,550
자본(액면가 25달러)	2,625,000	2,625,000
유보이익	1,681,281	1,664,749
총계	$4,467,547	$4,466,148
순유동자산	$1,544,052	$1,547,052
주당순유형자산	$41.01	$40.85

* 원가. 시장가치는 1959년 $7,349,323, 1958년 $6,972,884

[표 1.4]

1935–36	$5.00	1937–39	$6.00	1940	$7.00
1941	5.00	1942–43	4.00	1944	4.25
1945	4.00	1946–47	4.50	1948–51	5.00
1952–55	4.50	1956	4.00	1957	3.50
1958	2.70	1959	2.55	1960*	0.60

* 4월 16일

[표 1.5]

주가 범위	1959	1958	1957	1956	1955
고가	65	$54\frac{1}{4}$	54	70	75
저가	52	$37\frac{1}{2}$	36	57	64

고객 서비스
샘본

주주들이 회사가 제공하는 서비스 유형에 관해 잘 알 수 있도록 몇 가지 전형적 작업 사례를 다음에서 간략하게 소개한다.

펜실베이니아 주 필라델피아의 해군 공병사령부를 위해 펜실베이니아 주 랭커스터 카운티의 지역 보호소 지도책을 디자인하고 제작함. 이 지도책은 민방위 프로그램에서 식별된 구조물들의 위치를 그래픽을 활용해 정리한 지도책임.

인디애나 주 플로이드 카운티를 구성하는 140제곱마일(385km²) 규모의 토지 이용 목록과 그 목록에 따른 토지 이용 지도.

의원 수 재조정에 따른 뉴욕 시의 선거구 지도 제작.

1만 6,000개의 구조물을 검사하고 정리한 로스앤젤레스의 샌 라파엘 힐스와 베르두고 산맥의 잡목림 위험 조사. 샌 버나디노에서 캘리포니아의 산타 바바라까지 125제곱마일(324km²)이 넘는 지역으로 확장해 현재까지 3만 개가 넘는 구조물을 검사하고 정리함.

번스 항에 있는 베들레헴 철강 회사의 새 시설물과 철강 공장, 그리고 캘리포니아 주 리치몬드의 피놀 작업장에 관한 원본 지도와 펜실베이니아 주 베들레헴, 존스타운, 레바논에 있는 기존 베들레헴 철강 회사 개정판 지도 제작.

뉴욕, 시카고, 댈러스, 포트워스, 휴스턴, 샌안토니오 대도시 지역에 위치한 총 40만 채 이상의 주택 구역 조사. 이 조사 결과는 관련 지도에 기재되어 에이본 프로덕츠Avon Products의 딜러 매장 구역을 정하는 데 활용됨.

뉴욕 시 도시계획위원회의 연간 토지 이용 개정판 서비스 제공 및 가구 수 조사.

필라델피아 도시계획위원회를 위한 필라델피아 토지이용 개정판 서비스 제공과 토지이용 변화 면적 계산.

텔레비전 서비스를 위한 50여 지역에 관한 간단한 스케치 제공.

뉴욕, 뉴저지, 펜실베이니아, 켄터키 주에서 운영하는 아메리칸 워터 웍스 및 다른 상수도 회사들을 위한 분배 시스템 지도의 자료 수집 및 초안 제작.

12권으로 구성된 오리건 주 포틀랜드 보험 지도 시리즈를 흑백으로 전환. 기존 지도에 부동산에 관한 설명 추가. 120장의 지도 제작을 위한 추가 조사 진행.

아이오와 주 수우 시에 대한 맞춤식 조사 및 샘본 지도 30장 발간. 미시간 주 디트로이트에 대한 지도 25장 및 캘리포니아 주 리치몬드와 코로나도에 대한 다른 지도용 자료 조사 및 발간.

우리의 도표 제작 서비스는 한 해 동안 계속 확장되었다. 교육 분야에서는 프린스턴대학과 예일대학에서 세운 새로운 계획을 도표화하고 있다. 또한 보험 및 다른 관련 용도를 위해 우리의 도표 제작 서비스를 이용하는 고객들의 숫자를 늘렸다.

자료: 1966년 3월 샘본 맵 컴퍼니 연차보고서

보험회사 사이의 합병과 보험인수 절차의 혁신으로 당장은 보험 업계에서의 지도 사용이 줄었다. 따라서 현재의 시장 수요 측면에서 화재보험 지도 개정 서비스와 관련해 점점 더 선택적으로 판단해야 할 필요성이 높아졌다. 보험 산업에서 창출되는 수입은 감소했지만 비보험 분야에서의 맞춤식 검사 및 지도 서비스 수요는 증가하고 있는데, 앞으로도 계속 그럴 것이다. 우리의 연구에 따르면, 앞으로 어떤 형태로든 우리가 제공하는 서비스에 대한 보험회사들의 요구는 지속될 것이다. 우리는 적극적으로 이 방면에서의 모든 가능성을 찾을 것이다.

자료: 1966년 4월 샘본 맵 컴퍼니 연차보고서

샌본의 재무정보와 고객 서비스 내용을 보면, 1960년대 중반 신기술(카딩)의 출현으로 1958년에 비해서는 확실히 사업적으로 부정적인 영향을 받았지만 동시에 아래와 같은 사실도 알 수 있다.

ⓐ 그 당시에도 보험 산업에서 활용되는 전통적 지도 서비스와 관련 사업의 일부는 남아 있었다. 전통적 지도 제작 사업은 하루아침에 사라지지 않았고 사실은 개정판 제작 서비스를 요구했다.

ⓑ 항상 샌본이 진행하는 조사에는 대체적인 목적도 있었는데, 이는 카딩 현상에 영향을 받지 않았다.

버핏 자신도 1960년 연말 주주들에게 보낸 연례 서한에서 당시에도 여전히 화재보험 지도를 활용한 보험회사들이 보험료로 5억 달러가량을 벌었고 샌본의 순이익 마진이 지난 몇 년 동안 크게 줄었지만 여전히 그 사업은 수익성이 있다고 지적했다.

무디스 자료([붙임 1.1] 참조)를 다시 살펴보면, 1959년까지 샌본이 전통적 사업에서 창출한 영업이익이 10만 달러를 조금 넘는 수준으로 떨어졌지만, 이 수치가 안정되고 있다는 사실을 알 수 있다. 특히 잠재적 투자자라면 매년 약 10만 달러를 창출하는 안정적인 핵심 사업과 약 20만 달러의 투자 수입을 창출하는 투자 부문을 발견했을 수도 있다. 여기서 중요한 부분은 버핏이 투자했을 때 분명히 샌본 맵 컴퍼니가 여전히 수익성이 있었다는 점인 것 같다.

이 분석의 두 번째 부분에서는 가치평가에 초점을 맞추어보겠다. 주당 45달러의 시장가와 10만 5,000주의 발행주식 수를 고려하면 샌본 맵 컴퍼니의 시가총액은 473만 달러였다. 1960년 이래 이어진 상당한 인플레이션을 감안하더라도 이 회사는 분명 스몰캡Small Cap(소자본기업Small Capital의 줄임말-옮긴이) 회사였다. 파트너십 서한과 위에서 다룬 수치(약 200만 달러 규모의 매출액과 10만 달러의 영업이익)를 감안하면 샌본의 주식은 조정 전 매출액의 2.4배, 그리고 1959년 연간 영업이익의 47배 가격에 거래되고 있었던 것으로 평가된다.

사업이 회복되기 어려운 하락 추세에 있었기 때문에 수익력으로만 판단한다면 이 가격이 저렴해 보이지는 않았을 것이다. 사실 순이익이 거의 1938년의 50만 달러 수준으로 되돌아가야 주식이 10배(주가 45달러)의 주가수익비율PER: Price Earning Ratio에 거래될 것이며, 나는 그 수준이 이러한 구조적 위험이 있는 주식의 경우 더 합리적이라고 생각한다. 고려할 다른 부분이 없을 경우에는 보통의 투자자라면 그 가치평가 기준으로는 구조적으로 쇠퇴하는 사업에 투자하는 것을 선호하지 않았을 것이다. 이는 버핏이 샌본의 사업 기반에서 샌본을 상당히 더 매력적으로 보이게 한 어떤 다른 부분을 발견했을 수도 있음을 의미한다.

버핏은 1961년 파트너십 연례 서한에서 샌본의 경영진이 핵심 지도 사업을 소홀히 해왔기 때문에 오히려 반대로 회사의 운영 개선 가능성이 있다고 언급했다. 또한 고객에게 더 유용한 개정된 지도를 제공하기 위해 샌본이 수집한 수많은 이용 가능한 정보를 다른 모습으로 활용할 수 있는 기회도 지적하면서 샌본의 또 다른 긍정적 가능성에 관해서도 언급한다. 어찌 되었든 분명히 버핏은 피상적인 시선으로 샌본의 사업이 카딩 기술 때문에 죽어가는 것으로 치부한 다른 분석가들의 견해와는 달랐던 것이 확실하다.

그러나 샌본 투자 사례에서 가장 흥미로운 부분은 운영 사업에 관련된 부분이 아니었다. 버핏은 분명히 보았지만 다른 사람들은 충분한 관심을 기울이지 않았던 부분은 1959년 샌본의 대차대조표에서 찾을 수 있다. 이 대차대조표를 보면 샌본이 시장가치 기준으로 700만 달러 상당의 채권과 주식으로 이루어진 증권 포트폴리오를 구축했음을 알 수 있다. 그 가치는 회사 전체의 가치를 넘어서는 수준이었다. 구체적으로 버핏은 파트너십 서한에서 사업의 턴어라운드 가능성을 논하면서 투자 포트폴리오의 가치를 고려한다면 샌본은 마이너스 가치로 거래되고 있는 것과 마찬가지라고 언급한다. 버핏은 지금 이 회사가 20년 전 약 18배의 P/E(주당 90달러) 수준으로 거래되었던 회사와 같다고 지적한다(당시 투자 포트폴리오 제외).

결국 이것이 바로 버핏이 살펴볼 가치가 있다고 생각한 기회였다. 한때 그는 버핏 파트너십 순자산가치의 약 35%를 샌본에 투자했다. 내가 이 사례에서 특히 흥미로웠던 부분은 그가 이사회 멤버들이 사업의 어떤 부분에 초점을 두어야 하는지 잘 모르고 회사 운영에 커다란 관심을 둘 만큼의 지분이 없었다는 점을 자세히 파악하고 있었다는 사실이었다. 내 생각에 버핏은 이 경우 대부분 다른 애널리스트보다 회사 내 핵심 이해관계자들을 훨씬 더 자세히 이해하고 있었다. 구체적으로 그는 지도 사업을 근본적으로 개선할 수 있는 명확한 수단을 찾은 것처럼 보였는데, 그 수단은 샌본의 경영진이 변화에 저항하는 이사회 때문에 찾지 않았던 것이었다. 버핏은 다음과 같이 말했다.

내가 이사회에 참가하기 전에는 14명의 이사 중 9명이 보험업계의 저명한 인사들이었고 그들은 전체 발행주식 10만 5,000주 중 불과 46주의 주식을 보유하고 있었다. 10번째 이사는 회사 변호사였는데 회사 주식을 10주 보유하고 있었다. 11번째 이사는 주식 10주를 보유한 은행가였다. 그는 회사의 문제점을 인식하고 적극적으로 지적했으며 나중에는 자신의 지분을 늘렸다. 경영진은 유능했고 회사의 문제들을 잘 알고 있었지만, 이사회에 눌려 부차적 역할만을 수행했다.

투자 포트폴리오의 가치를 실현하고 회사 가치도 합당한 수준으로 끌어올리기 위해 버핏은 1958년과 1961년 사이 샌본 전체 지분의 과반수를 인수해 그 회사의 지배주주가 되었다. 1961년 버핏은 성공적으로 샌본 맵 컴퍼니를 두 개의 기업으로 분할하면서 자신의 투자를 완성했다. 첫 번째로, 그는 답답한 이사회를 기본적 사업이었던 지도 사업에서 떼어놓기 위한 분명한 조치를 취했고, 이어 회사의 운영 개선을 진행했다. 또한 턴어라운드를 위해 주식과 채권으로 이루어진 125만 달러 규모의 준비금을 자본에 전입했다. 두 번째로, 나머지 투자 포트폴리오의 가치도 샌본 맵과의 주식 교환(샌본 맵 총발행주식의 약 72%)을 통해 실현되었다. 마지막으로, 세금 관련 구조조정도 진행했는데 그 조정을 통해 주주들은 대략 100만 달러의 법인자본이득세를 절약할 수 있었다.

이 투자를 요약해보면, 궁극적으로 두 가지 핵심 요소가 투자로 이어진 것으로 보인다. 분명한 요인은 단지 실현 방법만 필요할 뿐이었던 증권 포트폴리오에 존재하던 명확한 자산가치였다.

또한 현금 가치보다 낮게 거래되는 회사가 종종 그렇듯, 구조적으로 쇠퇴하는 상태였음에도 기본적 사업은 죽지 않았고 현금 출혈도 없었다는 사실도 무시할 수 없다. 사실 버핏은 샌본의 사업에서 즉시 개선될 수 있는 사업 잠재력과 완전한 턴어라운드의 가능성을 본 것 같다. 이 경우 버핏은 투자 가치를 실현할 수 있는 지배적 지위를 확보해야만 했는데, 여기에는 당연히 그의 거래 능력도 한몫했다.

샌본 맵 스토리는 1960년대 이후에도 이어졌다. 그 후 수십 년 동안 그 회사는 전통적인 화재보험 지도 서비스를 발판으로 몇몇 다른 사업 라인을 확장하며 운영 주체로 존속했다. 대부분 투자자에게는 잘 알려지지 않았지만 샌본 맵은 2015년에도 존재하고 있었다. 2011년까지는 영국 미디어 그룹인 DMGT의 자회사였는데, 당시 경영진에게 경영자 매수로 샌본 맵을 매각했다. 샌본이 제공하는 주요 서비스로는 지형 데이터 시각화, 3-D 지도 제작, 항공사진 촬영, 현장 자료 수집, 폭풍우 관련 소프트웨어 서비스, 산림 재고 관리, 산불 같은 보험위험 평가 등이 있었다. 실제로 이러한 서비스 중 대다수는 지도 제작, 데이터 수집 및 분석 같은 샌본의 전통적인 사업과 직접적으로 관련이 있었다.

02

뎀스터 밀 매뉴팩처링 컴퍼니1961

Dempster Mill Manufacturing Company

. . .

버핏은 이 경험 이후 경영진으로, 그리고 투자자로서
직접적으로 간섭하지 않고자 하게 되었다.

뎀스터 밀 매뉴팩처링 컴퍼니는 1878년 네브래스카 주 베아트리체에서 찰스 B. 뎀스터Charles B. Dempster에 의해 설립되었다. 남북전쟁 이후 많은 사람이 새로운 삶을 위해 서부로 이주했다. 사람들이 정착하면서 풍차, 물 펌프 및 기타 관련 기계들이 필요하리라 생각했던 뎀스터는 그러한 필요를 충족시키는 사람이 되고자 했다.

뎀스터 밀은 처음에는 소매점으로 시작해 네브래스카 주 오마하의 유통업체를 통해 제품을 조달했다. 1885년 뎀스터는 만약 자신의 회사가 자체적 브랜드를 가지고 생산 품질을 통제할 수 있다면 수익이 훨씬 더 높아지리라 생각하고 자체 생산능력을 구축하기 시작했다.

[그림 2.1] 1900년대 초반 뎀스터 밀의 핀백 버튼 사진

1880년대 후반에서 1930년대 사이에 뎀스터 밀은 대평원에 설치된 풍차 및 농장 관개 시스템 분야의 선두업체 중 한 곳으로 성장했으며, 그 회사가 제작한 풍차([그림 2.2])는 우리에게 친숙한 농장 풍경이 되었다.

[그림 2.2] 뎀스터 밀의 풍차

당시 풍차는 관개, 가축 사육, 농장 운영에 필수적인 물을 사용하기 위해 지하수를 끌어올리는 펌프를 가동하는 일차적 에너지원이었다. 이러한 의미에서 풍차와 그에 수반되는 물 시스템 관련 기계는 당시 토지 개발에서 필수적이었으며, 정착자들에게는 중요한 투자였다. 뎀스터 밀은 그 업계에서 유일한 회사는 아니었지만 좋은 평판을 얻은 몇 안 되는 성공적인 회사 중 한 곳이었다. 풍차 외에도 뎀스터는 펌프와 관개 기계 같은 다양한 물 관련 시스템도 제작했다.

1960년대까지 풍차와 관련 부속품 시장은 지속적으로 쇠퇴했다. 대공황과 그 이후 연방정부는 중서부 시골 지역으로 전력망을 확충했고, 그 결과 전기 펌프가 풍차 펌프의 기능을 많이 대체하게 되었다. 전기 펌프의 주요 장점은 물이 필요할 때마다 작동할 수 있다는 것이었는데, 반면 풍차로 구동되는 펌프로는 풍차에 의해 언제 다시 채워질지 모르는 저수지의 물만 공급할 수 있었다. 결과적으로 전기 펌프가 더 편리했다.

1961년 뎀스터 밀 매뉴팩처링은 900만 달러의 매출을 기록했다. 워런 버핏이 버핏 파트너십 연례 서한에 이 회사에 관해 처음 언급한 때가 바로 그해였다. 버핏은 1961년 서한에서 파트너십이 지난 5년 동안 이 회사의 지분을 매수해왔다고 밝혔다. 뎀스터 밀은 원래 일반 가치투자 대상으로 보고 매입하기 시작했지만, 결국에는 지배 지분을 확보하게 되었다. 1961년 말 버핏 파트너십은 뎀스터 밀의 지분 70%를 직접 보유했고, 또 다른 10%는 파트너십 관계자들을 통해 간접 보유했다.

재무적인 내용에 관해 살펴보기 전에 우리가 알고 있는 사실을 바탕으로 이해한 뎀스터 밀 매뉴팩처링의 고유한 사업 특성에 관해 요약해보도록 하겠다. 뎀스터 밀은 성장이 멈춘 산업에 속해 있었지만 그 산업이 당장 사라지는 산업은 아니었다. 첫째, 다른 모든 풍차회사와 마찬가지로 예비 부품과 애프터서비스뿐만 아니라 새 장비 판매에서도 매출이 발생했다. 모든 애프터 세일 사업은 오래 지속된다. 원래 장비가 판매된 후에도 오랫동안 반복적인 수익이 발생하기 때문이다. 이러한 수익의 흐름 덕분에 기업은 사업의 빠른 쇠퇴로부터 자신을 방어할 수 있다. 또한 1960년대까지 뎀스터 밀은 다른 산업 영역으로 사업을 다양화해왔다. 풍차 판매라는 기존 핵심 사업 외에도 다양한 종류의 농업 관련 장비를 제작했다. 그 장비 중에는 파종기(곡물을 심는 기계)와 시비기(토양에 액체 비료를 살포하는 기계)도 있었다. 이 사업은 비교적 규모는 크지 않았을 테지만 1960년대에는 성장 사업이 되었을 것이다.

1961년에 뎀스터 밀은 평범했지만 사업의 본질적 관점에서 보면 나쁘지 않았을 것이다. 비록 뛰어난 핵심 사업이었던 풍차 사업은 쇠퇴하고 있었지만, 장비가 최초 설치된 후 수년 동안 서비스 및 예비 부품 판매에서 수입이 창출되었기 때문에 이러한 쇠퇴는 서서히 진행되었다. 게다가 시장이 확대되고 있던 신상품도 핵심 사업의 쇠퇴를 어느 정도 상쇄할 수 있는 추가 수익을 발생시켰다. 하지만 여기서 뎀스터 밀이 풍차 사업에서 강한 브랜드를 가지고 있었고 경쟁업체도 많지 않았지만, 신제품 범주에서는 그러한 장점을 누리지 못했다는 점을 지적해야겠다. 그 영역에는 많은 경쟁업체가 있었는데, 그중 몇 개 업체는 농업 장비 분야에서 뎀스터 밀보다 더 잘 알려져 있었다. 그럼에도 불구하고, 드러난 근거들로 판단해본다면 뎀스터 밀은 사업을 잘 수행해 자본비용 이상의 이익을 낼 수 있는 기업으로 볼 수 있었다.

뎀스터 밀 매뉴팩처링은 버핏 파트너십 서한에서 회사의 재무 상태에 관해 상세히 밝힌 몇 안 되는 투자 사례 중 하나이다. [표 2.1]은 뎀스터 밀 매뉴팩처링의 1961년 연말 대차대조표를 요약한 것이다.

버핏은 대차대조표의 주요 항목을 열거한다. [표 2.1]을 보면 현금, 외상매출금, 재고자산, 선급비용, 공장설비 등 총자산은 692만 달러였다. 차입금, 외상매입금, 기타 부채 등 부채 계정의 장부가치는

[표 2.1] 연결대차대조표(1961년)

(단위: 천 달러)

자산	장부가액	가치반영비율	조정가치	부채	
현금	$166	100%	$166	지급어음	$1,230
순외상매출금	$1,040	85%	$884	기타 부채	$1,088
재고자산	$4,203	60%	$2,522		
선급비용	$82	25%	$21		
유동자산	$5,491		$3,593	총부채	$2,318
생명보험 (현금가치)	$45	추정순경매 가치(100%)	$45	장부가치상 순자산	$4,601
공장설비	$1,383		$800	조정실현가치 상 순자산	$2,120
총자산	$6,919		$4,438	조정주당가치 (총 발행주식 수 60,146주)	$35.25

자료: 1963년 1월 18일 워런 버핏의 버핏 파트너십 서한

232만 달러였다. 대차대조표상 기업의 총가치는 460만 달러로, 주당 가치는 76.48달러였다.

버핏은 벤저민 그레이엄이 수익보다는 자산가치에 기반을 둔 투자를 어떻게 분석했을지 알 수 있을 법한 접근법을 취했다. 버핏은 장부가치 그대로 판단하지 않고, 장부가치가 충분히 보수적이지 않을 수 있다고 생각되는 모든 자산을 상당 수준 할인함으로써 기업의 적정가치를 추정했다. 예를 들어 그는 외상매출금에는 15%의 할인율을 적용했고 재고자산에는 40%의 할인율을 적용했다. 반면 부채는 보수적으로 추정하기 위해 장부가액의 100%를 반영했다. 버핏은 이러한 접근법으로 기업의 적정가치를 주당 35달러 정도로 추정했다.

버핏은 그 기업의 수입과 이익 수준에 관해서는 구체적 수치를 언급하지 않았지만 단서는 제공했다. 그는 "지난 10년간의 운영 상태를 보면 매출 정체와 낮은 재고 회전, 그리고 투하한 자본에 비해 사실상 이익이 없었던 것이 특징"이라고 말했다.

'매출 정체'나 '사실상 이익이 없다'와 같은 사업에 관한 부가적 언급은 처음 들었을 때 느껴지는 것보다 더 중요한 의미를 담고 있다. 그것은 뎀스터 밀이 현금을 태우고 있는, 그런 빠르게 악화되고 있던 사업은 아니라는 것을 의미한다. 사실 뎀스터 밀은 여전히 이익을 냈다. 이 장의 끝에 실은 붙임에서 볼 수 있듯이 이 사실은 1958년과 1959년에 뎀스터 밀이 이익을 기록했다는 1960년 무디스 산업 매뉴얼의 정보와도 일치한다. 내가 왜 이 부분을 중요하게 생각하는지 다음 단락에서 설명하겠다.

버핏은 뎀스터 밀의 매수가격을 정확하게 공개했다. 그는 1962년 연말 서한에서 몇 년 전부터 주당 16달러라는 낮은 가격으로 회사의 주식을 매입하기 시작했으며, 1961년에 보유지분 대부분을 장외거래를 통해 주당 30.25달러에 취득했다고 언급했다. 평균 매입가격은 주당 28달러였다. 가치평가 측면에서 보면 버핏은 주당장부가치 대비 63% 할인된 가격으로 주식을 매입했는데, 이는 보수적으로 계산한 적정가치와 비교해보면 20% 할인된 가격이었다. 이것은 상당한 폭의 안전 마진이다.

드물기는 하지만 오늘날에도 장부가치에 훨씬 못 미치는 가격에 거래되는 기업을 찾는 게 불가능하지는 않다. 문제는 장부가치 이하로 거래되는 기업들이라고 해서 항상 긍정적인 투자 결과를 보장하는 것은 절대로 아니라는 점이다. 장부가치 이하로 거래되는 회사들은 어떤 이유로든 그들의 장부가치가 제시하는 것보다 훨씬 가치가 낮은 순자산을 가지고 있는 회사들인 경우가 많다.

버핏은 이 특별한 투자 사례에서 두 가지 사실을 아주 분명하게 보았을 것이다. 첫 번째로, 보기에는 이미 죽은 사업이라고 무시할 수도 있었던 뎀스터 밀은 사실 빠른 붕괴를 겪고 있는 상황은 아니었다. 사업이 정체되어 큰 이익은 얻지 못하고 있었지만, 쇠퇴는 상당히 점진적으로 진행되었고, 현금의 출혈도 없는 상황이었다. 사실 오히려 뎀스터 밀은 운영 개선 측면에서 상당한 잠재력을 가진 기업이었다.

더구나 뎀스터 밀이 보유한 자산 대다수는 매각해 현금화할 수 있는 자산이었다. 구체적으로 보면 버핏이 부여한 자산가치는 공장, 부동산, 장비가 아닌 재고와 외상매출금에서 대부분 비롯되었다. 버핏은 뎀스터 밀이 사업을 통해 12개월에서 24개월 안에 그 가치를 실현할 수 있다는 사실을 알고 있었음이 틀림없다.

이런 의미에서 보면, 뎀스터 밀 매뉴팩처링은 사실 전형적인 넷넷 net-net 투자(시가총액보다 현금이 많은 회사에 투자하는 것-감수자) 대상이었다. 순유동자산을 더하고 모든 부채를 뺀 다음, 그 금액의 3분의 2만 취하더라도 그 주당 가치는 여전히 주가를 넘어설 것이었다. 장부가치 대비 크게 할인된 상태로 거래되는 회사들은 종종 장부상 자산을 실제로 실현할 방안이 없는 기업인 경우가 있기에 이 부분은 중요하다. 일례로 장부상으로 보면 상당한 생산능력을 가진, 그리고 자산의 대체가치도 매우 높은 태양전지 제조업체가 있을 수 있지만, 그 자산에 대한 수요는 없으므로 아무도 그 자산을 매입하지 않을 것이다.

펀더멘탈이 빠르게 악화되지 않을 것이라는 확신을 가지고 아주 저렴한 가격에 기업을 매수하는 것 말고도, 버핏은 직접적인 전략도 채택했다. 버핏은 재고를 현금화하고 그다음 그 현금을 투자에 활용하는 방법을 통해 자산가치 실현으로 운영 부분을 개선할 기회를 보았다. 이를 위해 버핏은 그 회사를 지배하고자 했다. 1961년 연말 기준으로 버핏 파트너십의 운용 총자산이 약 720만 달러였음을 감안했을 때 뎀스터 밀에 대한 투자는 주당 35달러라는 평가액을 고려하면 파트너십의 총자산의 20%를 약간 넘는 비중을 차지했다. 다시 말하지만, 이것은 큰 규모의 투자였다.

뎀스터 밀의 경영진에 관해서도 더 많은 부분을 언급해야겠다. 버핏이 처음 그 회사에 투자했을 때, 경영진은 간단히 말해 그다지 유능하지 않았다. 경영진이 아주 기초적인 운영 개선 기회조차 찾지 않았다는 증거가 뚜렷했다. 하나의 예로 기존 경영진들은 교체 부품과 초기 장비에 대한 차별화된 가격 체계를 마련하지 않았다. 교체 부품을 취급하는 사업에서는 교체 부품의 가격이 초기 장비의 가격보다 더 높은 것이 보통이다. 그러한 호환 가능한 부품을 선택해야만 하는 기존 고객의 경우에는 교체 부품의 가격에 덜 민감할 수밖에 없기 때문이다. 이러한 차별적인 가격 체계를 구축했다면 더 높은 마진을 확보할 수 있었을 것이다. 따라서 새로운 경영진이 차별화된 가격 모델을 도입했을 때 매출 수량의 감소 없이 즉시 이익이 증가할 수 있었다.

버핏은 기존 경영진의 단점을 알고 있었음에도 더욱 효과적인 자본 활용과 더욱 효율적인 운영을 위해 그들과 함께 일하려 했다. 하지만 거듭된 실패 끝에 버핏은 자신이 직접 경영진을 영입했다. 영입된 사장은 해리 보틀Harry Bottle이었다. 버핏은 이후 몇 년간 자신의 연례 서한에서 보틀에 관해 매우 긍정적으로 언급했다. 버핏은 보틀에 관한 논의를 통해 경영진을 평가하는 세 가지 주요 기준을 제시했다.

ⓐ 핵심성과지표KPI: Key Performance Indicators: 해리 보틀은 주요 재무지표를 기반으로 사업을 관리했다. 그는 또한 명확한 KPI를 기준으로 인센티브를 받았다. 여기에는 많았던 재고를 현금화하고, 판매관리비를 50% 절감하며, 무수익 지점을 폐쇄하는 것도 포함되어 있었다.

ⓑ 어려운 일 먼저 하기: 해리는 앞서 언급한 무수익 시설의 폐쇄 등 필요한 조

치를 회피하지 않는 사람이었다. 그는 또한 팔리지 않는 상품은 즉각 처분하거나 상각했다.

ⓒ 근면: 버핏은 해리 보틀을 당면한 업무에 집중하는 사람으로 묘사했다. 버핏은 "나는 임원용 화장실의 고정장치를 어떻게 금으로 도금할지 생각하지 않는 사람을 대하는 것이 좋다"고 말했다.

1962년과 1963년의 파트너십 서한을 보면 버핏이 보수적 할인 방법으로 계산한 뎀스터의 가치가 35달러에서 50달러로, 그리고 65달러로 어떻게 상승했는지 알 수 있다. [표 2.2]는 1962년 연례 서한에 수록된 대차대조표이다.

근본적으로 이러한 가치 증가를 끌어낸 것은 장부가치의 거의 100% 수준까지 자산의 가치를 실현한 보틀의 능력이었다. 오늘날 사모펀드에서 하는 것과 같이 보틀은 운전자본에서 현금을 창출해 대부분의 부채를 상환했다. 또한 그 현금은 버핏이 이후 증권 포트폴리오를 구축하는 데에도 활용되었다. 버핏은 샌본 맵에서의 경험을 통해 투자를 위해 현금을 활용할 수 있는 점을 높이 평가했다. 1963년 말 버핏이 자신의 포지션을 정리할 기회가 생겼을 때 그가 그 투자로서 실현할 수 있었던 총가치는 주당 약 80달러로, 이는 상당한 이익이었다.

흥미롭게도 앨리스 슈뢰더Alice Schroeder는 버핏에 관한 전기에서 버핏이 이 경험을 통해 자신이 (주주)행동주의 투자자로서의 역할을 매우 싫어한다는 사실을 알게 되었다고 밝히고 있다. 그 투자에서 거둔 엄청난 이익에도 불구하고, 직원을 해고하고 자산을 매각하는 역할은 반복하고 싶지 않았다는 것이다. 버핏은 이 경험 이후 경영진으로, 그리고 투자자로서 직접적으로 간섭하지 않고자 하게 되었다.

[표 2.2] 연결대차대조표(1962년)

(단위: 천 달러)

자산	장부가액	가치반영비율	조정가치	부채	
현금	$60	100%	$60	지급어음	$0
시장성 유가증권	$758	1962년 12월 31일 기준 시장가치	$834	기타 부채	$346
순외상매출금	$796	85%	$676	부채	$346
재고자산	$1,634	60%	$981		
생명보험 (현금가치)	$41	100%	$41	순자산: 장부가치	$4,077
소득세 환급	$170	100%	$170		
선급비용	$14	$25	$4	조정실현가치상 순자산 추가: 잠재적 옵션 행사 (해리 보틀)	$3,125 $60
유동자산	$3,473		$2,766	발행주식 60,146주	
기타 투자	$5	100%	$5	추가: 잠재적 옵션 발행 물량 2,000주; 총 62,146주	
공장설비	$945	추정순경매 가치	$700	조정주당가치	$51.26
총자산	$4,423		$3,471		

자료: 1963년 1월 18일 워런 버핏의 버핏 파트너십 서한

[붙임 2.1]

뎀스터 밀 매뉴팩처링 컴퍼니

역사: 1886년 6월 15일 네브래스카 주에서 법인으로 전환.
1878년 설립.

1935년 전 자회사였던 플로렌스 테이블 앤 매뉴팩처링 컴퍼니(테네시주 멤피스) 청산.

1959년 5월 하브코 매뉴팩처링 인수.

사업: 회사는 풍차, 펌프, 실린더, 물 시스템, 원심 펌프, 강철 탱크, 급수 장비, 비료 장비, 농기구 등을 제조한다.

부동산: 공장은 네브래스카 주 베아트리체에 8에이커의 토지를 보유하고 있다. 지사는 네브래스카 주 오마하, 미주리 주 캔자스시티, 사우스다코타 주 수폴즈, 콜로라도 주 덴버, 오클라호마 주 오클라호마시티, 아이오와 주 디모인, 텍사스 주 아마릴로와 샌안토니오에 위치.

자회사: 뎀스터 프로덕츠 컴퍼니, 하브코 매뉴팩처링 컴퍼니.

경영진: C. B. 뎀스터(회장 겸 사장), J. H. 톰센, E. R. 가프니, R. E. 하이케스, C. A. 올슨(부사장 겸 재무이사), A. M. 웰스(비서실장).

이사진: C. B. 뎀스터, J. H. 톰센, E. R. 가프니, R. E. 하이케스, 헤일 매카운, G. S. 킬패트릭, C. R. 메이시, R. C. 뎀스터(네브래스카 주 베아트리체), C. A. 올슨, R. M. 그린(네브래스카 주 링컨), W. E. 버핏.

연례 회의: 2월 첫 번째 월요일.

주주 수: 297명(1959년 11월 30일 현재).

종업원 수: 451명(1959년 11월 30일 현재).

손익계정

	1959	1958
순매출액	$7,157,738	$6,108,556
매출원가*	5,453,331	4,776,200
판매비	1,312,631	1,188,003
영업이익	391,776	144,347
기타 수익	60,316	49,864
총이익	452,092	194,211
기타공제	124,604	115,088
소득세	176,400	36,600
특별비용	5,063	16,724
순이익	146,025	25,799
기초유보이익	3,108,013	2,600,258
이전수익	–	500,000
배당금	72,175	18,044
유보이익 (11월 30일)**	3,181,863	3,108,013
주당순이익	$2.43	$0.43
보통주	60,146주	60,146주

* 감가상각비 95,068달러 포함(1958년 93,135달러)
** 73,850달러는 용도 제한 없음.

사무실: 네브래스카 주 베아트리체.

담보대출: 1959년 11월 30일 연이율 6%의 총 35만 달러 어음 발행(만기 1963년 11월 30일). 네브래스카 주 베아트리체에 있는 공장이 선순위 담보이며, 뎀스터 프로덕츠 컴퍼니의 전체 주식에 질권이 설정되어 있다. 회사는 유보이익이 310만 8,013달러 아래로 내려갈 수 있기 때문에 1958년 11월 30일 이전 이익으로 배당금을 지급하거나 주식을 취득할 수 없다. 운전자본은 275만 달러 이상으로 유지되어야 한다. 1959년 11월 30일 기준 유보이익 중 73,850달러는 용도 제한이 없다.

대차대조표

	1959	1958
자산:		
현금	$613,690	$399,809
미국국채	197,958	–
순외상매출금	562,421	657,639
재고자산*	2,595,181	2,336,960
선급비용	69,447	70,809
총유동자산	$4,038,747	$3,465,217
토지 및 건물	2,643,494	2,607,944
감가 및 감모	1,551,897	1,458,226
감가상각 및 감모상각 후의 순 토지 및 건물 가치	1,091,597	1,149,718
투자자산	243,075	35,076
이연비용	27,293	40,939
영업권	1	1
총계	$5,400,713	$4,690,951
부채:		
지급어음	50,000	–
외상매입금	187,062	153,281
미지급금	248,414	201,758
소득세	174,283	18,808
총유동부채	$659,759	$373,847
지급어음	350,000	–
보통주	1,202,920	1,202,920
자본잉여금	6,171	6,171
이익잉여금	3,181,863	3,108,013
총계	$5,400,713	$4,690,951
순유동자산	$3,378,988	$3,091,370
주당순유형자산	$73.00	$71.78

*추정 원가와 대체 시장가 중 저가

주식: 뎀스터 밀 매뉴팩처링 컴퍼니 보통주. 액면 20달러.

수권주식 100,000주, 발행주식 60,146주, 액면가 20달러(1956년

1920	$14.00	1921 −1925	$6.00	1926 −1930*	$7.00
1931	3.50	1932 −1936	–	1937	6.25
1938 −1942	5.00	1943	6.25	1944 −1947*	6.00
1948 −1949	7.50	1950	12.50	1951	11.00
1952 −1955	6.00	1956	1.50		

* 주식 배당: 1929년 5%, 1944년 20%

액면가 100달러에서 20달러로 액면 분할, 100달러 주식 1주당 20달러 주식 5주 발행).

의결권-1주당 1의결권.

배당:

1956	0.90	1957	1.20
1958	0.30	1959	1.20

주당 액면가 100달러:

	1959	1958	1957	1956*	1955
고가	$25\frac{1}{2}$	$18\frac{1}{2}$	$18\frac{1}{2}$	23	115
저가	$18\frac{1}{2}$	$14\frac{1}{2}$	17	17	106

* 액면가 20달러, 이전 100달러

주당 액면가 20달러:

주가 범위 –

개서 기관: 개서 및 등기는 회사 사무실에서 진행.

자료: 무디스 산업 및 기타 증권 매뉴얼(217페이지, 1960년)

03
•

텍사스 내셔널
페트롤리엄 컴퍼니1964
Taxas National Tetroleum Company

• • •

위험을 최소화하기 위해 투자자는 거래의 기초가 되는 자산과 사업의 가치를
본질적으로 판단할 수 있는 좋은 감각이 있거나, 합병 차익의 모든 경우를 가정하고
진행하는 매우 철저한 기본 연구 결과에 대한 확신이 있어야 한다.

나는 텍사스 내셔널 페트롤리엄 컴퍼니가 워런 버핏이 주주들에
게 보낸 연례 서한에서 분명히 밝힌 몇 안 되는 워크아웃 사례 중 하
나이기 때문에 이 회사를 살펴볼 만한 투자에 포함했다. 이것은 사실
상 합병차익거래였는데 물론 이런 거래는 스페셜 시추에이션 투자에
관심을 보이는 많은 투자 펀드들이 여전히 주목하는 분야다.

1964년 비교적 작은 석유회사였던 텍사스 내셔널 페트롤리엄 컴
퍼니는 캘리포니아의 유니온 오일에 인수되는 과정 중이었다. 더 정
확히 말하면 캘리포니아의 유니온 오일은 이미 구체적인 조건을 제
시하며 공식적으로도 인수를 제안했지만, 텍사스 내셔널 페트롤리엄

58

은 아직 그 제안을 받아들이지 않은 상황이었다. 즉 그 거래는 발표되기는 했지만 아직 완료되지는 않은 상태였다.

그 당시 회사를 살펴보던 투자자들이 고려했을 요소는 세 가지다. 첫째, 그들은 제안의 구체적인 내용, 예를 들어 가격, 형식 등을 알고 싶어 할 것이다. 둘째, 그들은 현재 합병이 어느 단계인지, 그리고 계약 완료까지 몇 달이 걸릴 것으로 예상되는지 같은 일정에 관련된 내용을 알고 싶어 할 것이다. 셋째, 투자자들은 그 거래가 무산될 위험이 있는지, 그리고 그 위험은 어느 정도인지 알고 싶을 것이다. 이러한 거래 무산은 합병에 필요한 규제 관련 승인, 인수 기업과 피인수 기업 주주의 승인, 합병 제안 조항에 명시된 특별한 규정에서 비롯될 수 있다.

어떤 의미에서 합병차익거래 투자 사례는 상당히 수학적이다. 만약 투자자들이 앞에서 언급한 모든 정보를 정확하게 알고 있다면 단순히 그 투자의 연간 기대수익률을 계산해 그 수익률이 투자를 정당화할 만한 수준인지 판단하기만 하면 된다.

역사적으로 미국 내 석유 생산이 한창이던 1960년대에는 미국 남부와 중서부의 석유 및 가스 산업에서 인수합병M&A은 꽤 흔한 일이었기에 이 거래는 그 맥락에서 보면 완전히 이례적인 일은 아니었을 것이다. 이 거래에 대한 확신을 가질 수 있던 유사 선행 거래들이 확실히 있었을 것이다. 사실 캘리포니아의 유니언 오일은 1959년 울리 페트롤리엄Wooley Petroleum을 인수하고, 이어 1965년 당시 석유 산업 내에서 가장 큰 합병 중 하나였던 퓨어 오일 컴퍼니Pure Oil

Company와도 합병한 바 있었기 때문에 기업 인수에 있어서는 전혀 낯설지 않은 회사였다.

텍사스 내셔널 페트롤리엄을 다시 살펴보자. 인수 발표 당시 세 가지 유형의 증권이 발행돼 있었다. 공시 내용에 관한 연구가 필요하기는 했지만, 그 정보는 투자자가 비교적 쉽게 찾을 수 있었을 것이다. 버핏 또한 주주들에게 보내는 연례 서한에 그 투자에 관한 세부 사항들을 담았다.

첫 번째로, 액면가 대비 연이율 6.5%의 쿠폰이 있는 채권이 있었다. 이 채권은 회사가 104.25달러에 상환할 수 있었는데, 인수가 종료되는 시점에 상환할 계획이었다. 거래가 발표된 1963년 4월은 쿠폰 행사일 이전이었기 때문에 투자자는 워크아웃 기간 동안 쿠폰 이자를 받을 수 있다고 예상했을 것이다. 발행된 채권은 총 650만 달러 규모였다. 두 번째로, 보통주도 있었다. 발행주식 수는 370만 주였고, 이 거래에서의 예상 매수가격은 주당 7.42달러였다. 이 중 40%는 회사 내부 투자자들이, 나머지 60%는 외부 투자자들이 보유하고 있었다. 세 번째로, 65만 주의 워런트가 있었는데 이 워런트의 보유자는 주당 3.50달러에 보통주를 매입할 수 있는 선택권이 있었다. 보통주의 예상 거래가격이 7.42달러였음을 감안하면 그 거래에서 워런트의 추정 가치는 3.92달러였다는 것을 의미했다.

오늘날의 대부분 합병 거래와는 달리, 합병의 정확한 종료일이 공식적으로 발표되지 않았기 때문에 내가 당시 투자자로서 알아낼 수 있었던 한에서는 언제 인수가 완료될 것인지 알 수 없었을 것이다. 하지만 대략적인 예상 완료 날짜를 알고자 한다면 두 가지 정보 출처를 확인하는 것이 합리적일 것이다. 첫 번째 출처는 관련 당사자들이 밝힌, 즉 텍사스 내셔널 페트롤리엄 또는 캘리포니아의 유니언 오일이 제공한 정보다. 다른 출처는 당시 다른 유사 거래에서 추론할 수 있었던 사실이다. 전자에 관해 텍사스 내셔널 페트롤리엄의 경영진은 어느 정도 정보를 제공했다. 버핏은 주주들에게 보낸 서한에서 텍사스 페트롤리엄과 미팅이 있었다고 밝혔는데, 버핏 파트너십은 이 미팅에서 1963년 8월 혹은 9월까지 그 딜을 완료해달라고 요청했다. 예정된 거래 완료 기한이 9월 말이었다면, 이는 버핏이 4월 발표 후 5개월이 지난 시점에 투자하는 것을 고려했다는 점을 의미한다.

보통 투자자들은 기업의 고유한 특성에 관해 이해하려 하지만, 이 경우에는 계약 체결이 실패해 투자자들이 홀로 남은 회사의 소유주가 되는 경우에만 사업에 내재된 특성이 의미 있게 될 것이다. 사업에 대한 근본적 평가를 위해서는 석유 또는 광석 자산의 품질에 관해 확실히 이해해야 했다. 하지만 분명히 그 부분은 이 투자에서 중요한 것은 아니었기 때문에 거래의 평가로 바로 넘어가는 게 합리적일 것이다. 발표 후 세 가지 유가증권의 가격은 대략 다음과 같았다.

ⓐ 6.5% 채권의 경우 액면가인 100달러보다 약간 낮은 98.78달러였다.

ⓑ 보통주의 경우 가격은 6.69달러(제안가격 대비 약 0.74달러, 즉 약 11% 낮은 수준)였다.

ⓒ 워런트의 경우 가격은 3.19달러로 보통주와 비슷한 할인 폭을 보였다.

거래 종료까지 5개월, 지급까지 추가로 1개월을 더 가정할 경우 투자 기간은 총 6개월일 것이고, 예상 제안가격을 바탕으로 추정한 수익은 다음과 같을 것이다.

ⓐ 채권의 경우 투자자는 연이율 6.5%로 산출된 쿠폰 이자를 받을 것이다. 만약 거래가 완료되는 데 6개월이 걸린다고 가정하면 쿠폰 이자는 총 3.25달러가 될 것이다. 이외에도 투자자는 5.47달러($104.25-$98.78)의 이득을 기대할 것이다. 따라서 절대 수익은 총 8.72달러가 될 것이다. 매입가격과 비교하면 이것은 약 9%, 연간 기준으로는 18%가 될 것이다. 이 정도의 수익이라면 상당히 매력적인 수준이라 투자자가 그 거래가 성사될 것으로 꽤 확신한다면 그 채권을 매수할 것이다.

ⓑ와 ⓒ 보통주와 주식으로 전환되는 워런트에 대한 계산은 간단하다. 투자자가 제안가격과 현재 주가의 차이인 11%의 이익을 거둘 것으로 예상한다면 그 투자자는 6개월 안에 연간 22%의 수익률을 기대할 것이다. 이것은 상당히 매력적인 수익일 것이다. 거래가 예상보다 빨리 성사된다면 수익률은 훨씬 더 높아질 것이다. 이것은 제안가격이 높아진 경우에도 마찬가지다. 반대로 딜 완료까지 훨씬 더 오랜 시간이 걸린다면 연간 기준 수익률은 더 낮아질 것이다.

전반적으로 제안가격과 현재 가격 간의 차이는 분명 매력적으로 보였을 것이다. 유일하게 고려해야 할 부분은 거래가 실현되지 않을 위험이었을 것이다. 이러한 리스크를 평가하기 위해서는 우선 아직 인수안을 통과시키지 않은 주주들이 거래를 승인하지 않을 가능성을 고려해야 할 것이다. 텍사스 내셔널 페트롤리엄의 경영진이 이 거래의 성사 과정을 주도했고, 그 경영진들이 발행주식의 40%를 소유하고 있었기 때문에 주주들의 승인 가능성은 상당히 컸다고 신속하게 결론 내릴 수 있다. 사실 그 가격이 어느 정도만 적정해 보인다면, 그 거래의 승인을 위해서는 단지 10%의 지분만 더 있으면 되었으므로 투자자는 그 거래가 승인될 것이라고 확신할 수 있었다. 버핏도 이 주주 승인 관련 리스크에 관해 같은 결론을 내렸다.

더 나아가 법적 승인 및 당시 존재하던 모든 독점 금지 이슈에 관해 살펴보아야 한다. 이러한 문제들에 관해서는 리스크가 무엇인지는 명확하지 않았지만, 이전 10년 동안 더 작은 규모의 석유 탐사 회사들이 더 큰 회사들과 합병되었던 이번 딜과 유사한 M&A 딜이 많았다는 사실을 보면 이번 거래가 상당히 간단한 사례임을 알 수 있을 것이다. 따라서 당시 투자자들은 당연히 전문 변호사들에게 자문했겠지만, 이것을 중요한 이슈로 보지는 않았을 것이다.

버핏은 이러한 위험에 관해 철저히 연구했다. 그는 잠재적인 법적 위험과 법적 전개 과정에 관해 자세히 설명한다. 구체적으로 버핏은 소유 관계 파악과 법적 부분은 거의 문제없이 마무리되었지만, 유일하게 큰 장애물이었던 것은 비영리적 지위로 석유 시추 생산물에 대한 권리를 보유했던 서던캘리포니아대학USC과 연관된 조세 관련 문제였다고 밝힌다. 이것이 일부 절차를 지연시킬 수도 있는 추가적 장애물이었지만, 버핏은 USC가 이 거래를 마무리하는 데 도움을 주기 위해 그 지위를 포기하겠다고 제안했기 때문에 이것이 전반적 거래에는 위협이 되지 않으리라 판단했다.

이 경우 잠재적 보상은 명확했다. 개인 투자자가 버핏이 했던 것처럼 거래 관련 위험을 정확하게 평가하기는 어려웠을 것이다. 사실 나라도 그 분야의 변호사들에게 주요 조사를 맡겼을 것이다. 소규모 투자 펀드라고 하더라도 일반적으로 그러한 전문가 네트워크를 확보하고 있기 때문이다. 하지만 개인 투자자들은 추가적인 노력이 필요할 것이다. 어쨌든 버핏의 경우에서처럼 위험에 대해 확신할 수 있었다면 이 특별한 상황을 활용한 투자로 상당한 이익을 기대할 수 있었을 것이다.

이 거래에서 버핏은 결국 세 종류의 증권에 모두 투자했다. 액면가로 총 260만 달러 규모의 채권, 6만 35주의 보통주, 보통주를 인수할 수 있는 8만 3,200주의 워런트를 사들였다. 거래 완료까지는 시간이 예상보다 약간 더 오래 걸렸지만(채권에 대해서는 11월 중순 지급, 주식과 워런트에 대해서는 12월과 다음 해 초에 분납), 전체적인 지급 금액은 당초 계산된 수치보다 약간 높았다(주당 7.42달러가 아닌 약 7.59달러). 이에 관해 버핏은 "이는 통상적인 패턴을 보여준다. ① 거래는 원래 예상했던 것보다 더 오래 걸리고, ② 지급 금액은 평균적으로 예상보다 더 높은 경향이 있다. 이 거래에서도 마찬가지로 두어 달 더 걸렸고, 몇 퍼센트 더 받았다"고 말했다.

전체적으로 버핏의 연간 수익률은 채권의 경우 약 20%, 주식과 워런트는 약 22%였다.

요약하자면 이것은 특별한 상황을 활용한 투자, 구체적으로 합병

차익거래 기회를 활용한 투자였다. 스프레드를 보면 채권의 경우 높은 한 자릿수, 주식의 경우 약 10%의 절대 수익률을 얻을 수 있었을 것이다. 연간 기준으로 보면 투자자는 약 20%의 투자수익률을 예상할 수 있었다. 그럼에도 여기서 초점은 그 딜의 리스크를 평가하는 데 맞춰져 있었다.

앞서 언급한 수익 가능성은 투자를 정당화하기 위해서는 필요하지만, 투자자가 이 투자를 집행하기 위해서는 위험이 낮다는 판단이 필요하다. 위험을 최소화하기 위해 투자자는 거래의 기초가 되는 자산과 사업의 가치를 본질적으로 판단할 수 있는 좋은 감각이 있거나, 합병차익의 모든 경우를 가정하고 진행하는 매우 철저한 기본 연구 결과에 대한 확신이 있어야 한다. 여기서 기본 연구에는 거래의 법적 근거에 대한 변호사의 자문과 이전 유사 합병 사례들에 대한 상세한 검토도 포함된다. 이 경우에 버핏이 했던 것처럼 깊이 파고들 의향과 의지가 있다면 그 보상도 마땅히 따를 것이다.

04

아메리칸 익스프레스1964

American Express

. . .

이후 버핏이 보통의 사업에 정말 좋은 대가를 지급하는 것보다
정말 좋은 사업에 적정한 가치를 지급하는 것을 선호하게 된 것은
바로 이 투자에서 경험한 성공 덕분이었던 것 같다.

어떻게 보면 아메리칸 익스프레스는 당시 워런 버핏이 보기에 첨단 기술회사였는지도 모르겠다. 1960년대 초 아메리칸 익스프레스는 새로움을 대표했다. 미국인들이 항공 여행에 눈뜨면서 여행자 수표를 통한 지급도 점점 더 보편화되었다. 이때 아메리칸 익스프레스는 플라스틱 신용카드 분야도 최초로 개척하고 있었다. 이 두 가지 지급 형태의 주된 장점은 그것들 자체가 인증된 수단이기 때문에 현금 거래가 필요 없다는 것이었다. 단순하게 생각해도 현금은 많은 액수를 처리하거나 해외여행을 할 때는 적합하지 않았다. 상인들이나 공급업자들은 아메리칸 익스프레스의 여행자 수표를 받았을 때 그

[그림 4.1] 아메리칸 익스프레스

수표를 신뢰할 수 있었다. 당시 거액의 자금이나 해외 지급을 위한 다른 대안으로 신용장도 있었다. 하지만 신용장은 은행과 주고받는 서류 작업이 수반되었기 때문에 훨씬 더 번거로웠다. 이런 식으로 아메리칸 익스프레스는 우수한 상품들을 선보였다. 더 자세한 내용은 이후 다시 다루도록 하겠다.

1963년 아메리칸 익스프레스는 샐러드 오일 스캔들Salad Oil Swindle로 알려진 큰 사건을 겪었다. 그해 11월 아메리칸 익스프레스의 자회사 중 하나였던 뉴저지 주 바요네 창고에서 수령증을 발행했는데, 이 수령증으로 얼라이드 크루드 베지터블 오일 리파이닝Allied Crude Vegetable Oil Refining이라는 회사가 대출을 받았다. 나중에 밝혀진 바와 같이 이 회사는 사기를 치고 있었다. 얼라이드는 파산했고, 창고회사가 담보를 확인하면서 귀한 샐러드 오일로 가득 차 있어야 할 탱크들이 바닷물로 채워져 있는 것을 발견했다. 부채 규모가 최고 1억 5,000만 달러로 추정되는 가운데 얼라이드와 아메리칸 익스프레스의 자회사는 파산보호를 신청했다. 모회사인 아메리칸 익스프레스에도 법적 책임이 있는지는 불확실했다. 그런데도 아메리칸 익스프레스의 CEO 겸 사장이었던 하워드 클락Howard Clark은 회사의 평판이 훼손될 것을 우려해 아메리칸 익스프레스가 윤리적으로 그 부채에 대한 책임을 다하겠다는 성명을 발표했다.

아메리칸 익스프레스가 파산에 직면할 수도 있다는 소문이 나돌았다. 뉴스가 발표되기 전 주당 60달러에 거래되던 아메리칸 익스프레스의 주식은 이 악재로 1964년 초에는 35달러까지 하락했다. 시장에서는 아메리칸 익스프레스가 '파악되지 않았지만 잠재적으로 엄청난 부채'에 직면했다는 이야기도 돌았다. 그런 악재 외에도 아메리칸 익스프레스 주주들은 하워드 클락이 분쟁을 해결하기 위해 채권자들에게 6,000만 달러 규모의 보상을 제안했을 때 그 행동을 기업의 윤리적 의무에서 비롯된 불필요한 행위라 판단하고 그를 고소했다. 당시 7,800만 달러 수준이었던 아메리칸 익스프레스의 장부가치에 비하면 그 금액은 아주 큰 액수로 보였다.

로웬슈타인Lowenstein에 따르면, 그 스캔들 이면에서 가능성 있는 기회를 감지한 버핏은 조심스럽게 기초 연구를 시작했다고 한다. 그는 식당 주인과 손님 등 오마하의 상인들과 손님들에게 수표와 카드의 사용 습관이 변했는지 물었다. 버핏은 은행과 여행사, 그리고 경쟁사에도 직접 관련 내용을 확인했다. 스캔들에도 불구하고 가는 곳마다 아메리칸 익스프레스 여행자 수표와 신용카드의 사용은 꾸준한 것 같다는 결론을 얻을 수 있었다. 버핏은 아메리칸 익스프레스가 현재처럼 계속 운영될 것이고, 평판의 훼손이 영구적일 것 같지 않으며, 브랜드가 매우 강하고 그 강한 브랜드가 상품에도 똑같이 반영될 것으로 전망했다. 또한 회사는 파산할 것 같지 않다고 결론 내렸다.

투자자가 당시 아메리칸 익스프레스를 보고 어떤 그림을 그렸을지 살펴보는 것이 중요하다(연결재무제표와 1963년 아메리칸 익스프레스 연차보고서의 주요 내용을 정리한 [표 4.1]~[표 4.3] 참조). 아메리칸 익스프레스는 연차보고서 4~5페이지에 있는 10년 재무정보 요약표를 통해 과거 10년간의 손익 수치를 제공했다. 여기서 우리는 1963년 이전 10년 동안 아메리칸 익스프레스의 사업이 얼마나 강력했는지 바로 알 수 있다.

1954년부터 1963년까지 아메리칸 익스프레스의 매출은 3,700만 달러에서 1억 달러로 증가했다. 더 인상적인 부분은 이 기간 중 매출이 전년보다 감소한 해가 한 해도 없었다는 점이다. 주당이익과 총장부가치에서 볼 수 있는 내용도 매출과 일치했다. 주당이익은 1.05달러에서 2.52달러로 증가했고, 장부가치는 4,200만 달러에서 7,900만 달러로 늘어났다. 이에 따라 매출은 연 복리 기준으로 매년 12% 증가했고, 순이익도 과거 9년 동안 매년 10% 증가했다.

1963년 한 해 동안 아메리칸 익스프레스는 1억 40만 달러의 매출에서 정확히 1,120만 달러의 순이익(주당이익 2.25달러, 주식 수 446만 주)을 창출했다. 세전 이익(미국 및 해외 소득세 부과 전 이익)은 1,600만 달러였다. 단순히 이익률을 봐도 약 16%의 영업이익률과 약 11%의 순이익률로, 이는 수익성이 양호하다는 것을 의미했다.

재무 수치를 보면 한눈에도 아메리칸 익스프레스는 모든 부문에서 꽤 오랫동안 잘 운영되고 있었던 것으로 보인다. 하지만 사업을 정확히 이해하고, 그 사업이 진짜 좋은 사업인지 판단하기 위해서는 재무 수치 이상의 것을 볼 수 있어야 한다. 아메리칸 익스프레스의 사업과 그 회사가 어떻게 매년 그렇게 좋은 재무 결과를 창출했는지 이해하기 위해서는 회사의 사업 부문과 하위 사업 부문이 운영되던 경쟁 환경을 분석하는 것이 중요하다.

1963년 연차보고서에는 아메리칸 익스프레스의 사업 부문이 상당히 상세하게 언급된다. 이 보고서에는 총 10개의 개별 사업 부문이 자세히 설명돼 있다. 안타깝게도 당시 아메리칸 익스프레스는 각 사업 부문의 규모와 마진까지는 세분화하지 않았다. 그렇더라도 그 순서나 설명의 깊이를 보면 어느 사업이 핵심 사업인지 명확히 추론할 수 있다. 규모가 가장 큰 것부터 가장 작은 것까지 순서대로 나열하면 여행자 수표, 우편환, 공과금, 여행, 신용카드, 상업은행, 해외 송금, 화물, 웰스 파고Wells Fargo, 허츠Hertz, 창고업 순이다.

주요 사업 부문의 업무에 관해 논의하기 전에 10개의 별도 사업 영역이 있던 아메리칸 익스프레스는 명확한 하나의 활동만 하는 하나의 사업이라는 전통적 의미의 단순한 사업이 아니었다는 점에 주목해야 한다. 그런데도 우리가 각 사업 부문을 개별적으로 분석해보면, 우리는 그 사업들이 모두 사업 모델과 복잡한 기술이 아닌 사람을 기반으로 하므로 탐구적인 투자자들이라면 모든 사업을 이해할 수 있다는 사실에 안도할 것이다.

보고서에도 가장 먼저 언급되는 가장 큰 사업 부문은 여행자 수표 사업이었다. 아메리칸 익스프레스는 해외여행을 하려는 고객들에게

출국 전 많은 곳에서 종이 수표를 판매했는데, 고객들은 이 수표를 해외 은행과 상점에서 사용할 수 있었다. 수표를 받은 해외 은행과 상점은 이후 그 수표를 현지 통화로 교환할 수 있었다. 아메리칸 익스프레스는 고객들로부터 현금과 약간의 수수료를 받았는데, 그 대가로 고객들의 재정 상태를 의심하지 않을 해외 은행 및 상점 네트워크를 제공했다. 더 많은 해외 상점들이 이 수표를 취급하도록 장려하기 위해 아메리칸 익스프레스는 여행자 수표를 받은 상인들에게 수수료도 지급했다.

당시 아메리칸 익스프레스 여행자 수표를 대체할 수 있었던 것은 은행에서 발행한 신용장이었다. 고객, 즉 해외여행자가 은행에 가서 예금, 담보 또는 그때까지의 관계를 기반으로 은행에 신용장 발행을 요청하고, 이후 고객이 이 신용장을 외국 은행에 제시하면 그 은행은 이 신용장을 바탕으로 고객에게 현지 통화를 지급하거나 고객이 해외에서 결제할 수 있게 도움을 주는 것이었다.

여행자 수표는 신용장과 비교해 몇 가지 주요 장점이 있었다. 첫째, 여행자 수표는 어떤 아메리칸 익스프레스 지점에서도 간단히 구매할 수 있었지만, 신용장을 발급받는 과정은 특정 발행 은행에서만 가능했고 보통 상당한 서류 작업이 필요했으며 기간도 며칠이 걸렸다. 수표 발급 과정은 덜 복잡했으므로 아메리칸 익스프레스 솔루션의 거래비용도 더 낮았다. 현금과 비교해도 여행자 수표는 도난당했을 때 쉽게 재발급될 수 있었기 때문에 여행자 입장에는 여행자 수표가 추가적인 보호 수단이 되었다.

[표 4.1] 과거 10년간의 재무정보 요약(1954~1963년)

영업 요약	1963	1962	1961
매출			
영업이익	100.4	86.8	77.4
증권판매이익	1.4	2.0	2.9
영업비	85.9	76.8	69.1
미국 및 해외 소득세 준비금	4.7	1.8	2.0
순이익	11.3	10.1	9.2
주당순이익	2.52	2.27	2.06
주당배당금	1.40	1.25	1.20
기말 주주 수*	24,055	23,366	23,814
현금 및 은행예금	266.6	187.3	169.2
증권 투자	443.8	463.5	473.5
대출 및 할인 이자	172.4	141.5	85.1
총자산	1,020.2	915.2	876.5
여행자 수표 및 신용장 발급	470.1	421.1	386.4
고객 예금 및 신용 잔고	366.5	337.2	303.5
주주 지분	78.7	68.4	63.8
연말 기준 종업원 수:			
국내	5,530	4,944	5,138
해외	5,424	5,333	5,107
총계	10,954**	10,277	10,245
연밀 기준 지짐 수:			
국내 지점	115	105	108
해외 상업 지점	110	105	98
군 기지 소재 해외 지점	177	179	173
총계	402	389	379
아메리칸 익스프레스 거래선	5,921	5,902	4,631
기타 아메리칸 익스프레스 직판점	75,738	70,471	69,338
아메리칸 익스프레스 신용카드 서비스 매장	85,580	81,989	50,676

* 모든 수치는 액면가 5달러인 4,461,058주를 기반으로 산출
** 601명의 웰스 파고 종업원 포함
자료: 1963년 아메리칸 익스프레스 연차보고서 4~5페이지

1960	1959	1958	1957	1956	1955	1954
74.7	67.1	59.0	53.8	47.9	42.2	37.1
2.7	2.5	2.4	0.9	1.4	1.3	1.2
65.9	60.0	52.9	46.6	42.0	37.3	33.1
2.5	1.2	0.9	1.2	1.0	0.8	0.5
9.0	8.4	7.6	6.9	6.3	5.4	4.7
2.02	1.89	1.70	1.54	1.42	1.22	1.05
1.20	1.05	1.00	0.95	0.83	0.64	0.60
24,665	24,335	25,341	25,111	25,302	25,366	25,642
155.6	124.6	124.7	141.1	149.0	131.2	125.6
461.9	453.6	443.2	445.8	453.2	423.9	390.2
58.4	39.3	29.0	24.5	15.7	11.5	8.0
787.8	732.7	680.1	667.6	700.1	629.3	621.0
365.5	358.7	337.5	320.3	304.4	282.8	259.6
286.1	223.8	215.6	243.0	266.8	243.1	222.8
60.1	56.4	53.0	49.9	47.2	44.3	41.7
5,326	5,213	4,839	4,114	4,054	3,847	3,638
4,927	4,770	4,609	4,698	4,657	4,580	4,397
10,253	9,983	9,448	8,812	8,711	8,427	8,035
99	96	96	96	91	85	77
99	102	94	90	87	84	75
181	186	183	213	208	203	197
379	384	373	399	386	372	349
4,551	4,541	4,465	4,478	4,399	4,351	4,267
67,614	67,736	66,280	64,271	66,436	64,457	63,294
46,982	41,455	32,183	–	–	–	–

게다가 여행자 수표의 혜택은 고객만을 위한 것이 아니었다. 아메리칸 익스프레스에 따르면, 은행들은 여행자 수표 판매를 다른 상품들과 교차판매하기 위해 새로운 고객들을 끌어들일 하나의 영업 방식으로 보았다. 그렇게 함으로써 은행들은 약간의 수수료도 챙기면서 소액 신용장 관련 업무 부담도 덜 수 있었다. 수령 은행, 즉 신용장을 받거나 여행자들에게 수표를 현금으로 교환해주는 은행에는 표준화라는 중요한 이점도 있었다. 신용장은 발행 은행이 보증한 것이기 때문에 수령 은행은 발행 기관의 신용을 개별적으로 평가해야 했다. 이와는 반대로 아메리칸 익스프레스의 여행자 수표는 당시 국제적으로 잘 알려져 있던 아메리칸 익스프레스가 보증했다. 따라서 신용장에 적힌 조건에 따라 현금을 지급하는 것보다 여행자 수표를 현금으로 바꾸어주는 것이 훨씬 더 쉬웠다.

여행자 수표의 장점은 이해하기 쉽지만, 이 장점을 증명할 양적인 증거가 있었을까? [표 4.1]에 있는 아메리칸 익스프레스의 과거 10년간의 재무정보 요약을 보면 여행자 수표 발행이 1954년 2억 6,000만 달러에서 1963년에는 4억 7,000만 달러로 증가한 것을 알 수 있다. 연간으로 환산하면 과거 10년 동안 여행자 수표 발행액은 매년 7% 증가했다.

아메리칸 익스프레스의 CEO인 하워드 클락이 연차보고서에서 말한 것처럼, 이 정보는 투자자들에게 시장의 상당 영역에서 여행자 수표가 신용장을 대체하는 수년간의(사실상 수십 년간) 트렌드가 진행되고 있었다는 사실을 보여준다. 여행자 수표 분야의 선두업체였던 아메리칸 익스프레스는 이 트렌드의 주요 수혜자가 되었다. 요컨대 아메리칸 익스프레스의 여행자 수표 사업은 다른 사업 부문보다 상당한 이점을 가지고 성장하고 있는 훌륭한 사업으로 보였다.

아메리칸 익스프레스의 연차보고서에서 볼 수 있는 두 번째 사업 부문은 우편환 및 공과금 사업이다. 이 사업은 1880년대에 그 뿌리를 두고 있었다. 아메리칸 익스프레스는 당시 미국 우정공사U.S. Postal Service의 우편환 도입에 맞서기 위해 자체적으로 경쟁 서비스를 개발했다. 서비스는 매우 간단했다. 배달원 또는 우편으로 안전하게 돈을 전달하는 것이었다. 1963년까지 아메리칸 익스프레스의 우편환은 미국에서 가장 많이 이용된 상업 서비스로 50개 주 모두에서 판매된 유일한 상업 우편환이었다. 이 무렵에는 정체된 사업이기도 했지만, 사업 자체는 견고한 기반을 갖추고 있었는데 고객에게 유용한 서비스를 제공하고 여행자 수표를 보완하는 역할도 하고 있었다.

아메리칸 익스프레스의 세 번째 사업은 여행 사업이었다. 증기선 크루즈 티켓을 판매하고 해외여행 상품을 만드는 아메리칸 익스프레스의 여행 부문은 크고 작은 국내 및 해외 경쟁자들이 많은 사업이었다. 그런 만큼 이 사업은 진입장벽이 거의 없는 것처럼 보였다. 따라서 성과는 매년 달랐고, 중간 정도의 이익을 거둔 다른 사업 부문보다 더 나은 성과를 올리면 성공한 것으로 간주되었다. 1963년 연차보고서에서 여행 사업에 관한 부분을 보면, 1963년이 분권화한 사업 모델을 확립하고 더 나은 고객 서비스에 초점을 맞춰 효율성을 높이고자 한 이 사업 부문의 사업 개편 2년째라는 내용을 발견할 수 있다.

네 번째 사업인 신용카드 사업은 비록 그 당시에는 아직 큰 사업이 아니었지만 1963년에는 새로운 성장을 위한 중요한 원동력이 되었다. 신용카드 사업은 1910년대에 웨스턴 유니언Western Union이 시작했고, 1950년대에 다이너스 클럽Diners Club이 현재의 형태로 상업화했지만 아메리칸 익스프레스는 강력한 네트워크와 브랜드로 이 분야의 선두주자가 되었다. 최초의 아메리칸 익스프레스 신용카드는 1958년 뱅크 오브 아메리카Bank of America 및 뱅크 아메리카드BankAmericard와 제휴해 출시되었다. 인지도의 현저한 증가에도 불구하고 운영상 문제로 이 부문의 초기 수익성은 좋지 않았지만, 1963년까지 이 사업은 2년 연속 이익을 발생시켰다.

아메리칸 익스프레스는 1963년 연차보고서에서 처음으로 전체 카드 회원 수가 100만 명을 넘어섰다고 밝혔다. [그림 4.2]와 [그림 4.3]에서 보듯이 연간 신용카드 거래액은 점점 더 빠르게 증가하고 있었다.

아메리칸 익스프레스의 신용카드 사업 부문은 카드 소지자(연회비)와 상인(퍼센트 수수료) 양쪽 모두에게 비용을 청구하는 사업 모델을 통해 서비스를 통해 합리적으로 현금을 창출했다. 게다가 카드를 주고받는 주체인 카드 소지자와 상인들의 네트워크를 중심으로 운영되는 사업 모델이었다는 점을 고려하면, 특히 여행과 해외 사업에서 상당한 평판이 있던 아메리칸 익스프레스에게는 자연적으로 유리한 사업 환경이었다. 초기에 사업가와 부유한 개인들을 타깃으로 여행 및 엔터테인먼트 카드를 출시했던 뱅크 아메리카드는 순식간에 히트했다.

[그림 4.2] 연간 신용카드 거래액

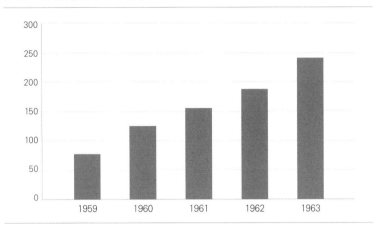

자료: 1963년 아메리칸 익스프레스 연차보고서 13페이지

[그림 4.3] 신용카드 소지자 수(연말 기준)

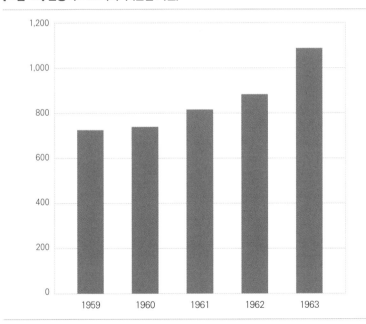

자료: 1963년 아메리칸 익스프레스 연차보고서 13페이지

고객들에게 명성 있는 신용카드를 소지하는 '근사함'을 제공하는 것 외에도 뱅크 아메리카드는 여행객들이 쉽게 지급할 수 있는 수단 뿐만 아니라, 곧 아메리칸 익스프레스 카드의 대표적 서비스가 된 여행보험 같은 많은 부가적인 혜택도 제공했다. 상인들은 아메리칸 익스프레스 신용카드를 사용하는 부유한 고객들을 끌어들이기 위해 기꺼이 수수료를 지급했다. 아메리칸 익스프레스의 신용카드는 이렇게 거래의 양측 모두에게 분명한 고객가치를 제공했다.

만약 이러한 고객가치와 강력한 경쟁자 부재라는 측면을 고려한다면 적어도 상인들에게는 그 가치가 당시 아메리칸 익스프레스가 부과하고 있던 수수료보다 훨씬 더 클 가능성이 있었다. 이러한 부분은 숨겨진 가격결정력을 의미한다. 어떤 경쟁자이든 카드 소지자와 상인들 모두에게 가치가 있으려면 아메리칸 익스프레스만큼 광범위한 네트워크를 구축해야 하므로 아메리칸 익스프레스는 분명한 강점을 가지고 있었다고 말할 수 있다. 전반적으로 투자자들은 1963년에 이 사업을 매우 매력적으로 전망했을 것이다.

물론 수십 년 후 마스터와 비자의 부상을 예측하기는 어려웠을 것이다. 하지만 통찰력 있는 관찰자라면 네트워크 경제로 작동하는 몇몇 가장 안전한 다른 상품들과는 달리 신용카드의 경우 이용자가 지급하는 비용이 복수의 카드를 가지는 데 방해가 되지 않을 정도로 충분히 낮다고 추측했을 수도 있다.

아메리칸 익스프레스의 다음 5개 사업 부문은 상업은행, 해외 송금, 화물, 웰스 파고, 허츠였다. 나는 그 사업 부문들의 핵심 경제적 요소를 함께 묶어 논의하고자 한다. 그 사업 부문들은 모두 비슷한 요소를 공유하는 작은 부문이었기 때문이다.

사업으로서의 상업은행은 보통의 소매은행과 유사하게 예금을 유치하고 대출을 취급했다. 아메리칸 익스프레스가 달랐던 부분은 군사기지에 있는 지점을 포함해 해외 지점이 상당히 많았다는 점이었다. 해외 송금은 회사와 개인에게 안전하고 쉬운 국가 간 자금 이체 수단을 제공하는 사업 부문이었다. 화물 사업은 현재 미국에서 운영되는 운송업과 유사한 운송 및 통관 사업이었다. 다음 두 사업 부문은 웰스 파고와 허츠였다. 전자는 오늘날 무장 차량을 활용한 수송 사업과 상당히 유사한 현금 및 귀중품 운송 사업이었다. 후자는 허츠와의 합작 사업으로 미국 이외의 지역에서 자동차와 트럭을 렌트하는 회사였다. 아메리칸 익스프레스는 허츠의 지분 49%를 보유하고 있었다. 흥미롭게도 웰스 파고와 허츠 모두 오늘날에도 우리에게 친숙한 이름들이다. 실제 유명 은행인 웰스 파고는 아메리칸 익스프레스의 설립자인 헨리 웰스와 윌리엄 파고에 의해 시작되었다. 그리고 허츠도 현재 세계에서 가장 큰 렌터카 회사 중 하나로 남아 있다.

그런데도 5개 사업 부문으로 이루어진 이 그룹을 보면, 이 부문들이 아메리칸 익스프레스의 주요 사업에는 분명히 보완적인 역할을 하기는 하지만 당시 다른 기존 경쟁기업들보다 아메리칸 익스프레스가 특별한 경쟁우위를 가지고 있다고는 보기 힘든 사업이라고 결론 내릴 수밖에 없다.

아메리칸 익스프레스의 마지막 사업 부문은 위탁 창고 사업(샐러드 오일 스캔들로 타격을 입은 사업 부문)이었다. 이 사업 부문의 주된 활동은 고객이 은행 및 다른 금융기관으로부터 대출을 받을 때 창고에 위탁한 자산을 담보로 활용할 수 있도록 고객의 재고 및 기타 자산을 기초로 신뢰성 있는 창고증권을 발행하는 것이었다. 창고증권의 전통적 사업 모델에는 공공 창고도 포함돼 있었다. 이 사업 모델에서 고객은 관리인이 보관하고 감독하는 공공 저장시설로 재고자산을 인도했는데, 담배나 주류 등 숙성이 필요한 제품의 경우 제품을 공공 창고에 보관하고 자금을 융통하는 경우가 드물지 않았다. 그러나 제품이 부피가 크거나 운송이 어려워 재고자산을 운송하는 것이 실용적이지 않은 경우도 있다. 이러한 상황에서는 고객 혹은 차용인의 땅에 위탁 창고를 설치하기도 했다. 마찬가지로 아메리칸 익스프레스의 위탁 창고회사도 고객 혹은 차용인이 소유한 창고에 재고 통제와 감독 업무를 수행할 검사관을 두었다.

얼라이드 크루드 베지터블 오일 컴퍼니의 경우에서도 아메리칸 익스프레스는 뉴저지 주 얼라이드 바요네에 있는 저장 탱크의 재고를 감독하는 순회 검사관을 두었다. 그리고 얼라이드의 직원 중 일부를 관리인으로 고용했다. 유감스럽게도 당시 아메리칸 익스프레스의 순회 검사관은 물리적 재고를 완전하게 조사하지 않았다.

구체적 스캔들과 사건의 성격 및 범위에 관해서는 나중에 논의하겠지만, 사업 전체적인 맥락에서 위탁 창고 사업은 아메리칸 익스프레스처럼 명성 높은 회사가 경쟁업체보다 유리할 수 있는 상당히 단순한 저자본 사업이었던 것 같다. 사업과 관련된 주요 리스크에는 아메리칸 익스프레스의 계약상 약속, 특히 창고증권을 발행한 모든 담보를 보증할 것인지에 대한 상세한 법적 조건도 포함돼 있었을 것이다.

전반적으로 보았을 때, 아메리칸 익스프레스는 상당한 구조적 강점이 있는 핵심 사업을 가진 훌륭한 기업으로 보였을 것이다. 여행, 웰스 파고, 화물과 같은 일부 소규모 사업 부문의 경우 다른 부문에 비해 근본적 강점이 거의 없어 보이기는 했지만, 여행자 수표와 신용카드 사업을 포함한 가장 중요한 사업 부문들은 장기적이고 지속 가능한 성장을 뽐내는 프랜차이즈 수준의 훌륭한 사업이었다.

이러한 결론을 뒷받침하기 위해 우리는 [표 4.2]와 [표 4.3]에서 아메리칸 익스프레스의 손익계산서와 대차대조표를 한 번 더 살펴볼 것이다. 이들 표에 제시된 정보를 통해 우리는 이러한 평가를 뒷받침하는 두 가지 추가적 통찰을 얻을 수 있다.

1963년 말 아메리칸 익스프레스의 대차대조표에서 몇 가지 중요한 데이터를 볼 수 있다. 자산 측면에서는 현금 2억 6,700만 달러와 투자증권 4억 4,400만 달러(대부분 미국 국채, 주정부 채권, 지방채), 미 국채 3,500만 달러, 대출 1억 7,200만 달러, 외상매출금 5,200만 달러, 고정자산 1,400만 달러(토지, 건물, 장비-취득원가)가 있다. 모두 합쳐 자산 총액은 10억 2,000만 달러였다. 부채 측면에서는 4억 7,000만 달러의 여행자 수표 발행액, 3억 6,600만 달러의 고객 예금, 자산 쪽 미 국채 3,500만 달러에 상당하는 부채, 기타 작은 규모의 부채들이 있다. 부채는 총 9억 4,200만 달러였다. 나머지 주주 지분은 7,800만 달러였다.

[표 4.2] 연결손익계산서(1963년)

	1963	1962
수입:		
영업수입	$100,418,244	$86,771,484
증권판매이익	$1,435,903	$2,028,125
총계	$101,854,147	$88,799,609
비용 및 세금:		
임금 및 급료	$41,308,088	$36,289,997
재무 서류, 인쇄물, 사무용품 비용	$4,854,346	$4,168,274
우표, 전화, 전보, 전신	$3,605,062	$3,333,282
교통, 속달, 기타 운송비	$2,995,345	$2,492,998
부동산 및 장비 관련 비용	$7,602,788	$6,939,640
광고 및 기사	$5,700,052	$4,595,985
기타 비용	$14,920,469	$14,828,141
국외 소득세	$4,889,298	$4,200,086
총계	$85,875,448	$76,848,403
미국 및 국외 소득세 전 이익	$15,978,699	$11,951,206
미국 및 국외 소득세 준비금	$4,714,858	$1,820,263
순이익	$11,263,841	$10,130,943
기초 잉여금	$46,051,152	$41,499,546
잉여금 가산:		
세후 증권 특별매각 이익	$4,376,996	–
웰스 파고 연결로 인한 1963년 1월 1일 기준 투자액 초과 순자산	$892,784	
총계	$62,584,773	$51,630,489
잉여금 차감:		
배당금	$6,194,506	$5,537,114
기타 순차감	–	$42,223
총계	$6,194,506	$5,579,337
기말 잉여금	$56,390,267	$46,051,152

자료: 1963년 아메리칸 익스프레스 연차보고서 26페이지

[표 4.3] 연결대차대조표(1963년)

	1963	1962
자산		
현금 및 은행예금	$266,637,122	$187,306,540
증권 투자(원가)		
미국 국채	$141,208,249	$102,201,433
미국 주 정부채권 및 지방채	$229,784,429	$225,241,401
기타 채권	$39,614,783	$92,676,747
우선주	$18,968,863	$19,451,610
보통주	$14,198,704	$23,908,432
총증권 투자(현 시장가치: 1963년 $450,500,000, 1962년 $479,010,000)	$443,775,028	463,479,623
미 정부 예탁 채권	$35,000,000	$35,000,000
대출 및 할인 이자	$172,410,264	$141,505,217
외상 매출금 및 발생 이자(준비금 차감: 1963년 $2,741,819, 1962년 $1,714,232)	$51,660293	$42,832,134
아메리칸 익스프레스 주식 재매입 (원가) (1963년 33,340주, 1962년 37,700주)	$1,436,565	$1,627,535
미연결 자회사 및 계열사 투자(원가) (순자산: 1963년 $4,096,000, 1962년 $5,654,000)	$3,580,002	$4,791,987
토지, 건물, 장비(원가) (상각액 차감: 1963년 $11,927,151, 1962년 $10,461,370)	$14,347,038	$12,669,124
거래처 인수어음	$18,873,203	$15,225,152
기타 자산	$12,486,135	$10,741,415
총계	$1,020,205,650	$915,178,727
부채		
여행자 수표 및 신용장 발행	$470,126,789	$421,063,300
아메리칸 익스프레스 고객 예금 및 신용 잔고	$366,490,835	$337,237,710
미 정부 예탁 채권 보증 채무	$35,000,000	$35,000,000
인수어음 발행	$18,903,238	$15,690,404
기타 부채	50,989,231	$37,830,871

총계	$941,510,093	$846,822,285
자본:		
자본-수권 주식 5,000,000주(액면가 $5), 발행 4,461,058주	$22,305,290	$22,305,290
잉여금	$56,390,267	$46,051,152
총자본	$78,695,557	$68,356,442
총계	$1,020,205,650	$915,178,727

자료: 1963년 아메리칸 익스프레스 연차보고서 28~29페이지

대차대조표에서 얻을 수 있는 첫 번째 통찰은 어떻게 보면 아메리칸 익스프레스가 은행이나 보험회사와 매우 비슷했다는 것이다. 본질적으로 아메리칸 익스프레스의 사업은 여행자 수표 발행 형태로 부채를 창출해 현금 및 투자증권 형태로 자산을 보유하는 사업으로, (은행 사업 부문을 고려하지 않더라도) 이는 보험회사의 플로트float와 유사했다. 실제로 고객 예금과 여행자 수표 발행액을 합치면 아메리칸 익스프레스는 사실상 고객 소유인 8억 3,700만 달러를 보유하고 있었다. 아메리칸 익스프레스는 은행이나 보험회사처럼 채권, 주식, 대출 상품에 이 자산을 투자해 수익을 올렸다.

두 번째로, 사업에 투하된 자본의 수익을 살펴보면 우선 아메리칸 익스프레스의 물리적 자본이 상당히 가벼운 수준이라는 사실을 알 수 있다. 우리는 여기서 주주 귀속 이익을 투하자본으로 나눈 투하자본수익률ROCE: Return on Capital Employed이라는 통상적 지표를 대략 계산해볼 수 있다. 1,400만 달러에 불과한 토지, 건물, 장비와 사실상 마이너스인 순운전자본 기반(고객 예금 및 여행자 수표 발행액을 보유하고 있다는 플로트의 특성을 고려할 경우)에서 만약 우리가 순운전자본을

0으로 가정한다면 ROCE는 대략 약 78%로 산출될 것이다. 또한 마이너스 값인 운전자본을 충분히 반영한다면 투하된 총자본도 마이너스가 될 것이고, 결과적으로 ROCE는 무한대가 될 것이다. 그해의 순이익은 1,120만 달러였다. 현금흐름표가 없어 실제 주주 귀속 이익을 계산할 수 없었기 때문에 여기서는 대신 순이익을 적용했다는 사실을 명심해야 한다. 어찌 되었든 정상적 사업에서 78%(또는 그보다 더 높은)라는 ROCE 수치는 매우 높은 프랜차이즈 가치를 나타낸다. 이는 기업이 사업을 통해 자본비용을 훨씬 초과하는 수익을 창출할 수 있다는 의미다. 또한 사업을 성장시키기 위한 추가 자본도 거의 필요 없다는 의미이기도 한데, 이는 현금을 주주들에게 배당하거나 다른 회사를 인수하는 데 사용할 수 있으므로 전체적으로 이득이 된다.

하워드 클락이 주주들에게 보낸 서한의 내용은 이러한 견해를 뒷받침한다. 이 서한에서 클락은 "1963년 12월 31일까지 4년 동안 실제로 인력 충원 없이 연결영업수익이 거의 50% 증가했고, 세전 이익은 100% 이상, 세후 이익은 약 60% 증가했다"고 밝혔다.

날카로운 투자자라면 상당한 재무 레버리지가 사업에 내재돼 있는 경우 통상적 ROCE를 사업성과의 척도로 사용하는 것을 문제 삼을 수도 있다. 이 같은 우려는 정당하다. 금융회사들을 평가하는 전형적 지표인 자기자본이익률ROE: Return On Equity로 재무실적을 살펴보면 우리는 14%가 넘는 ROE를 도출할 수 있는데, 이는 조금 전보다는 덜 인상적이기는 하지만 여전히 자본비용보다 훨씬 높으며 또한 그 사업이 괜찮은 사업이라는 사실을 보여준다.

아메리칸 익스프레스의 가치평가로 넘어가기 전에 모든 투자에서 논의되어야 할 또 다른 부분은 경영진에 관한 것이다. 아메리칸 익스프레스의 CEO 겸 사장인 하워드 클락은 문제가 발생하기 3년 전인 1960년에 아메리칸 익스프레스에 합류했다. 그가 아메리칸 익스프레스에서 수행했던 두 가지 주요 과업은 신용카드 부문의 문제를 해결하는 것과 마케팅 노력을 추진하는 것이었다.

클락이 아메리칸 익스프레스에 합류했을 때 신용카드 부문은 신용카드 지급거래 처리 용량의 빠른 증가로 지원부서의 업무량이 급증하면서 사업 부문 전체적으로는 손실이 발생하고 있었다. 클락은 카드 보유자가 30일 이내에 모든 빚을 갚도록 하는 새로운 약관을 도입하고 더 엄격한 신용 승인 가이드라인을 제정하는 한편, 상인 및 카드 보유자에게 부과되는 수수료를 인상하는 등 아메리칸 익스프레스가 감당해야 할 업무 부담을 줄일 수 있는 조치를 즉각적으로 취했다. 마케팅 측면에서는 매년 광고 예산을 늘렸고, 아메리칸 익스프레스 최초로 현대적 광고 캠페인을 진행하기 위해 광고대행사인 오길비 벤슨 & 매더Ogilvy, Benson & Mather와 광고 계약을 맺었다. 전체적으로 클락은 아메리칸 익스프레스의 운영 문제를 해결하는 데 있어 유능하고 단호했다.

운영상 문제를 해결하는 것 외에도 클락은 아메리칸 익스프레스 모회사의 책임이 아직 확정되지 않았음에도 샐러드 오일 스캔들을 해결하겠다고 약속했다. 여기서 클락은 버핏이 확실히 존경했던 부분인, 최고의 도덕성을 지닌 사람이었던 것으로 보인다.

지금까지 아메리칸 익스프레스의 사업과 경영진에 관해 상당히 자세히 살펴보았다. 이제 버핏이 지급한 매입 가치에 관해 이야기해보자. 버핏은 1964년 연말 파트너십 서한에 아메리칸 익스프레스 매수 가격에 관한 구체적 내용은 명백히 밝히지 않았지만, 아메리칸 익스프레스 주식은 버핏이 매입하던 기간에 주당 35달러 언저리까지 떨어졌다. 그의 매수 규모가 상당했고, 최저가에 매입했을 가능성도 희박하므로 당시 버핏이 주당 평균 40달러에 아메리칸 익스프레스 주식을 매수했다고 가정해보자.

　446만 주라는 발행주식 수를 고려하면 버핏은 1963년 순이익 1,100만 달러에 16배의 주가수익비율PER을 적용해 아메리칸 익스프레스의 가치를 산정했을 것이다. 또한 기업가치/세금및이자지급전이익EV/EBIT 기준으로는 순금융부채 계산에 금융부채뿐만 아니라 아메리칸 익스프레스의 현금 및 금융 투자액까지 고려할 경우 EV/EBIT 8배 수준으로 대가를 지급했을 것이다. 투자자산의 진정한 가치는 산출하기 힘들겠지만, 대차대조표에 투자자산이 원가로 계상되었기 때문에 위의 계산 값이 보수적 추정치라고 생각한다. 더 나아가 훨씬 더 보수적인 관점으로 회사의 순현금가치를 0이라고 한다면 EV/EBIT 배수는 11배가 될 것이다.

　비록 아메리칸 익스프레스가 그 스캔들이 발생하기 이전에는 24배의 PER에 거래되었음에도 버핏의 기준에서 보면 이 가격은 어떻게 보아도 싼 가격은 아니다. 다소 당혹스럽다. 아메리칸 익스프레스의 우월한 사업 특성을 인정하더라도 버핏의 통상적 기준에 비추어볼 때, 그리고 더 나아가 샐러드 오일 스캔들로 인해 회사가 직면해야 할 책임이 아직 불확실했기 때문에 이 가치평가 수준은 여전히 너무 높아 보인다. 하지만 그것이 바로 이 거래를 이해할 수 있는 핵심 포인트다. 버핏은 정말로 뛰어난 사업을 위해 높은 가격을 지급할 용의가 있었거나, 아니면 가치평가 결과가 겉으로 보이는 것만큼 높지는 않았다고 결론 내릴 수 있다.

첫째로, 우리는 그 스캔들의 책임에 관해 이해해야 한다. 이 책임에 관한 가장 상세한 설명은 1963년 연차보고서에 2페이지에 걸쳐 아메리칸 익스프레스 경영진이 밝힌 내용이다. 경영진(아메리칸 익스프레스의 경영진은 확실히 이 이슈에 관해 솔직하게 열려 있었고, 신뢰할 수 있었던 것으로 보인다)의 말을 믿을 수 있다면 그 책임은 크지 않은 수준으로 보인다. 금액으로는 1억 달러 미만으로, 이는 시장 추정치인 1억 5,000만 달러보다 훨씬 낮은 수준이다. 회사 측은 연차보고서에서 아메리칸 익스프레스가 수령증을 발행한 오일의 양은 총 8,200만 달러 규모(이는 컨테이너에 들어 있는 고품질 바닷물의 가치를 고려하지 않은 수치로, 사실 그 바닷물도 어느 정도의 시장가치는 있었다)라고 밝혔다.

여기서 1,500만 달러 규모의 화물 인도 지시에는 논란의 여지가 있었다. 또한 그중 3,900만 달러 규모의 수령증은 부정 사용된 것으로 밝혀져 아메리칸 익스프레스는 그 금액에 대해서는 책임을 지지 않아도 될 것으로 보였다. 최종 책임의 범위를 결정하기는 불가능했지만, 도덕적으로 아메리칸 익스프레스의 실수로 해석될 수 있는 모든 책임에 대한 지급을 약속한 경영진의 생각(이는 연차보고서에서 밝힌 대로 경영진의 계획이었다)을 반영한다면, 앞서 언급한 정보를 기반으로 산정한 그 규모는 2,000만 달러에서 8,000만 달러 사이가 될 것으로 보였다. 대략적인 수치를 추정해보면 실제 예상 순현금부채 규모는 6,000만 달러에서 2,000만 달러의 세금 절감액을 뺀(간단하게 계산해 감소한 이익에 34%의 법인세율 반영) 4,000만 달러 수준이 될 것 같았다.

대차대조표를 보면 아메리칸 익스프레스는 본질적인 사업에서 이미 상당한 현금을 창출하고 있어 부채를 부담할 수 있을 만큼의 현금은 분명히 보유하고 있었을 것으로 보인다(당시 아메리칸 익스프레스의 보유 현금 수준은 2억 5,000만 달러 이상으로 늘어 있었다). 따라서 회사가 부채를 상환할 수 없는 경우는 고객들이 아메리칸 익스프레스의 서비스 이용을 중단하는 경우밖에는 없는 것 같았다. 그런 의미에서 어느 정도 불필요한 부채를 부담하게 되더라도 하워드 클락이 회사의 명성을 유지하는 데 초점을 맞춘 것은 정당했던 것으로 보인다. 하지만 가치평가에 미치는 영향을 보면 4,000만 달러라는 비용은 투자자들이 주당 40달러에 훨씬 더 높은 배수, 대략 20배의 PER, 11배의 EV/EBIT로 그 사업을 매입하게 된다는 것을 의미한다.

이는 거의 확실히 버핏이 받아들이지 않을 수준의 가격이다. 그렇다면 빠진 부분은 무엇일까? 좀 더 깊이 생각해보면 아메리칸 익스프레스의 영업이익은 전체 이야기의 일부에 불과한 것 같다. 아메리칸 익스프레스가 보험회사와 유사한 점 중 하나는 플로트에서 발생하는 투자수익이 영업이익에 나타나지 않는다는 점이다. 사실 여행자 수표에서 발생되는 플로트는 아메리칸 익스프레스가 명시적으로 이자를 지급하지 않아도 되는 것이었다. 여하튼 1963년의 포괄이익을 주의 깊게 살펴보면 아메리칸 익스프레스는 영업순이익 1,100만 달러 외에 실현 특별 투자수익으로 세후 440만 달러를 더 벌어들였고 이는 주주 지분(잉여금)에 직접 귀속되었다. 이 투자수익이 반영되면서 그해 배당금 지급 총액이 640만 달러였음에도 주주 지분은 1,000만 달러가량 증가할 수 있었다.

1963년의 이 440만 달러가 항상 발생하지는 않는 특별 수익일 수도 있지만, 어쨌든 추세로 볼 때 플로트에서 비롯되는 이러한 유형의 투자수익은 더 증가할 것으로 보였다. 평균적으로 여행자 수표가 두 달 동안 유통된다고 가정하고, 1963년 연말에 4억 7,000만 달러의 여행자 수표가 발행돼 있었다고 한다면 우리는 여행자 수표에서 창출되는 플로트를 대략 8,000만 달러로 예상할 수 있다. 투자자산이익률이 5%라면 연간 약 400만 달러가 이 플로트에서 창출될 것이다. 여행자 수표 사업, 신용카드 사업(마이너스 플로트), 은행 사업에서의 플로트를 정확히 계산할 수는 없어 이 계산이 순전히 가설에 불과할 수도 있지만, 전체적으로 볼 때 여행자 수표 플로트에 내재된 수익 능력은 상당하며 이는 결국 이익에 더해질 수 있을 것이다.

만약 1963년에 440만 달러의 세후 추가 수입을 얻는다면 주당 40달러 기준으로 조정 PER은 11.5배, EV/EBIT는 6.5배로 평가될 것이다. 스캔들 관련 비용으로 4,000만 달러를 반영하면 조정 PER은 14.2배, EV/EBIT는 8.5배가 될 것이다. 가치평가 관점에서는 이 수치가 훨씬 더 합리적인 수준일 것이다. 그리고 여기에 매우 좋은 사업적 특성까지 고려한다면 아메리칸 익스프레스는 괜찮은 투자 대상으로 보인다.

플로트뿐만 아니라 근본적으로 좋은 사업인 아메리칸 익스프레스의 신용카드 사업이 이제 막 운영적인 문제에서 회복되고 있었다는 주장도 할 수 있다. 앞서 언급했듯이 1963년은 흑자로 전환한 지 단지 2년째 되는 해였다. 따라서 1963년의 실적에는 이제 막 실현되기 시작한 신용카드 사업의 숨겨진 수익 능력이 제대로 반영되지 않았다고 주장할 수 있다.

종합적으로 아메리칸 익스프레스는 염가 매수는 아니었다. 버핏은 구조적 경쟁우위를 가진 진정 훌륭한 사업을 찾아 전체 그림 대비 합리적인 가격으로 투자하는 데 주력한 것으로 보인다. 이런 의미에서 보면, 버핏이 아메리칸 익스프레스가 어떻게 핵심 사업의 구조적 이점을 활용해 적은 추가 자본의 투입에도 높은 수익률을 거두며 성장할 수 있었는지뿐만 아니라 플로트에 대해 이해하고 있었던 게 이 투자를 집행하는 데 도움이 된 것 같다. 버핏은 그 스캔들이 아메리칸 익스프레스의 사업 핵심에 영향을 미치는지 판단하기 위한 기초 연구도 진행했다. 여기서 우리는 그 스캔들이 작은 자회사에는 특별 손실을 초래했지만, 아메리칸 익스프레스의 핵심 사업에는 영향을 미치지 않았다는 점에 주목해야 한다.

버핏의 다른 초기 투자와는 달리, 이 투자는 시가 버트 타입의 투자(별 볼일 없는 회사이지만 터무니없이 싼 가격에 거래되는 주식을 일회성

으로 사서 매수가격보다 더 높은 가격에 매도하는 투자–감수자)는 아니었
다. 아마도 이후 버핏이 보통의 사업에 정말 좋은 대가를 지급하는 것
보다 정말 좋은 사업에 적정한 가치를 지급하는 것을 선호하게 된 것
은 바로 이 투자에서 경험한 성공 덕분이었던 것 같다.

05

●

버크셔 해서웨이1965

Bershire Hathaway

● ● ●

투자자가 버핏처럼 하위 사업 부문들을 깊이 살펴보지 않는다면,
투자 전략에서 중심이 될 수 있는 많은 측면을 놓치게 될 것이다.

지금은 버크셔 해서웨이라는 이름을 모르는 사람이 거의 없다. 하지만 이 회사의 초기 역사나 1962년 버핏이 이 회사를 인수하던 당시의 상황을 아는 사람은 많지 않다.

버크셔 해서웨이의 기원은 1800년대까지 거슬러 올라가는 2개의 뉴잉글랜드 섬유 제조기업이다. 이전에 버크셔 코튼 매뉴팩처링 컴퍼니Berkshire Cotton Manufacturing Company였던 버크셔는 한때 미국 고급 면화의 4분의 1을 공급하는 회사였다. 그리고 창업자 호레이쇼 해서웨이Horatio Hathaway의 이름을 딴 해서웨이 매뉴팩처링Hathaway Manufacturing은 제2차 세계대전 발발 후 낙하산용 직물(천)을 전문

[그림 5.1] 버크셔 해서웨이

BERKSHIRE HATHAWAY INC.

생산하기 전에는 다양한 섬유 제품을 다루던 회사였다. 그 후 해서웨이는 미국 내 가장 규모가 큰 레이온 슈트 제조사가 되었다. 그리고 1955년에 두 회사가 합병해 버크셔 해서웨이가 되었다.

버크셔 해서웨이는 제2차 세계대전 후에도 이익은 냈지만, 1960년대에는 예전에 잘나갔던 자신의 껍데기에 불과한 회사가 돼 있었다. 버핏은 1966년 1월 20일 주주들에게 보낸 연례 서한(1965년 연례 서한)에서 1946년 2,950만 달러의 세전 이익을 달성하고 12개의 공장, 1만 1,000명의 직원이 있던 버크셔 해서웨이가 1965년에는 한계 이익 수준에, 규모도 2개의 공장, 2,300명의 직원 수준으로 쪼그라들었다고 말했다. 버핏은 그 이유를 변화하는 업계 환경과 그 변화에 대처하지 못한 부실한 경영진 탓이라고 생각했다. 이러한 수치들을 보면 투자자는 이 사업이 구조적으로 쇠퇴하고 있다고 생각할 수 있었다. 분명한 원인은 해외에서 더 싼 직물이 수입되고 있었기 때문이다.

그런데도 나는 요즘 대부분의 사람이 생각하는 것처럼 사업의 본질적 특성이 그렇게 명백했던 것은 아니라고 말할 수밖에 없다. 사후적 판단으로는 버크셔 해서웨이의 구조적 쇠퇴를 인식하지 못한 버핏의 실수로 일축할 수도 있다. 이는 버핏이 인터뷰에서 버크셔 해서웨이 인수가 실수였다고 인정한 사실 때문에 더욱더 그렇다. 하지만 그 당시에는 그 그림이 덜 명확했을 것이다. 우선, 버크셔 해서웨이가 생산한 직물은 커튼 및 기타 홈퍼니싱 형태로 소매 채널에서 직접 판매되었고, 다른 의류 제조업체에도 공급되었다. 물론 후자는 브랜드 제품이었다.

따라서 버크셔 해서웨이의 제품이 수입 제품과는 차별화된 프리미엄 제품이라는 반론도 분명히 있었고, 그 분야가 축소되고는 있었지만 아직은 버크셔의 제품이 필요한 영역은 있다는 의견도 있었다. 게다가 다른 소매 관련 사업과 마찬가지로 분명히 버크셔 해서웨이는 경영진의 결정에 따라 긍정적 혹은 부정적 영향을 받을 수 있는 사업이었다. 버핏의 서한을 보면 1965년 이전 수년간은 경영이 부실했지만, 버핏이 인정한 뛰어난 경영자인 켄 체이스Ken Chace가 이끄는 새로운 경영진이 최근 자리를 잡았다는 사실을 알 수 있다. 그런 몇 가지 요인들이 버크셔 해서웨이 사업의 반등을 암시하고 있었다고 생각할 수 있다.

실제로 버크셔 해서웨이의 과거 5년간(1962~1965년)의 재무정보를 요약한 [표 5.1]에서 볼 수 있듯, 버핏이 파트너십의 투자자산 대부분을 그 회사에 집중 투자했을 때 버크셔의 매출은 지속적으로 감소하고 있다기보다는 한 해는 증가, 다음 한 해는 감소하면서 전반적으로는 꽤 안정적으로 운영되고 있는 것처럼 보였다. 1965년에 버핏은 이미 경영에 영향을 미치고 있었다. 버핏은 켄 체이스를 새롭게 버크셔의 경영진에 투입했는데, 그는 뎀스터 밀의 해리 보일을 연상시키는 방식으로 가치를 창출하기 시작했다.

여하간 1965년 당시 투자자의 관점에서 버크셔 해서웨이의 사업 특성을 요약하면, 그것은 분명히 내가 '실행' 사업으로 분류한 특성에 적합한 사업이었다. 실행 사업이란 실행이 결정적으로 중요하며, 반면 경쟁자 대비 본질적인 구조적 강점은 없는 사업이다.

따라서 뛰어난 경영진이 무언가 성과를 만들어낼 수도 있는 경우였다. 날카로운 투자자들에게는 일반 투자자들이 1963년이나 1964년 버크셔의 사업을 피상적으로 바라본 것보다는 훨씬 더 긍정적일 것 같기도 했을 것이다. 하지만 사업의 장기적 위험은 1960년

[표 5.1] 과거 5년간의 재무정보 요약(1961~1965년)

회계연도	1965	1964	1963	1962	1961
매출액	$49,300,685	$49,982,830	$40,590,679	$53,259,302	$47,722,281
연방소득세 상당액 가산(차감) 전 순이익(손실)	$4,319,206	$175,586	($684,811)	($2,151,256)	($393,054)
연방소득세 상당액 가산(차감)	$2,040,000	$50,000	($280,000)	($1,140,000)	($240,000)
순이익(손실)	$2,279,206	$125,586	($404,811)	($1,011,256)	($153,054)
보통주(발행) 주당 순이익(손실)	$2.24	$0.11	($0.25)	($0.63)	($0.09)
현금배당금	-	-	-	$160,738	$1,205,535
주당 현금배당금	-	-	-	$0.10	$0.75
고정자산 추가	$811,812	$288,608	$665,813	$3,454,069	$4,020,542
운전자본	$17,869,526	$14,502,068	$17,410,503	$16,473,783	$19,844,122
주당 운전자본	$17.56	$12.75	$10.83	$10.25	$12.35
주주지분	$24,520,114	$22,138,753	$30,278,890	$32,463,701	$36,175,695
주당 주주지분	$24.10	$19.46	$18.84	$20.20	$22.51
보통주(발행)	$1,017,547	$1,137,778	$1,607,380	$1,607,380	$1,607,380

주: 1961년부터 1964년까지의 순이익(손실)과 보통주 주당순이익(손실)은 연방소득세 상당액 가감(차감)을 반영해 계산됨. 보통주 발행주식 수는 각 회계연도 연말 기준 총 발행주식 수임.
자료: 1965년 버크셔 해서웨이 연차보고서 11페이지

이전에 이미 매출이 감소하고 있었다는 점이었다. 투자자들에게 중요한 부분은 경영 부실 때문이 아닌, 구조적으로 어느 정도의 매출 하락이 발생했는가 하는 점이었다.

버핏의 투자에서 두 번째로 중요한 부분은 의심할 여지 없이 사업에 대한 가치평가였다. 버핏은 1962년에서 1965년 사이 버크셔 해서웨이의 주식을 주당 7.60달러에서 15달러 사이의 가격으로 매입했다

[표 5.2] 연결손익계산서 및 연결이익잉여금처분계산서(1964~1965년)

연결손익계산서	1965	1964
순매출액	$49,300,685	$49,982,830
매출원가	$42,478,984	$47,382,337
매출총이익	$6,821,701	$2,600,493
판매 및 관리비	$2,135,038	$2,072,822
영업이익	$4,686,663	$527,671
순기타 공제	$127,348	$126,060
유휴공장비용	$240,109	$226,025
	$367,457	$352,085
연방소득세 상당액 차감 전 이익	$4,319,206	$175,586
연방소득세 상당액 차감	$2,040,000	$50,000
순이익	$2,279,206	$125,586
감가 및 감모 상각	$862,424	$1,101,147
연결이익잉여금처분계산서		
기초 이익잉여금	$19,417,576	$22,241,990
당해 순이익	$2,279,206	$125,586
연방소득세 상당액 차감 가산	$2,040,000	$50,000
자사주 소각	($2,967,714)	–
추정 자산매각 손실	($300,000)	(3,000,000)
기말 이익잉여금	($20,469,068)	($19,417,576)

자료: 1965년 버크셔 해서웨이 연차보고서 8페이지

[표 5.3] 연결대차대조표(1964~1965년)

자산	1965	1964
유동자산:		
현금	$775,504	$920,089
시장성 유가증권(예금증서 $2,600,000 포함), 원가, 시장가치 근사	$2,900,000	–
외상매출금 (상각액 차감, 1965년 $280,302)	$7,422,726	$7,450,564
재고자산	$10,277,178	$11,689,145
선급 보험료, 세금, 기타 비용	$196,391	$190,563
총유동자산	$21,571,799	$20,250,361
고정자산:		
고정자산 부동산(토지, 건물, 기계, 장비)	$28,019,742	$33,635,553
감가상각 및 감모상각 누계액 차감	$19,593,163	$21,853,689
	$8,426,579	$11,781,864
추정 부동산 매각 손실 차감	$1,809,132	$4,210,621
	$6,617,447	$7,571,243
받을 모기지 증권 및 기타 자산	$33,141	$65,412
총자산	$28,222,387	$27,887,046

부채 및 자본	1965	1964
유동부채:		
지급어음(은행)	–	$2,500,000
외상매입금	$2,581,585	$2,096,726
미지급 임금 및 급료	$296,256	$294,764
미지급 주세 및 지방세	$441,951	$365,112
연금 및 미지급 원천세	$382,481	$491,691
총유동부채	$3,702,273	$5,748,293
자본:		
보통주(액면가 $5) 수권주식 수 1,843,214주, 발행주식 수 1,137,778주	$5,688,890	$8,036,900
유보이익	$20,469,068	$19,417,576
	$26,157,958	$27,454,476
자사주 차감(원가, 120,231주)	$1,637,844	$5,315,723
	$24,520,114	$22,138,753
총 부채 및 자본	$28,222,387	$27,887,046

자료: 1965년 버크셔 해서웨이 연차보고서 6~7페이지

(평균 가격은 14.86달러). 가치평가에 관해 그 당시 투자자가 버크셔를 어떻게 평가했을지 생각해보아야 한다. 1965년 10월 2일에 발표된 버크셔 해서웨이의 연차보고서에 담긴 연간 손익계산서와 대차대조표를 [표 5.2]와 [표 5.3]에 정리했다. 버크셔 해서웨이의 2014년 연차보고서에는 1964년의 연차보고서도 같이 수록돼 있다. 관심 있는 독자들은 그 자료를 참조하기 바란다.

수익 평가

주가가 버핏이 지분을 매입한 가격인 주당 평균 14.86달러라고 가정하면, 과거 실적 기준 EV/EBIT와 PER은 [표 5.4]와 [표 5.5]에 표시된 수치와 같을 것이다.

우리는 버크셔 수익의 불안정성 때문에 적정가치를 평가하기가 쉽지 않다는 사실을 명확히 알 수 있다. 사실 1964년 직전 몇 년간 버크셔의 EBIT 값은 마이너스였다. 그래도 버핏처럼 1965년 연차보고서를 주의 깊게 읽은 투자자라면 유익한 구조적 변화가 일어나고 있다는 사실을 깨달았을 것이다. 켄 체이스가 '운영 리뷰'라는 연차보고서 부분에서 논의한 바와 같이 1965년 미국 의회는 1970년 7월 31일까지 면화에 대한 균일 가격을 규정하는 법안을 연장해 미국 섬유 공장들이 미국 면화를 정부가 정한 수출 가격과 동일한 가격으로 계속 구매할 수 있도록 했다.

이것은 1964년에 처음 통과된 법안의 연장이었는데, 미국 공장들이 정부가 정한 더 낮은 가격으로 면화를 조달해 제품의 매출원가를 낮추는 데 도움을 주었다. 1965년 손익계산서를 보면 매출원가가 획기적으로 낮아지는 효과와 법안 연장으로 향후 몇 년간 면화의 적정 가격이 보장된다는 부분은 확실히 버크셔에 매우 긍정적이라는 사실을 이해할 수 있다. 이에 비추어 마진이 1964년과 그 이전 연도들보다는 낮지만 1965년 수준과는 비슷하다고 가정하면 1965년 EBIT를 바탕으로 한 2.4배라는 EV/EBIT 값은 상당히 낮아 보인다. 정체된 매출 하에서 지속 가능한 마진 수준이 1965년에 달성한 9.5%보다는 낮은 7.5%에 불과하다고 해도 EV/EBIT 배수는 3.0배가 될 것이다.

1965년 켄 체이스는 47%의 세율이 적용된 순이익과 주당순이익EPS: Earnings Per Share을 보고했다. 손실 이연이 불가능할 경우 미래 이익이 잘못 해석될 수도 있기 때문이었다. 이 세금은 1964년과

[표 5.4] EV/EBIT 배수

EV/EBIT	1964	1965
매출액	$5,000만	$4,930만
EBIT	$53만	$468만
EBIT 마진	1.1%	9.5%
EV/EBIT	21.3배	2.4배

[표 5.5] PER 배수

PER	1964	1965
EPS(보고)	$0.11	$2.24
PER(보고)	134배	6.6배
EPS(조정)	$0.15	$4.24
PER(조정)	98배	3.5배

1965년에는 실제적인 비용이 아니었다. 사실 1965년 말 버크셔에는 약 500만 달러 규모의 손실 이연이 여전히 남아 있었기 때문에 적어도 앞으로 1년 내지 2년 동안 그 세금의 경우 실제 발생하는 비용이 되지는 않을 것이었다. 이처럼 나는 [표 5.5]에 보고 기준 PER과 조정 기준 PER 수치를 정리했는데, 여기서 조정 수치는 1년 동안 버크셔의 '실제' 순이익에 근거해 산출된 PER이다.

PER 측면에서도 EV/EBIT와 유사한 부분이 있다. 바로 매우 변동성이 큰 이익이다. 이전과 같은 논리로 보면 1965년 수치를 바탕으로 산출한 PER은 EV/EBIT보다는 덜하지만 상당히 낮아 보인다. 당시 버크셔의 순현금 규모는 370만 달러(주당 3.62달러)였다.

또 다른 중요한 포인트는 자산가치평가에 관련해 다음 섹션에서 논의할 실질 수익을 바탕으로 하면 보고된 순이익이 가리키는 것보다 사업에서 창출되는 현금이 훨씬 더 크다는 점이다.

자산 평가

순금융부채 및 현금항목과 순운전자본항목은 [표 5.6]과 [표 5.7]에 요약돼 있다.

주가를 주당장부가치(주당순자산)와 비교하기 전에도, 여기서 우리는 1965년 버크셔 해서웨이에 500만 달러가 넘는 플러스 현금흐름이 발생했다는 사실을 알 수 있다. 버크셔는 이 현금으로 250만 달러 규모의 부채를 갚았고, 290만 달러 규모의 시장성 유가증권 포트폴리오를 구축했다. 이 현금 중 일부는 켄 체이스가 분명히 개선한 순

[표 5.6] 순 금융부채 및 현금 항목

	1964	1965	변동($)
현금	$92만	$78만	-$0.14m
시장성 유가증권	$0	$290만	+$290만
총금융부채	$250만	$0	-$250만
순현금	-$158만	$368만	+$526만
주당	-$1.39	$3.62	+$5.01

[표 5.7] 순운전자본 항목

	1964	1965	변동($)
외상매출금	$745만	$742만	-$3만
재고자산	$1,169만	$1,028만	-$141만
외상매입금	-$210만	-$258만	-$48만
순운전자본 총계	$1,704만	$1,512만	-$192만

운전자본에서도 창출되었지만, 상당 부분은 보고된 회계상 이익보다 훨씬 더 많이 발생한 현금 이익에서 비롯되었다. 앞서 언급했듯이 '세금' 관련 비용은 실제 비용이 아니었기 때문이었다.

하지만 여기서 정말 놀라운 부분은 전체 시가총액이 약 1,130만 달러였던 기업이 1년에 530만 달러 규모의 플러스 현금흐름을 창출했다는 사실이다. 그것은 버크셔에 이미 존재하던 순현금가액을 충분히 고려하지 않더라도, 이런 식으로 2년만 더 지난다면 투자자는 전체 사업을 무료로 얻는 것이나 마찬가지라는 사실을 의미한다. 이런 사실을 깨닫는다면 사업 펀더멘털이나 수익만 검토했을 때보다 이 투자 기회가 훨씬 더 매력적으로 보인다.

주가를 14.69달러라고 가정했을 때, 1965년 10월 2일 기준 대차대조표 수치를 보면 버크셔 해서웨이가 장부가치 대비 상당히 할인

[표 5.8] 장부가치 항목

	1964	1965	변동($)
순현금	-$158만	$368만	+$526만
순운전자본	$1,704만	$1,512만	-$192만
고정자산(모기지 증권 포함)	$764만	$665만	-$99만
기타 유형자산	$19만	$20만	+$1만
기타 부채	-$115만	-$112만	+$3만
총자본	$2,214만	$2,453만	+$239만
주당	$19.46	$24.11	$4.45

[표 5.9] P/B 및 주가/(순운전자본+순현금)

	1964	1965
주가(가정)	$14.69	$14.69
주당장부가치(주당순자산)	$19.46	$24.11
P/B	0.75배	0.60배
주당 순운전자본 + 순현금	$13.59	$18.48
주가/(순운전자본+순현금)	1.08배	0.79배

되어 거래되고 있었다는 사실을 알 수 있다. 사실 버크셔는 순운전자본과 현금 및 시장성 유가증권의 형태로 보유한 순현금가치 대비 20% 이상 할인된 가격으로 거래되고 있었다.

마지막으로, 버크셔의 가치평가에서 토지, 건물, 기계, 장비 등의 고정자산은 고려되지 않았다. 하지만 1965년 연차보고서를 주의 깊게 읽어보면 5페이지에 킹 필립스 E. 사업 부문에 속해 있던 기계의 상당 부분은 이미 매각되었고, 남아 있던 공장도 다음 해에 처분될 예정이라는 켄 체이스의 코멘트를 발견할 수 있다. 매각금액이 장부가치보다 낮았을 가능성도 있지만, 현금 측면에서는 여전히 긍정적이라 여기에도 어느 정도 가치를 부여할 수 있다.

앞서 언급한 모든 정보를 종합하면 버핏이 버크셔 해서웨이에서 무엇을 보았는지 꽤 분명해 보인다. 장부가치에서 산출한 실현 가능 가치와 사업에서 창출되는 상당한 현금을 결합하면 버크셔 해서웨이는 기업을 자세히 연구한 분석가에게 매우 매력적으로 보일 것이다.

버핏은 주주들에게 보낸 1965년 11월 1일과 1966년 1월 20일자 서한에서 버크셔 해서웨이의 장부가치 대비 할인 관련 내용을 자세히 밝히고 있다. 그는 1965년 12월 31일 기준으로 순운전자본(내 정의에서는 순현금 포함)만으로도 주당 약 19달러의 가치가 있다고 말했다. 그는 또한 버핏 파트너십이 보유한 버크셔 해서웨이 지분의 적정가치를 계산할 때 순유동자산과 순자산의 중간값으로 사업의 가치를 산정했는데, 여기서 유동자산은 달러당 100센트, 고정자산은 달러당 50센트로 가치를 조정했다고 언급했다. 대차대조표 수치를 근거로 할 때, 이는 버핏이 본 적정가치가 $(1/2) \times (\$24.11) + (1/2) \times (18.48) =$ 주당 21.30달러라는 것을 의미한다. 따라서 주당 시장가격이었던 14.69달러는 그 적정가치를 31% 할인한 수준이었다.

분명히 이것은 자산가치에 대한 안전 마진을 확보했다는 것을 의미하며, 어떻게 보면 이 사례는 뎀스터 밀과 벤저민 그레이엄의 넷넷 투자를 연상시키기도 한다. 그러나 이 경우에서는 특히 1965년 현금 이익의 관점에서 버크셔 해서웨이가 기존 자산가치에 더해 추가로 가치를 실현할 수 있는 상당한 능력을 갖춘 분명한 징후가 있었다는 점에 주목해야 한다.

요약하면 버크셔 해서웨이는 저평가된 자산가치와 사업의 현금창출 잠재력이 결합한 사례로 보인다. 1965년 버핏이 버크셔의 지분 대부분을 인수했을 때 회사의 사업은 몇 가지 긍정적인 변화를 겪고 있었다. 첫째, 규제 측면에서의 변화는 모든 섬유 공장에 긍정적으로 받아들여졌을 것이다. 둘째, 더 중요한 부분은 유능한 새 경영진이 이제 막 주도권을 장악했다는 것이다. 그 사업은 분명히 위험이 상존하는 어려운 시장 상황 속에 있었지만, 사후적 판단 없이도 좋은 경영진이 무엇인가를 이뤄낼 수 있을 것처럼 보였을 것이다. 실제로 버핏은 1965년 버크셔가 최첨단 시장의 제록스Xerox, 페어차일드 카메라 Fartchild Camera, 내셔널 비디오National Video처럼 수익성이 높지는 않지만, 반면 매우 편안하게 소유할 수 있는 유형의 회사라고 평했다. 모든 부분을 고려했을 때 버크셔는 그 당시 매우 합리적인 넷넷 투자 대상이었던 것으로 보인다. 하지만 결과적으로 그것은 성공적인 투자는 아니었다.

물론 사후적 판단이 가능했다면 1980년대 미국 섬유 제조업에 대한 부정적 시장압력이 버크셔가 극복하기에는 너무 커지게 될 것이라는 사실을 간과하지 않았을 것이다. 나중에 버핏은 시가 버트 유형의 주식을 찾는 그레이엄의 관점에서 보면 사람들은 공짜로 마지막 한 모금을 빨 수 있는 담배꽁초를 찾으려 한다고 농담 삼아 말하기도 했다. 하지만 버크셔는 사실상 마지막 한 모금도 남아 있지 않은 담배꽁초였다. 버핏은 이 투자가 '실수'였다고 인정했지만, 절대적인 관점에서 보면 버핏은 이 투자에서 실제로는 돈을 잃지 않았을 수도 있다. 1965년, 그리고 확실히 1960년대와 1970년대에도 수년간 더 이어진 수익성을 기반으로 그 쇠락하던 버크셔라는 기업이 버핏이 1967년 내셔널 인뎀니티 투자부터 이후 많은 기업에 투자할 수 있게 만들어준 자본을 제공했다는 사실을 기억해야 한다.

버크셔 해서웨이 투자로부터 배워야 할 교훈은 장기적 수치를 살펴보아야 한다는 점일 것이다. 첫 번째 교훈은 지난 2~3년 동안은 좋았더라도 지난 10년을 보았을 때 매출이나 매출총이익이 감소한 기업은 매우 경계해야 한다는 점이다. 구조적 문제들이 장기간 상존하는 경우에는 그 마지막 몇 년은 단순히 뛰어난 경영진의 경영 성과일 수도 있다. 또 한 가지 교훈은 넷넷 투자의 경우에는 기업을 장기간 보유하지 말아야 한다는 점이다. 따라서 그런 기업을 매수한 것 자체는 큰 실수가 아닐 수 있지만, 출구 전략도 없이 그 지분을 팔지 않고 오히려 기업을 지배할 수 있는 규모의 지분으로 늘리는 것은 큰 실수가 될 수 있다. 이전에 살펴본 넷넷 투자(샌본 맵과 뎀스터 밀)에서 버핏은 기업에 투자한 후 몇 년 안에 실행할 명확한 출구 전략이 있었다. 하지만 버크셔 해서웨이의 경우에는 그렇지 않았다.

버크셔의 유명한 역사는 여기에서 시작되었다. 버핏은 이 회사에 애착을 느끼게 되었다. 심지어 몇 년 후 그는 투자 목적을 바꿔 항상 최고의 수익을 올리는 것은 아닌 회사들도 편입했고, 직원들도 이타적으로 대했다.

이 사례에서 잠시 벗어나 오늘날의 사업 환경을 살펴보면, 지난 10년 동안 소매업계에서도 비슷한 구조적 공격이 있었다. 하지만 이

번에는 그 공격이 외국에서 들어온 수입 제품이 아닌, 바로 인터넷에서 비롯되었다. 아마존Amazon 같은 회사들에서 분명하게 볼 수 있는 인터넷 모델의 구조적 효율성은 보더스Borders와 반스 앤 노블Barnes & Noble 같은 전통적 오프라인 도서 소매기업들에 큰 타격을 입혔다. 보더스에게는 그 타격이 파산으로 이어졌다. 그러나 인터넷조차 모든 소매업자에게 같은 방식으로 영향을 미치지는 않았다. 장기적 성공 여부는 아직 모르지만, 반스 앤 노블은 서점에 카페를 여는 노력을 통해 라이프스타일을 지향하는 독서라는 사업 모델로 자사를 차별화하려고 노력하고 있다. 더 인상적인 것은 영국 서점인 WH스미스 WHSmith가 공항이나 기차역 같은 여행 관련 장소로 매장을 확장하고, 포장된 점심, 음료, 간식 등 편의 제품의 범주를 추가하는 전략을 통해 지난 10년 동안 사업 영역을 서점에서 편의점으로 전환했다는 점이다. 책과 잡지가 여전히 선반 공간의 50% 이상(그리고 매출의 상당 부분)을 차지하고 있지만, 현재 WH스미스의 평균 구매액이 5파운드 이하라는 것은 대부분의 구매가 충동구매임을 시사하고 있다는 점에 주목해야 한다. 여행지가 아닌 곳에 있는 절반이 넘는 매장들은 여전히 상당한 위험에 직면해 있다고도 할 수 있겠지만, 적어도 그룹 차원에서 WH스미스는 지난 몇 년 동안 이러한 전략으로 영업 마진을 상승시켰다.

이 이야기가 어떻게 전개될지 모르지만, 앞서 언급한 사례들은 어떤 때에는 구조적 쇠락을 극복하려는 조치가 취해질 수도 있으나 다른 어떤 때는 아무것도 할 수 없다는 사실을 보여준다. 신중한 분석가라면 특정한 사례나 투자 상황이 예측 가능한지 여부를 파악할 수 있어야 한다.

버핏 파트너십 기간에 대한 정리

원래 나는 버핏이 그의 초기 파트너십 시절에 주로 저렴한 시가 버트 유형의 투자에 초점을 맞추었다고 생각했지만, 실제로는 그가 많은 다른 투자에 관여했다는 사실은 분명하다. 그는 전적으로 벤저민 그레이엄의 투자 유형인 저렴한 시가 버트 투자 기회만 노리지도 않았고, 단지 사업적 특성이 훌륭한 기업에만 집중 투자하지도 않았다. 샌본 맵과 뎀스터 밀이 전자에 가깝다면, 아메리칸 익스프레스는 후자로 분류할 수 있었다. 이 기간에 버핏은 텍사스 내셔널 오일의 합병 재정거래 같은 특수한 상황에도 투자했고, 뎀스터 밀의 경우처럼 적합하다고 판단되면 기꺼이 지배주주 지위를 확보해 변화를 촉진했다. 사실 버핏이 롱숏 페어 트레이딩에 손을 댔다는 신뢰할 수 있는 증거도 있다. 버핏은 1965년 1월 18일 고객들에게 보낸 연례 서한에서 "최근에 우리는 전반적인 가치평가 기준의 변화로 리스크를 상당히 줄일 수 있는 기법을 시행하기 시작했다. … (이것은 상대적으로 저평가된 회사와 관련된 것이다)"라고 언급했다. 버핏이 그의 파트너십 기간 중 투자한 회사의 유형은 매우 다양했지만, 그 회사들은 몇 가지 중요한 공통점을 공유했다.

첫째, 버핏은 사업의 펀더멘털이 완전히 무너지거나 악화되는 상황은 피하는 것 같았다. 그는 샌본 맵, 뎀스터 밀, 버크셔같이 수익 능력보다는 주로 자산가치에 기반을 둔 투자(버크셔 해서웨이는 이 두 요소를 모두 가지고 있었다)에서도 사업에 분명한 추동력이 있을 때 그 기업에 투자했다. 종종 버크셔와 뎀스터 밀의 경우처럼 실행이 중요한 사업에서 능력 있는 새로운 경영진이 부실했던 이전 경영진을 대체하는 경영상 변화도 있었다. 샌본 맵, 뎀스터 밀, 버크셔, 이 세 사례에서 버핏은 긍정적 촉매제가 될 확실한 운영 개선 기회도 확인했다. 분석한 모든 사례에서 볼 때 가장 중요한 것은 버핏이 수익성이 있는 사업에만 투자했다는 점이다. 뎀스터 밀은 간신히 이익을 내고 있었지만 여전히 이윤은 창출하는 회사였다. 버핏은 현금을 빠르게 소비하는 기업들은 피했다. 자산가치보다 낮게 거래되는 기업이 드물지 않기 때문에 나는 이것이 중요한 교훈이라고 생각한다. 하지만 이들 기업 중 상당수는 현금을 빠르게 소비하고 있으며, 만약 턴어라운드가 일어나지 않으면 투자 전액을 잃을 수도 있으므로 그러한 턴어라운드 스토리를 확신하는 행동은 위험할 수 있다. 여전히 수익성이 있고 긍정적 추진력이 있는 회사들은 그런 위험이 훨씬 더 낮다.

둘째, 버핏은 자신이 투자한 각 사업에 관해 철저한 연구를 진행했다. 이 연구에는 사업이 근본적으로 어떻게 기능하는지에 관한 상세한 이해도 포함되었다. 이 부분은 내가 그 투자 사례들을 좀 더 면밀히 살펴보기 전에도 생각했던 부분이지만, 버핏은 내가 놀랄 만큼 세부적인 수준의 경영 구조와 소유 구조에 관해서도 깊이 이해하고 있었다. 샌본 맵의 경우 버핏은 이사진의 정확한 구성, 그리고 더 나아가 그들의 생각이 회사에 어떤 영향을 미치는지도 알고 있었다. 버크셔의 경우 버핏은 경영진뿐만 아니라 자신이 매입하고 있던 주식의 소유주들에 관해서도 모두 자세히 알고 있었다.

셋째, 아메리칸 익스프레스에서 가장 두드러진 특징이었던, 하나 이상의 주요 사업을 영위하는 기업에 대해 버핏은 재무적 측면에서 그 사업 부문들을 하나로 묶기보다는 하위 사업 부문 각각의 경제적 특성을 이해하려고 분명히 노력했다. 이 덕분에 아메리칸 익스프레스가 빠르게 성장하고 있던 신용카드 사업이 운영상 문제로 잠시 지장을 받고 있을 뿐이며, 이미 1963년에 회복과 성장의 분명한 징후를 보였다는 사실을 발견할 수 있었을 것이다. 그는 또한 뎀스터 밀이 단순히 악화되고 있는 풍차회사가 아니라고 보았다. 이 사실이 우리에게 말하는 바는 투자자들이 재무지표에만 집중하지 않도록 주의해야 한다는 점이다. 재무지표는 보통 하나의 그룹 차원으로 보고되기 때문에 투자자가 기업의 핵심 기능과 이러한 기능이 회사의 재무에 어떤 영향을 미칠 수 있는지 이해하는 것보다는 덜 유용한 경우가 많다.

투자에 대한 버핏의 연구와 현재 유럽 투자업계의 상황 간의 유사성을 살펴보고자 한다. 나는 최근 영국의 미디어 기업인 데일리 메일 제너럴 트러스트DMGT: Daily Mail General Trust를 방문했다. 원래는 가족이 경영한 신문사인 데일리 메일이었지만, 1990년대 후반부터 DMGT는 B2B(기업 간) 기반의 사업을 늘려왔다. 2012회계연도에 이 B2B 사업 부문은 매출의 약 50%, EBIT의 70% 이상을 차지하고 있었다. 나머지 50%의 매출과 30%의 EBIT는 여전히 원래 사업인 신문 사업에서 창출되었는데, 이해하기 쉽도록 나는 그것을 B2C(소매) 기반의 사업이라 하겠다.

B2C 사업과 B2B 사업을 근본적으로 깊이 들여다보지 않는다면 투자자가 지난 10년 동안의 그룹 재무 자료에서 본 것은 매출과 이익의 정체였을 것이다. DMGT의 그룹 재무 자료에 따르면 DMGT는 2001년에 19억 6,000만 파운드의 매출과 1억 9,200만 파운드의 EBIT(EBIT 마진은 9.8%)를 기록했다. 2011회계연도에는 매출이 19억 9,000만 파운드, 그리고 EBIT는 2억 1,340만 파운드(EBIT 마진 10.7%)였다.

재무 수치만 놓고 본다면 투자자는 사업이 크게 달라지지 않았다고 쉽게 결론 내릴 수도 있다. 즉 전체적으로 볼 때 사업이 정체돼 있다고도 볼 수 있다. 하지만 이것은 사실과 거리가 멀다. 만약 투자자가 두 하위 사업 부문의 근본적 사업 상황을 깊이 살펴본다면 B2B 사업이 신문 사업보다 자본집약도가 훨씬 낮고 영업이익률은 훨씬 더 높다는 사실을 발견할 수 있을 것이다. 이것이 의미하는 바는 신문 사업은 규모가 축소되고 있고 B2B 사업은 성장하고 있다는 사실이다. 대체 자본 투자 요구액이 그룹 차원의 감가상각비 규모보다 훨씬 낮아 통상적으로 정체된 수익에서 기대되는 것보다 훨씬 더 높은 수준의 현금 창출로 이어질 수 있는 상황이었다. 신문 부문에서의 일부 사업 축소와 관련된 예외적인 구조조정 비용 때문에 전체 그룹 수치에서 그 부분을 쉽게 파악할 수는 없었지만, 만약 어떤 투자자가 각 사업 부문과 그 부문의 고유한 특성을 이해하는 데 초점을 맞춘다면 나는 그것을 훨씬 더 쉽게 파악할 수 있을 것이라 믿는다. 투자자는 그 투자의 대가를 지급하고 있기 때문에 지속적으로 증가하는 높은 수준의 현금 창출을 중요한 부분이라고 말할 수 있다.

전반적으로 DMGT 사례에서 볼 수 있듯이 투자자가 버핏처럼 하위 사업 부문들을 깊이 살펴보지 않는다면 투자 전략에서 중심이 될 수 있는 많은 측면을 놓치게 될 것이다.

2부

기업의 본질적 가치를 발견하다: 중반기 (1968-1990)

Warren Buffett

INSIDE THE INVESTMENTS OF
WARREN BUFFETT

1968년에서 1990년 사이에 워런 버핏은 투자 파트너십을 정리하고 버크셔 해서웨이를 그의 새로운 투자 수단으로 활용했다. 비공개 기업에 점점 더 많이 투자했고, 보험과 지방 은행, 그리고 네브래스카 퍼니처 마트, 시즈 캔디즈 같이 지배주주 지위를 확보한 기업을 통해 자신의 자산 기반을 구축했다. 기본적으로 우리는 버핏이 자산가치보다 저렴해 보이는 주식에 대한 투자에서 점차 더욱 질적인 요소들을 포함하는 쪽으로 투자의 초점을 옮기는 것을 볼 수 있다.

　1968년에서 1990년 사이에 경제 상황은 복잡했다. 1960년대 말 주식시장은 활황이었다. 따라서 가치투자 기회도 거의 없었다. 버핏이 1968년 파트너십을 해산한 것도 사실 이러한 경제 환경 때문이었다. 1969년, 주식시장은 마침내 이후 몇 년 동안 이어진 일련의 시장 붕괴 중 첫 번째 시기에 접어들었다. 1970년대 주식시장은 힘든 시기를 겪었다. S&P500 지수는 10년 전 수준으로 되돌아갔다. 그사이 두 번의 주요 경기침체가 있었다. 하나는 1974년에 있었는데, 근래 가장 컸던 주식시장 폭락 중 하나도 그 당시 발생했다. 다른 하나는 1979년이었다. 또한 1970년대 후반에는 금리가 최고 15%까지 치솟는 등 인플레이션도 만연했다.

　1980년대는 폴 볼커Paul Volker가 정책을 통해 인플레이션을 억제한 시기였다. 곧이어 기업 부채의 급증, 정크 본드의 증가, 기업 인수가 그 뒤를 이었다. 대형 블루칩 회사들은 금융시장에서 활동하는 이반 보세키Ivan Boseky

같은 사업가들로부터 안전하지 못했다. 그러나 1982년 짧은 불황이 끝난 후에 2000년까지 경제 번영과 금융시장의 안정이 장기간 이어졌다.

06

•

내셔널 인뎀니티 컴퍼니1967

National Indemnity Company

• • •

분명히 버핏은 이 근원적 사업에서 유망한 무엇인가를 보았다.

내셔널 인뎀니티 사례는 워런 버핏의 투자 경력 초기의 옛 인물을 떠올리게 한다. 이 회사의 개인 소유주였던 잭 링월트Jack Ringwalt는 버핏이 투자 파트너십을 처음 결성했을 때 파트너십에 5만 달러를 투자할 수 있었던 기회를 날린 오마하의 사업가였다. 링월트의 사업은 가격을 매기기 힘든 위험을 보험으로 보증하는 것이었다. '나쁜 리스크는 없다, 나쁜 요율만 있을 뿐이다'라는 것이 그의 기업 명제였다. 그를 아는 사람들에 따르면, 링월트는 자신의 사업에서 매우 성공적이었지만 그가 일 년에 한 번 정도 어떤 일로 특히 좌절감을 느낄 때 자신의 사업을 매각하려 했다고 한다.

1967년 초 버핏은 지인으로부터 링월트가 그러한 좌절감에 빠져 있다는 말을 들었던 것으로 보인다. 앨리스 슈뢰더에 따르면 버핏은 버크셔의 부실한 수익을 상쇄할 수 있는 사업을 찾고 있었고, 동시에 버크셔에서 창출되는 현금흐름의 일부를 더 안정된 회사에 투자하고 싶어 했다. 그런 의미에서 내셔널 인뎀니티는 완벽했다. 버핏은 바로 그 회사를 인수하기로 하고, 그 회사에 대해 주당 35달러의 가치를 산정했음에도 링월트에게 주당 50달러의 인수가격을 제안했다.

분명히 버핏은 이 근원적 사업에서 유망한 무엇인가를 보았다. 1941년에 설립된 내셔널 인뎀니티는 처음에는 택시를 대상으로 한 책임보험을 취급했다. 회사는 전문 보험에 주력했다. 하지만 사업 범위가 확장되면서 1967년경에는 일반적인 화재 및 상해 보험회사에 가까워졌다. 사실 내셔널 인뎀니티를 다른 회사와 다르게 만든 것은 링월트의 사업 철학이었다.

내셔널 인뎀니티는 모든 정당한 리스크에 대해서는 항상 적절한 요율이 존재하며, 항상 정확한 평가를 하고 인수 이익을 얻는 것이 보험업자의 초점이 되어야 한다는 설립 이념을 따르고 있었다. 회사는 당시 일반적인 다른 자동차 보험사들과는 달리 장거리 트럭, 택시, 렌터카 사고 같은 특별한 리스크에 대한 보험을 취급했다. 또한 업계 다른 보험사와는 다르게 내셔널 인뎀니티는 수익성이 없다고 판단되면 보험인수를 하지 않는 등 (무리한) 매출 증대를 꾀하지 않았다. 이렇듯 철저한(또는 절제된) 자본 관리도 관리의 또 다른 핵심 요소였다.

버핏은 1968년 주주들에게 보낸 연례 서한에서 내셔널 인뎀니티

[그림 6.1] S&P500: 1969~1988년

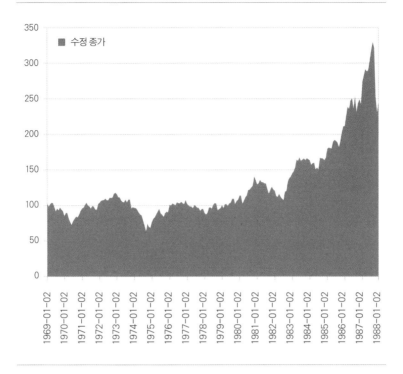

의 매수에 관해 논하면서 링월트의 경영에 관해 "모든 것이 광고와 같거나 더 좋았다"고 언급했다. 가능한 한 크게 성장하겠다는 목표를 가지고 운영할 수도 있었지만, 내셔널 인뎀니티는 이윤을 목표로 보수적으로 운영되었다.

비공개 기업이었기 때문에 개인 소액 투자자들은 내셔널 인뎀니티의 상세한 재무정보에 접근할 수 없었을 것이다. 하지만 큰 그림은 볼 수 있었다. 그 회사는 4인 사업에서 시작해 훨씬 큰 사업으로 성장한, 수익성을 목표로 보험을 관리하는 회사였다. 하지만 회사 전체를 인수할 수 있던 버핏과 같은 투자자는 회사의 재무정보에 접근할 수 있었을 가능성이 매우 크며, 그 정보 중 일부는 버핏의 주주 서한을 포함한 다양한 출처에서 찾을 수 있다. 1967년 내셔널 인뎀니티는 1,680만 달러의 보험료 수입으로 160만 달러의 순이익을 올렸다. 버크셔 자회사로 편입된 첫해인 1968년에는 2,000만 달러의 보험료로 순이익을 220만 달러까지 늘렸다. 잠재적 투자자들에게 그 회사는 적어도 견고한 이익을 창출하는 성장하는 회사로 보였을 것이다.

분명 버핏은 사업의 본질적인 특성을 중시했고, 1967년 3월 그는 내셔널 인뎀니티에 인수대금으로 860만 달러를 지급했다(계열사인 내셔널 파이어 앤 마린National Fire & Marine도 함께 인수). 사업에서 창출된 160만 달러의 순이익을 기준으로 860만 달러라는 인수가격은 5.4배의 PER을 의미한다. 액면가치, 심지어 보험인수 이익의 자연스러운 변동성을 고려하더라도 이것은 잘 운영되는 사업체에 대한 인수 대가로는 너무 낮은 수준인 것 같다. 버핏은 1969년 투자 파트너들에게 보낸 서한에서 이 사업이 약 20%의 투하자본수익률을 기록했으며, 이는 이 사업이 구조적 이점을 가지고 있을 가능성이 크다는 사실을 의미하는 한편 인수가격을 더욱 매력적으로 보이게 한다고 말했다.

그러나 아마도 더 중요한 것은 버핏이 수익에는 나타나지 않은 의미 있는 부분을 그 기업의 자산에서 발견했다는 점일 것이다. 당시 내셔널 인뎀니티는 내셔널 파이어 앤 마린과 함께 2,470만 달러가 넘는 채권 포트폴리오와 720만 달러 상당의 주식 포트폴리오, 즉 총 3,000만 달러가 넘는 증권 포트폴리오를 관리하고 있었다. 이는 버핏이 지출한 860만 달러보다 3배나 높은 금액이었다. 물론 그 회사는 보험사로서 분명 부채도 있었다. 그것은 주주들에게 배분될 수는 없는 부분이었지만 버핏은 이 사업의 핵심 특성, 즉 자본을 조달하고 주식 투자를 위해 이 자본을 활용할 수 있는 능력을 파악한 것으로 보인다.

플로트의 이러한 측면은 17장에서 더 자세히 다룰 예정이지만, 간단하게 설명하면 이렇다. 보험회사는 고객들이 보험증서를 받는 즉시 보험료를 수령하고, 미래 어느 시점에 계약자들이 보험금을 청구할 때를 대비해 이를 부채로 계상한다. 보험회사들은 청구에 대비해 수령한 보험료 일부를 1년 단위로 적립하지만, 나머지 현금은 투자에 활용할 수 있다. 보험회사가 가지고 있지만 소유하고 있지는 않은 이 돈을 플로트라고 하는데, 버핏은 이 돈으로 투자하고 수익을 낼 수 있었다.

버핏은 내셔널 인뎀니티의 지분을 인수한 직후 그 회사의 플로트를 활용해 성공적으로 투자하기 시작했다. 내셔널 인뎀니티(내셔널 파이어 앤 마린 포함)의 포트폴리오를 관리한 2년 후 포트폴리오 가치는 3,200만 달러에서 4,200만 달러로 증가했다. 이것은 버핏이 이후 투자에 지속적으로 활용할 수 있는 플로트 및 보험 사업에 오랜 기간 매력을 느끼게 된 계기가 되었다.

07

●

시즈 캔디즈1972

See's Candies

. . .

시즈 캔디즈는 장부가치가 시사하는 것보다 더 가치가 있다.

그것은 브랜드이고, 그것은 생산비용보다 더 높은 가격으로 팔 수 있는 제품이며,

그것은 미래 가격결정력을 가지고 있다.

1972년 버크셔 해서웨이의 자회사인 블루칩 스탬프Blue Chip Stamp의 사장이 워런 버핏에게 시즈 캔디즈가 매물로 나와 있다는 사실을 알렸다. 1921년 찰스 시Charles See와 그의 어머니 메리 시Mary See가 캘리포니아 주 패서디나에서 설립한 이 회사는 항상 시 가문이 경영해왔지만, 당시 오너였던 해리 시Harry See는 자신의 나파 밸리 포도원에 집중하기 위해 그 사업을 매각하고 싶어 했다. 블루칩 스탬프의 투자 고문이었던 로버트 플래허티Robert Flaherty는 블루칩의 사장인 빌 램지Bill Ramsey에게 이 거래를 소개했고, 다시 빌 램지는 버핏에게 전화를 걸었다.

버핏은 바로 관심을 가졌다. 자신의 아내 수지Susie가 사탕을 엄청나게 좋아했기 때문만은 아니었다. 시즈는 캘리포니아 주 전역에 잘 알려져 있었고, 오랫동안 품질로 명성을 떨쳤다. 다른 많은 캔디 가게가 제2차 세계대전 동안 자신들의 레시피를 희석한 반면, 시즈는 레시피를 유지했다. 지속적인 강력한 운영 잠재력이 있던 시즈는 버핏이 그전에 투자한 기업들과는 두드러지게 달랐다. 시즈의 사업은 시가 버트 유형의 투자가 아닌 장기적 성공을 전망할 수 있는 양질의 사업이었다. 버핏은 이전에도 양질의 성장 사업, 구체적으로 아메리칸 익스프레스에도 투자한 바 있었지만, 시즈 캔디스 인수는 그러한 특성의 사업뿐만 아니라 비공개 기업 인수를 선호하는 버핏의 성향을 반영했다.

시즈 캔디즈는 비공개 회사였기 때문에 그 회사의 재무정보는 잠재적인 개인 투자자들이 쉽게 접근할 수 없었을 것이다. 만약 그 정보에 접근할 수 있었다면, 그들이 본 숫자는 다음과 같을 것이다. 1972년 이 회사는 3,130만 달러의 매출액과 210만 달러의 세후 이익(당시 일반적이었던 48%의 법인세율을 적용하면 세전 이익은 약 400만 달러였을 것이다)을 기록했다. 또한 800만 달러의 순유형자산도 있었다. 운영상으로는 그해 말 기준 167개의 점포가 있었고, 한 해 동안 1,700만 파운드(약 771만 킬로그램)의 사탕을 팔았다.

이 수치로 산출한 유형자기자본수익률ROTCE: Return On Tangible Capital은 26%였다. 실제 제품을 생산하지만 본질적으로 자산은 많이 필요하지 않은 사업 모델을 가진 경우 이 수준의 ROTCE는 자본비용보다 훨씬 높은 수익을 창출할 수 있는 매우 우수한 사업임을 의미한다. 당시 잠재적 투자자들의 질문은 다음과 같았을 것이다. 25%보다 높은 이 인상적인 세후 수익률이 지속 가능할까? 다시 말해 이 기업은 동일 자산을 가진 비교 가능한 다른 기업보다 지속적으로 더 나은 수익을 창출할 수 있는 기업일까?

버크셔가 주주들에게 보낸 서한을 보면 시즈 캔디즈는 특히 미국 서부에서 시장점유율이 매우 높은 상당히 강력한 브랜드를 가지고 있었다. 또한 프랜차이즈가 아닌 전속 직원이 운영하는 직영 점포를 중심으로 운영했다. 기술적 위험이 거의 없는 산업에서 운영되고 있었으며, 재무성과도 일관된 것으로 보였다. 전반적으로 보면 잠재적 투자자들에게 그 회사는 경쟁우위를 유지하면서 25%(또는 그 이상)의 ROTCE를 계속해서 창출할 수 있을 것으로 생각되었을 것이다.

내가 잠재적 투자자였다면 발견했을 두 번째 특징은 회사의 성장 능력이었을 것이다. 보통 가치투자자들은 성장에 대한 대가를 지급하는 것은 원치 않지만, 이 경우 가치평가에서 필수적인 부분은 회사의 복합적 능력이었다. 따라서 성장에 대한 이해가 필요했다. 이는 기업의 ROTCE가 매우 높더라도 성장하지 않으면, 성장하는 동종 기업보다 적게 투자해도 되는 이점을 누릴 수 없기 때문이다.

제조기업의 성장성을 평가하기 위해 나는 보통 매출 수량의 증가나 가격의 상승에 관한 역사적 기록을 살펴보았을 것이다. 시즈는 유통 채널을 직영 매장으로 운용하고 있어서 매장당 매출과 가격 증가 추이, 그리고 매장 수 증가를 보고 싶었을 것이다. 1972년 이전 수치

[표 7.1] 운영 통계(1972~1976년)

	1976	1975	1974	1973	1972
매출액($)	56,333,000	50,492,000	41,248,000	35,050,000	31,337,000
NOPAT($)	5,569,000	5,132,000	3,021,000	1,940,000	2,083,000
캔디 판매량 (파운드)	20,553,000	19,134,000	17,883,000	17,813,000	16,954,000
직영 매장 수	173	172	170	169	167
매장당 매출액($)	325,624	293,558	242,635	205,396	187,647

자료: 워런 버핏의 주주 서한 6페이지에 실린 데이터를 정리(1985년 2월 25일)

는 이용할 수 없지만, 사업의 일관성을 고려할 때 1972년 이후의 수치는 아마도 1972년 이전 수치들을 대체할 수 있는 좋은 추정치가 될 것으로 가정할 수 있다. 그 결과는 [표 7.1]에 요약돼 있다.

[표 7.1]을 보면 매출액에서 영업이익, 매장당 매출액에 이르는 모든 지표(부진했던 한 해 제외)에서 시즈는 지속적으로 성장했다. 1972년부터 1976년까지 세후 순영업이익NOPAT: Net Operating Profit After Taxes은 연평균 16%를 성장했다.

따라서 시즈는 높은 수준의 ROTCE와 지속적인 성장 가능성을 모두 가진 회사였음을 알 수 있다. 당시 잠재적 투자자들이 근본적으로 그 사업을 어떻게 바라보았는지 살펴보았으니, 이제 시즈 캔디즈의 가치평가와 버핏이 지급한 가격에 관해 생각해보자.

버핏은 기업 전체를 인수하면서 2,500만 달러를 지급했다. 앞서 언급한 수익 수치를 알고 있었다면 PER은 11.9배, EV/EBIT는 6.3배의 배수가 산출된다. 버크셔 해서웨이 등 버핏의 이전 인수건과는 달리,

그 배수의 수준이 전통적 의미에서 볼 때 극히 낮은 것(5배 혹은 그 이하)은 아니기에 이 인수가격이 싼 것은 아니었다고도 볼 수 있다. 아메리칸 익스프레스 사례에서처럼 버핏은 기업에 적정한 가치를 지급했다. 5배 미만의 PER 배수를 기준으로 매수한 기업과는 달리 11.9배라는 배수에서는 시즈 캔디즈가 경쟁사들보다 훨씬 더 우수한 내부 복리수익률을 달성할 경우에만 안전 마진을 확보할 수 있게 될 것이다. 다른 말로 하면 성장이 없는 기업의 경우 10~12배의 수익비율이면 적정가치가 될 수는 있겠지만, 안전 마진은 확보하지 못하게 될 것이다. 그리고 성장은 하고 있지만 성장의 가치보다 훨씬 많은 추가 자본비용을 부담해야 하는 기업의 경우 그 성장의 가치는 제한될 것이다. 안전 마진을 확보하려면 그 기업은 성장과 높은 ROTCE를 모두 갖추어야 한다. 따라서 여기서 버핏은 최소한 어느 정도의 성장을 가정하고 대가를 지불한 것으로 보인다.

성장이 어떤 식으로 버핏의 매수가격에 반영되었는지 이해하기 위해 예를 하나 들어보자. 주식을 매입할 의향이 생기게 될 어떤 수준의 가격을 결정하기 위해 가치투자자는 현재 이익에 기초해 기업의 가치를 계산한 후 30%의 안전 마진을 요구할 수 있다. 그러나 만약 이 가치투자자가 현재의 이익에 근거해 안전 마진을 요구하는 대신 현재의 이익에 걸맞은 대가를 전액 지급할 용의가 있다면 우리는 다른 질문을 할 수 있다. 30%의 안전 마진을 충족시키기 위해 얼마나 높은 성장이 필요한가? 달리 말하면 같은 당기순이익을 달성했지만 성장을 하지 못한 기업보다 내재가치를 43% 더 높이려면 어느 정도의 이익 성장이 필요한가?

수학적으로 이 계산은 꽤 간단하다. 1972년 시즈 캔디즈가 달성한 210만 달러의 수익에서 출발해보자. 성장에 대한 대가를 전혀 지급하지 않고, 그러한 사업에 대한 적정 PER 배수가 10배라고 가정하며, 30%의 안전 마진을 요구한다면 그 기업에 1,470만 달러를 기꺼이 지급할 용의가 있을 것이다. 이 사례에서 사업의 적정가치는 2,100만 달러가 될 것이며 1,470만 달러는 그 적정가치에 대해 30% 할인된 가치다. 이제 투자자가 그 사업의 적정가치인 총 2,100만 달러를 지급할 용의가 있다고 가정하자. 여전히 30%의 안전 마진을 확보하기 위해서는 연간 몇 퍼센트의 성장이 필요한가? 이를 위해서는 그 사업은 2,100만 달러의 143%인 3,000만 달러의 내재가치를 가져야 한다. 단순 영구연금 공식인 '현재가치(PV) = C / (r − g)'를 사용하면 3,000만 달러라는 적정가치를 얻는 데 필요한 수익 증가분을 계산할 수 있다. 구체적인 계산은 다음과 같다. PV = 적정가치 = 30.0 = C / (r − g) = (2.1) / (0.1 − g) → (0.1 − g) = 2.1 / 30.0 → 0.1 = 0.07 + g → g = 0.03. 놀랄 수도 있지만 3,000만 달러라는 시즈 캔디즈의 적정가치에 도달하기 위해 수학적으로 요구되는 성장은 연간 3% 수준의 수익 성장에 불과하다.

현실 세계에서는 상황이 조금 더 복잡하지만 이보다 훨씬 더 높은 수준은 아니다. 첫째, 30%의 안전 마진을 확보하려면 3%의 영구적 수익 성장이 필요하다. 실제로 끝없는 성장을 가정할 수 있는 기업은 거의 없다. 하지만 할인율이 10%라면 달러로 환산한 성장가치는 처음 몇 년 동안 가장 높으므로 10년 동안 성장하는 기업이라면 성장이 영원히 지속되지 않더라도 성장의 상당 부분을 확실히 반영할 수 있을 것이다. 둘째, 앞서 언급한 내용은 이러한 성장을 달성하기 위한 어떠한 비용도 투입하지 않고 연 3%의 성장한 기업에 대한 것이었다. 하지만 이 부분 역시 시즈 캔디즈와 같은 기업에는 해당하지 않는다. 예를 들어 시즈 캔디즈의 ROTCE는 25%이기 때문에 기업이 3% 성장한다면 그 성장을 위해서는 재투자금액의 4분의 1 정도가 필요할 것이다(신규 한계 사업의 자본집약도가 전체 사업과 동일하다고 가정할 경우). 성장에 필요할 자본 때문에 시즈 캔디즈와 같은 기업의 경우 안전 마진 30%를 확보하기 위해서는 3%가 아닌 대략 4% 이상의 성장률이 요구된다.

이런 몇 가지 복잡한 부분은 있지만 전반적으로 두 가지 통찰을 얻는 것이 중요하다. 첫째, 투자자가 기업의 성장률이 높은 수준이 아니라 연간 4~5%에 불과하더라도 수익 측면에서 미래 성장에 관해 상당한 확신을 가질 수 있다면 그 사업의 가치는 실제로 수익이 증가하지 않는 사업을 매수할 때 30%를 할인하는 것만큼 의미가 있을 수 있다. 둘째, 버핏이 시즈 캔디즈에 11.9배의 PER을 반영한 가격을 지급했다는 점을 고려하면, 이 사업에서 연간 약 5%의 성장을 기대하고 대가를 지급했을 가능성이 있다고 추론할 수 있다. 통상적으로 성장을 고려하지 않고 비슷한 사업에 PER 7배(PER 10배에 안전 마진 30%)만큼의 대가만 지급했다면 이 성장이 단지 몇 년만 지속될 것으로 가정했을 것이다.

시즈 캔디즈의 사업 특성에 관한 전반적 분석으로 돌아가 보면, 높은 ROTCE와 성장이라는 두 가지 기준을 충족시킨 것은 분명해 보인다. 버핏은 1972년 초 그에게 기회가 왔을 때 이 부분을 이해했던 것 같다. 또한 다른 부분도 충분히 고려해 전액을 지급했을 만큼 충분한 융통성도 있었던 것처럼 보인다. 실제로 버핏은 1984년 3월 주주들에게 보낸 연례 서한에서 시즈 캔디즈의 미래 전망에 대한 자신의 분명한 견해를 본질적 사업과 결합했다. 그는 "시즈 캔디즈는 장부 가치가 시사하는 것보다 더 가치가 있다. 그것은 브랜드이고, 그것은 생산비용보다 더 높은 가격으로 팔 수 있는 제품이며, 그것은 미래 가격결정력을 가지고 있다"고 언급했다.

이 투자는 비공개 기업 매수였으므로 개인 투자자가 쉽게 접근할 수는 없었을 것이다. 그럼에도 이 사례는 이 기간에 버핏이 비교적 제한된 추가 자본으로 지속적으로 성장할 수 있는 능력을 갖춘 기업에 초점을 맞춘 좋은 사례로 보인다.

결국 시즈 캔디즈는 버핏에게 가장 성공한 투자 중 하나가 되었다. 2010년까지 시즈 캔디즈는 3억 8,300만 달러의 매출로 8,200만 달러의 세전 이익을 벌어들였다. 2010년 연말 장부상 자산은 4,000만 달러였는데, 이는 1972년 이후 3,200만 달러의 추가 자본만 이 사업에 투입되었다는 사실을 의미한다. 11.9배라는 PER 비율과 현재 일반적인 법인세율 30%를 가정하면 직전 연도 실적 기준 회사 가치는 6억 8,300만 달러가 될 것이다. 이는 그동안 배당되었던 현금을 고려하지 않고도 원래 매수가격보다 25배 이상 오른 셈이었다.

08

워싱턴 포스트1973

Washington Post

· · ·

가치평가에 관해 요약하면 《워싱턴 포스트》 사례는 버핏이 복합 능력이 내재된
훌륭한 성장 사업을 위해 적정한 대가를 지불한 사례로 보인다.

《워싱턴 포스트》 신문은 1877년 스틸슨 허친스Stilson Hutchins에
의해 창간되었다. 이 신문은 이후 수십 년 동안 신시내티 인콰이어러
the Cincinnati Enquirer를 소유한 존 맥리언John McLean을 포함해 몇몇
개인 소유주들에게 팔렸다. 하지만 맥리언의 아들이 경영에 실패한
후 《워싱턴 포스트》는 1930년대에 파산 상태에 빠지게 되었다.

1933년에 유진 메이어Eugene Meyer가 파산 상태였던 《워싱턴 포
스트》를 인수했고, 사위인 필립 그레이엄Philip Graham과 딸인 캐서
린 그레이엄Katharine Graham이 이후 그 신문의 역사에 중요한 역할
을 하게 되었다. 워싱턴 포스트 컴퍼니는 1971년에 상장했다. 그리고

1973년 프리츠 비베Fritz Beebe 회장이 갑자기 사망하면서 워싱턴 포스트 회장에 취임한 캐서린 그레이엄은 《포춘》지 선정 500대 기업 중 첫 번째 여성 회장이 되었다.

　워런 버핏이 워싱턴 포스트 컴퍼니의 주식을 매수하기 시작한 시기는 바로 이 기간(1972~1973년)이었다. 1973년 말까지 버핏은 약 10%의 이 회사 지분을 축적했다.

[그림 8.1] 1973년 워싱턴 포스트 컴퍼니의 연차보고서

1971년과 1972년 워싱턴 포스트 컴퍼니의 연차보고서에는 버핏이 그 회사 주식을 매수하기 직전 잠재적 투자자들이 그 회사에 관해 알 수 있었을 정보가 실려 있다. 나는 이 장 마지막 부분에 연결재무제표 중 일부를 실어놓았다.

우선, 사업에 관해 살펴보자. 워싱턴 포스트 컴퍼니에는 3개의 주요 사업 부문이 있었다. 1972년 그 회사의 재무정보에 근거해 각 사업 부문의 상대적 중요성을 [표 8.1]에 요약했다.

여기서 알 수 있듯이 분명히 당시 신문 부문은 전체 회사 이익의 약 절반을 담당하는 가장 중요한 사업 부문이었다. 다른 두 부문은 분명히 재무적으로 나름의 역할을 했다. 더 자세히 보면 연차보고서에 주요 운영지표를 다룬 부분이 많아 다른 보고서들보다 더 정보가 많다는 것을 알 수 있다. 우리는 그 정보를 통해 경영진이 사업에 집중하고 있고 자신들이 무엇을 하고 있는지 알고 있다는 사실을 파악할 수 있다.

그 보고서는 신문 사업에 관한 존 S. 프레스콧John Prescott의 코멘트에서부터 시작한다. 구체적으로 1972년 7월 《워싱턴 데일리 뉴스

[표 8.1] 사업 부문 요약(1972년)

사업 부문	매출액(백만)	매출비중	EBIT 비중	EBIT 마진
신문 발행	$99.8	46%	47%	10.2%
잡지 및 서적 출판	$93.8	43%	26%	6.0%
방송	$24.3	11%	27%	24.4%
총계	$217.9	100%	100%	10%

자료: 1972년 워싱턴 포스트 컴퍼니 연차보고서 2페이지(1972년)

Washington Daily News》가 발행을 중단하면서 그해 시장에서 일어난 구조적 변화를 상세히 기술하고 있다. 회사에 관심이 있던 투자자에게 그것은 매우 중요한 사건이다. 무엇보다 그로 인해 워싱턴 시장에서 일간지 3개 중 1개가 사라졌고, 결과적으로 여전히 신문 구독을 원하는 고객들은 자동으로 나머지 두 신문 중 하나를 선택해야 했다. 게다가 두 회사에 의한 복점은, 적어도 경쟁 역학관계를 지켜봐 온 내 경험으로는 세 회사에 의한 과점보다 기업이 더욱 선호하는 구조다. 통상 경쟁적인 행동이 훨씬 더 합리적으로 진행되면서 가격 경쟁은 줄어들고 이윤은 더 높아진다.

운영지표상 실제 데이터는 매우 긍정적이다. 광고 라인은 650만 개 증가했는데, 이는 전년도의 총 라인 수 약 7,300만 개 대비 9%가 늘어난 것이다. 시장점유율을 보면 그 지역 대도시 신문에 게재된 전체 광고 라인의 63%를 점유했다. 일간지 발행 부수는 6,000부(약 1% 증가), 일요일판은 1만 5,000부(약 2% 증가) 증가했다. 백분율로 보면 이 수치들이 놀라운 수준은 아니지만, 이 보고서에서는 주요 경쟁사인 《스타뉴스Star-News》의 수치보다 높다는 사실을 지적한다. 이는《워싱턴 포스트》가 시장점유율을 높이고 있다는 의미다.

프레스콧은 W. R. 시몬스 앤 어소시에이츠W. R. Simmons & Associates 라는 독립 에이전시가 진행한 시장조사 결과를 인용하는데, 그 결과를 보면《워싱턴 포스트》가 속한 시장에서 모든 성인 5명 중 3명, 즉 약 60%가《워싱턴 포스트》를 읽고 있었다. 그는 이 수치를 미국 내 다른 대표적인 신문사와 계속 비교하고 있다. 나는 그의 이러한 행동에 주목하지 않을 수 없다. 존 프레스콧의 코멘트는 워싱턴 포스트 컴퍼니가 정말 대단한 프랜차이즈라는 사실뿐만 아니라 자신이 핵심 지표에 따라 행동하고 경쟁에 적합한 경영자라는 사실도 보여준다. 요컨대 워싱턴 포스트 컴퍼니의 핵심 신문 사업은 분명 훌륭한 사업이었다.

보고서에서 논의된 두 번째 사업 부문은 잡지와 도서 출판 부문이다. 이 부문의 주요 자산은 《뉴스위크Newsweek》 잡지로, 광고수익에서 당시 모든 잡지 중 4위를 차지했다. 부문장인 오스본 엘리엇Osborn Elliott은 1972년은 《뉴스위크》 역사상 기록적인 해였다고 말한다. 수익은 전년 대비 8% 증가했으며, 주간 발행 부수는 260만 부에서 275만 부로 약 12만 5,000부(5%) 늘었다. 보고서의 다른 부분에서도 볼 수 있듯, 이러한 데이터를 제시할 때에는 독립적인 제삼자 기관의 자료가 인용되고 있다. 이 경우에는 미국잡지발행인협회의 출판정보국Publishers Information Bureau 자료가 인용되었다.

운영상 1972년은 1960년대에 큰 성공을 거두었던 베테랑 《뉴스위크》 경영진이 신문의 경영상 책임을 다시 맡은 해였다. 엘리엇 본인은 편집자 직무를 맡았고, 깁슨 맥카베Gibson McCabe와 로버트 캠벨Robert Campbell은 각각 운영과 출판 부문 책임자가 되었다. 독자들이 중시하는 콘텐츠를 제공하는 데 집중한 결과 《뉴스위크》는 미국 변호사협회 가벨 상, 지엠 로브 상, 미국 해외기자단 상 등 한 해 동안 11개의 주요 저널리즘 상을 받았다. 해외시장으로의 확장이라는 앞으로 펼쳐질 《뉴스위크》의 기회에 관한 최종 논의 내용을 보면 《뉴스위크》사업은《워싱턴 포스트》와 마찬가지로 활발하게 진행되고 있는 사업으로 보였다.

워싱턴 포스트 컴퍼니 내 마지막 사업은 포스트-뉴스위크 방송국Post-Newsweek Stations(방송)이었다. 이 부문의 책임자는 래리 이스라엘Larry Israel이었다. 이 부문은 구체적인 시장점유율 데이터도 부족했고 현재까지는 제삼자로부터의 찬사도 많이 받지 못한 사업 부문이었다. 그런데도 사람들은 그 사업 부문에서 매우 긍정적인 그림을 보았다. 이스라엘은 성공적으로 완료된 인수(WTIC-TV, 하트포드Hartford, 코네티컷Connecticut)에 대해서도 언급하지만, 주로 지역 미디어 콘텐츠 생성 측면에서 방송국의 탁월함에 관한 논의에 초점을 맞추고 있다.

하지만 이 부문에서도 긍정적 소식들 가운데 몇 가지 부정적인 소식이 있었다. 사업 부문 내 두 TV 방송국(잭슨빌의 WJXT-TV와 마이애미의 WPLG-TV)에 대한 허가를 갱신해야 하는 과제가 있었다. 이스라엘은 그와 관련된 이전 사례와 법적 원칙 모두 긍정적으로 해결되는 방향을 가리키고 있다고 언급하면서 허가와 관련된 실제 위험을 없애려고 심사숙고하고 있다고 밝힌다. 만약 내가 방송 규제의 내막을 모르는 투자자였더라면 나는 이 설명을 완전히 이해하지는 못했을 것이다. 이것이 바로 내가 위험을 평가해야 할 부분일 것이다.

이러한 잠재적인 구조적 문제와는 별개로 1972년 연차보고서 2페이지에 있는 사업 부문의 실적을 보고 그 부문의 성공을 계량화할 수 있다. 1972년 방송사업부는 전년 2,080만 달러에서 당해

2,430만 달러(17% 증가)로 매출을 늘렸고, 영업이익도 380만 달러에서 590만 달러(55% 증가)로 증가시켰다. 이것은 TV 채널과 라디오 방송국같이 상대적으로 안정적이라 생각할 수 있는 사업에서는 놀라운 재무성과다. 비록 큰 규모의 인수건이었던 WTIC-TV 인수에 관해서도 언급하지만, 1972년 방송 부문에서 논의되고 있는 다른 인수건은 없기 때문에 앞서 언급한 방송 부문의 재무적 성장은 전적으로는 아니지만 대부분 근본적인 것에서 비롯되었다고 생각할 수 있다.

전체 기업 차원에서 실적을 종합해보면 경영실적이 너무 좋아 당시 투자자로서는 솔직히 믿기 어려웠을 것이다. 만약 신문과 잡지 부문에서 인용한 매우 사실적이고 독립적인 시장 자료가 아니었다면 정말로 나는 경영진이 지나치게 낙관하고 있다고 상당히 의심했을 것이고, 구체적 숫자로 들어가 그것을 확인해야 했을 것이다.

첫 번째로 주목할 부분은 연차보고서 22페이지와 23페이지에 있는《워싱턴 포스트》의 10년간 실적 리뷰다. 매해 전년보다 매출액이 증가했다. 총 10년 동안 매출액은 8,550만 달러에서 2억 1,780만 달러로 증가했는데, 이는 연간 기준으로 약 11% 증가한 것이다. 영업이익의 경우 어떻게 보면 현실적이기도 하지만 다소 변동성이 있다. 하지만 총 10년간의 수치를 보면 영업이익도 940만 달러에서 2,180만 달러로 증가했다. 이에 상응하는 연간 성장률은 약 10%로 매출성장률에는 약간 못 미치는 수준이다.

비록 이것이 매출의 분명한 증가에도 불구하고 마진은 그만큼 증가하지 않았다는 사실을 의미하지만, 나는 이것을 부정적이라고 보지 않았을 것이다. 1972년이 최고의 마진(영업이익률이 1971년 7.9%에서 10%로 증가)을 기록한 해가 되지는 않을까 하는 우려도 있지만, 10년 동안 영업이익률은 7.8%와 12.2% 사이에 있었기 때문에 1972년 10%의 마진은 바로 그 범위의 중간 정도에 불과하다는 사실에 안도할 수 있을 것이다. 이것은 유능한 경영진이 있다면(보고서 내용은 이를 뒷받침한다), 운영 효율성이 높아지고 이익률도 상승할 가능성이 있다는 의미이기도 하다. 실제로 1972년 사업 규모는 1968년에 비해 훨씬 더 컸기 때문에 좋은 경영진 하에서의 잠재적 마진은 1968년에 달성한 12.2%보다 훨씬 더 높을 것이라고 합리적으로 주장할 수 있었다.

《워싱턴 포스트》의 재무실적 리뷰와 재무제표를 살펴보면 두 항목에 대해 추가적인 조사가 필요하며, 그 부분이 잠재적인 투자자로서 나의 관심 영역이 될 것이라는 점을 알 수 있다. 첫째, 퇴직금 계정에 대한 부분이다. 당시 다른 언론사와 마찬가지로 《워싱턴 포스트》도 직원들에 대한 퇴직금 부채와 관련한 규정이 있었다. 특히 유럽 기업들에는 여전히 큰 이슈인 이 부분은 주의 깊게 관리하지 않으면 불확실성을 야기하고 반복적인 현금 수요를 불러일으킬 수 있다. 연차보고서 14페이지를 보면 일반적으로 '이 제도와 관련해 발생된 비용과 부채는 전액 적립한다'는 내용이 있다. 그러나 그 뒷부분을 보면 비용이 적립되지 않고 경상비로 인식되는 신문 판매상에 대한 인센티브 제도와 관련된 내용이 나온다. 1972년에 이와 관련된 비용은 360만 달러였다. 이것이 아주 중요한 내용은 아니지만, 추가로 확인하지 않는다면 퇴직금 제도가 주의해야 할 부분이 될 수도 있었다.

둘째, 1972년 연차보고서 16페이지에서 논의되는 자본과 스톡옵션에 관련된 내용이다. 회사는 1971년에 최초 주식 공모와 함께 스톡옵션 제도를 추가로 채택했는데, 이를 위해 보통주 36만 5,000주가 유보되었다. 이 중 27만 9,650주는 스톡옵션 발행 대상이었고 6만 4,175주는 차후 배정을 위해 남겨둔 주식이었다. 1971년 이전에 이미 발행된 옵션이 있었고 두 종류의 보통주가 발행돼 있어 상황이 더 복잡했지만, 단순하게 1972년 말 시점에서 27만 9,650주라는 스톡옵션과 관련된 주식발행 내용과 그 옵션들의 행사 가능 시점만을 살펴보는 것이 좋겠다.

영국보험인협회ABI: Association of British Insurers도 스톡옵션과 관련해 정의한 바 있지만, 일반적인 관행은 10년 안에 자본의 10% 이상, 즉 연 1% 이상을 할당하지 않는 것이었다. 1972년에서 1975년 사이의 수치는 이 일반적인 관행을 벗어났다. 그것이 내가 잠재적 투자자

[표 8.2] 스톡옵션 분석(1972년)

행사 가능일	주식 수	평균 옵션 가격	희석 효과 (발행주식 수 대비)*
1972 연말	65.625	$26	1.4%
1973 연말	71.300	$26	1.5%
1974 연말	69.800	$26	1.4%
1975 연말	69.050	$26	1.4%
…	…	…	…
1960 연말	3.875	$26	0.1%
총계	214.025	~주당 $26	5.8%

* 1972년 가중평균 보통주 발행주식 수인 4,806,802주를 기준으로 산출

로서 약간 경계할 수도 있는 부분이지만 이처럼 IPO와 함께 옵션을 추가 발행하는 경우는 드물지 않았다. 안심할 수 있는 부분은 IPO 가격이 주당 25.18달러였고, 평균 옵션 행사가격은 주당 약 26.00달러로 IPO 가격보다 약간 높은 동시에 당시 시장가격 이상이었다는 점이다. 따라서 전반적으로 이러한 검토 결과로 나의 걱정은 어느 정도 덜어졌을 것이다.

셋째, 1972년 연차보고서 17~21페이지에 있는 재무제표를 살펴보자. 워싱턴 포스트 사업 전체의 질적 부분을 평가하기 위해 투자자는 ROTCE를 계산할 수 있다. 이 수치를 통해 비슷한 사업을 영위하는 기업들과 비교해 그 비용을 초과하는 이익을 창출할 수 있는 기업의 능력을 평가할 수 있다.

특별항목/특별가산 반영 전 세후 순영업이익NOPAT과 총투하자본TCE을 기준으로 산출한 ROTCE 값은 17.9%이다. 이는 성장을 통해 내부 복리수익을 창출할 수 있는 능력을 보유한 꽤 좋은 사업임을 의

[표 8.3] 총투하자본 분석(1972년)

범주	투하자본(백만)	매출액 대비 비율
고정자산	$46.2	21.2%
영업권을 제외한 무형자산	$0*	0.0%
재고자산	$3.8	1.7%
외상매출금	$25.8	11.6%
외상매입금	-$19.4	-8.9%
총투하자본(TCE)	$56.4	25.6%

* 《워싱턴 포스트》가 연차보고서 14페이지에 '영업권 및 기타 무형자산'을 '인수일 기준 피인수 기업의 유형자산 관련 적정가치를 넘어서는 초과분'으로 정의한 내용을 근거로 함. 여기서는 모든 영업권과 기타 무형자산은 영업권으로, 그리고 감모상각 대상 무형자산은 0으로 가정함.

미한다. 지난 10년 동안 매년 11%씩 성장했기 때문에 우리는 그 기업이 좋은 성장과 이익의 복합체라는 사실을 확신할 수 있다.

　마지막으로, 사업의 가치평가에 관해서는 EV/EBIT와 PER이라는 전통적 가치평가 지표를 살펴보는 게 합리적일 것이다. 버핏은 1975년 버크셔 해서웨이 주주들에게 보낸 연례 서한 3페이지에서 워싱턴 포스트 'B' 주식 46만 7,150주(1,060만 달러 규모)가 당시 버크셔의 주식 투자 총액 중 가장 큰 비중을 차지하고 있다고 언급하고 있다. 이는 당시 워싱턴 포스트가 발행한 보통주 전체 수량의 약 10%를 차지하는 비중이었다. 버핏은 주당 약 22.69달러를 지급했다. 주가의 움직임을 보면 워싱턴 포스트 주식은 주당 약 26달러에 상장된 후 1973년에는 주당 16달러까지 하락했었다는 사실을 알 수 있다.

　나는 워싱턴 포스트의 주가 하락은 거시 경제적 우려와《워싱턴 포스트》에 대한 부정적 보도의 결과였다고 생각한다. 부정적 보도는 리처드 닉슨 대통령의 사임으로 이어진《워싱턴 포스트》의 워터게이트 스캔들에 관한 탐사 보도와 닉슨이 주도한 것으로 추측되는 앞서 언급한《워싱턴 포스트》의 텔레비전 면허에 대한 허가 갱신과 관련 있었다. 실제로 1972년 워싱턴 포스트 컴퍼니 연차보고서 5페이지에 있는 비베와 그레이엄의 아래와 같은 코멘트는 이 같은 상황을 시사하고 있다.

　"정부와 언론 사이의 대립 관계는 놀랄 만한 일이 아니다. 그것은 이 공화국만큼이나 오래되었다. 그러나 뉴스 사업에 종사하고 있는 우리에게 최근의 강렬한 적개심은 우려할 만하다."

[표 8.4]

EV/EBIT	1971	1972
매출액	$1억 9,270만	$2억 1,780만
EBIT	$1,520만	$2,180만
EBIT 마진	7.9%	10.0%
EV/EBIT	7.7배	5.3배

버핏의 평균 매수가격인 주당 22.69달러를 기준으로 계산하면 과거 실적 기준 EV/EBIT와 PER 배수는 [표 8.4]와 [표 8.5]에 나타난 수치와 같았을 것이다. 이 가격은 1973년에 기록한 52주 최저가를 약 40% 웃돈 가격이었다는 점에 주목해야 한다.

최근 연도의 EV/EBIT 배수는 5.3배였는데, 오늘날 기준으로 본다면《워싱턴 포스트》와 같은 좋은 사업에 대해서는 이것은 매우 저렴한 수준으로 보일 것이다. 하지만 여기에는 약간 오해의 소지가 있다. 《워싱턴 포스트》의 손익계산서를 보면 1971년과 1972년 회사가 납부한 세금의 총세율이 각각 50.2%, 49.5%에 달했다는 사실을 알 수 있다. 이것은 오늘날 대부분 기업이 내는 총세율 30%와 비교하면 상당히 높은 수준이다. [표 8.5]에서 볼 수 있듯이 이것은 당시 일반적으로 적용된 연방 법인세 정책의 결과였다.

사실상 1973년의 높은 세율은 같은 EBIT에 대해 당시 주주가 오

[표 8.5]

PER	1971	1972
EPS(조정)	$1.52	$2.08
PER	14.9배	10.9배

늘날 주주보다 현금 수익을 덜 받게 된다는 것을 의미한다. 이 요인을 반영해 조정하면 오늘날의 세율 30%에 대응되는 EV/EBIT 배수는 7.5배일 것이다. 여기서, 대응되는 EV/EBIT 값은 1973년《워싱턴 포스트》가 창출한 NOPAT로 귀결되는 EBIT에 기반한 EV/EBIT 값을 의미한다. 7.5배의 EV/EBIT는 성장하고 있는 좋은 사업에 대해서는 여전히 싸지만, 특별히 그렇지는 않다.

PER을 보더라도 적당한 수준이라고 생각할 수 있다. 내가 연결손 익계산서에서 특별항목을 포함하지 않은 조정 EPS를 사용했다는 점에 유의할 필요가 있다. 그것은 사업에서 창출되는 수입만을 바탕으로 가치평가를 하기 위해서였다. 1972회계연도 PER 수치인 10.9배 수준에서 보면《워싱턴 포스트》의 양질의 사업 내용과 높은 ROTCE 및 성장성(복합 능력)을 고려하면 그 기업의 가치는 상당히 저렴해 보인다.

가치평가에 관해 요약하면《워싱턴 포스트》사례는 버핏이 복합 능력이 내재된 훌륭한 성장 사업을 위해 적정한 대가를 지불한 사례로 보인다. 1973년 초 투자자가 얻을 수 있던 정보에 근거하면 수익성 기준에서는 아주 낮은 가치평가 수준으로 보이지 않았을 것이다. 그 렇기는 해도 버핏이 매수를 시작했을 때 주가는 그의 평균 매수가격 보다는 낮았다. 그리고 그는 계속해서 지분을 사들이며 그 회사 지분을 10%까지 축적했는데, 근본적으로 이것은 소액 투자자가 주식을 취득하는 것보다 훨씬 더 어려운 일이다.

여기에 두 가지 우리가 알아야 할 부분이 있다. 첫째,《워싱턴 포스

[표 8.6] 과거 법인세 최고 세율과 과세 표준(1909~2010년)

연도	최고 세율 (%)	최고 과세 구간 ($)	연도	최고 세율 (%)	최고 과세 구간 ($)	연도	최고 세율 (%)	최고 과세 구간 ($)
1909	1		1943	40	50,000	1977	48	50,000
1910	1		1944	40	50,000	1978	48	50,000
1911	1		1945	40	50,000	1979	46	100,000
1912	1		1946	38	50,000	1980	46	100,000
1913	1		1947	38	50,000	1981	46	100,000
1914	1		1948	38	50,000	1982	46	100,000
1915	1		1949	38	50,000	1983	46	100,000
1916	2		1950	42	25,000	1984	46	1,405,000
1917	6		1951	51	25,000	1985	46	1,405,000
1918	12		1952	52	25,000	1986	46	1,405,000
1919	10		1953	52	25,000	1987	40	1,405,000
1920	10		1954	52	25,000	1988	34	335,000
1921	10		1955	52	25,000	1989	34	335,000
1922	12.50		1956	52	25,000	1990	34	335,000
1923	12.50		1957	52	25,000	1991	34	335,000
1924	12.50		1958	52	25,000	1992	34	18,333,333
1925	13		1959	52	25,000	1993	35	18,333,333
1926	13.50		1960	52	25,000	1994	35	18,333,333
1927	13.50		1961	52	25,000	1995	35	18,333,333
1928	12		1962	52	25,000	1996	35	18,333,333
1929	11		1963	52	25,000	1997	35	18,333,333
1930	12		1964	50	25,000	1998	35	18,333,333
1931	12		1965	48	25,000	1999	35	18,333,333
1932	13.75		1966	48	25,000	2000	35	18,333,333
1933	13.75		1967	48	25,000	2001	35	18,333,333
1934	13.75		1968	52.8	25,000	2002	35	18,333,333
1935	13.75		1969	52.8	25,000	2003	35	18,333,333
1936	15	40,000	1970	49.2	25,000	2004	35	18,333,333
1937	15	40,000	1971	48	25,000	2005	35	18,333,333
1938	19	25,000	1972	48	25,000	2006	35	18,333,333

1939	19	25,000	1973	48	25,000	2007	35	18,333,333
1940	24	38,566	1974	48	25,000	2008	35	18,333,333
1941	31	38,462	1975	48	50,000	2009	35	18,333,333
1942	40	50,000	1976	48	50,000	2010	35	18,333,333

자료: 미 세제정책연구소, 월드택스데이터베이스, 미국연방국세청

트》는 아메리칸 익스프레스와 마찬가지로 높은 ROTCE를 창출하면서 성장한 10년간의 역사적 기록을 가진 상당한 수준의 양질의 기업이었던 것으로 보인다. 주식은 싼값에 거래되고 있었지만 터무니없이 낮은 수준은 아니었다. 둘째, 연차보고서에 제시된 모든 매체 발행 및 경쟁 관련 상세 자료를 살펴보면, 주의 깊은 투자자라면 활용할 수 있는 질적으로 우수한 정보가 많았다.

버핏과 그레이엄의 평생 우정은 이때부터 시작되었다. 버핏은 1974년 가을 《워싱턴 포스트》의 이사가 되었고 이후 그레이엄이 신뢰하는 조언자가 되었다. 그레이엄에게 자본 배분과 관련한 보수적 시각을 심어줘 그녀가 인수 기회에 지나치게 많은 돈을 쓰지 않게 만들었지만, 반대로 이 때문에 그레이엄은 종종 큰 성공으로 이어질 수 있었던 기회를 놓치기도 했다. 하지만 버핏이 그레이엄에게 끼친 가장 큰 영향은 주주 친화적 사고방식과 효율적 사업 운영에 대한 집중이었다. 영업이익률은 1974년의 10%에서 1985년에는 19%로 상승했다. 또한 《워싱턴 포스트》는 그동안 축적한 여유자금을 이용해 전체 주식의 40%를 소각했다. 결과적으로 순이익은 7배 증가했지만, 주당이익은 10배나 늘어났다.

[표 8.7] 손익계산서(1971~1972년)

	1972	1971
영업수익		
광고	$166,100,000	$147,633,000
발행	$47,421,000	$42,397,000
기타	$4,323,000	$2,719,000
총영업수익	$217,844,000	$192,749,000
원가 및 비용		
운영비용	$146,644,000	$133,869,000
영업 및 관리비	$46,254,000	$41,250,000
감가 및 감모	$3,140,000	$2,436,000
총 원가 및 비용	$196,038,000	$177,555,000
영업이익	$21,806,000	$15,194,000
기타 수익·공제		
기타 수익(이자 $804,000, $845,000 포함)	$1,143,000	$1,091,000
기타 공제(이자 $2,484,000, $2,774,000 포함)	-$3,240,000	-$3,275,000
관계회사 지분법 이익	$512,000	$509,000
총 기타 수익·공제	-$1,585,000	-$1,675,000
이자, 특별항목, 특별가산 반영 전 이익	$20,221,000	$13,519,000
소득세		
당기	$7,485,000	$5,698,000
이연	$2,721,000	$1,037,000
총소득세	$10,206,000	$6,735,000
특별항목 및 특별가산 반영 전 이익	$10,015,000	$6,784,000
특별항목	-$283,000	$387,000
특별가산*	–	$4,586,000
순이익	$9,732,000	$11,757,000
보통주 및 보통주 상당 증권 주당이익		
특별항목 및 특별가산 반영 전 이익	$2.08	$1.52
특별항목	$0.06	$0.09
특별가산	–	$1.04
순이익	$2.02	$2.65

* 잡지 구독 및 도서 홍보 비용 관련 회계 처리 방법 변경으로 인한 1971년 이전 누적 효과
자료: 1972년 워싱턴 포스트 컴퍼니 연차보고서 17페이지

[표 8.8] 대차대조표(1972년 1월 및 12월)

자산	1972년 12월	1972년 1월
유동자산		
현금 및 정기예금	$10,215,000	$10,268,000
약속어음(시장가치 반영 원가)	$19,635,000	$15,224,000
외상매출금(대손상각 $2,663,000, $2,342,000 반영)	$25,195,000	$19,992,000
재고자산(원가와 시장가 중 저가)	$3,801,000	$4,641,000
선급비용 외	$2,908,000	$2,012,000
	$61,754,000	$52,137,000
관계회사 투자		
보워터즈 머시 페이퍼 컴퍼니	$8,649,000	$8,834,000
기타	$2,679,000	$1,736,000
	$11,328,000	$10,570,000
공장 자산(원가)		
건물	$30,185,000	$16,258,000
기계 및 장비	$34,412,000	$25,549,000
임차시설개량권	$2,473,000	$2,378,000
	$67,070,000	$44,185,000
감가 및 감모 누계액 차감	($27,625,000)	($25,796,000)
	$39,445,000	$18,389,000
토지	$6,403,000	$6,403,000
건설 중 자산	$323,000	$16,323,000
	$46,171,000	$41,115,000
영업권 및 기타 무형자산	$36,860,000	$37,517,000
이연 공제 및 기타 자산	$4,918,000	$4,353,000
	$161,031,000	$145,692,000
부채 및 자본		
유동부채		
외상매입금 및 미지급 비용	$19,437,000	$17,368,000
연방 및 주 소득세	$3,142,000	$735,000
종업원 연금펀드 분담금	$1,316,000	$837,000
유동성 장기부채	$1,734,000	$797,000
	$25,629,000	$19,737,000

기타 부채	$5,529,000	$5,467,000
장기부채	$35,436,000	$38,033,000
이연 구독수입(원가 차감) $11,998,000 and $10,496,000	$8,973,000	$7,900,000
이연소득세	$6,077,000	$3,891,000
관계회사 지분	$356,000	$313,000
자본		
우선주(액면가 $1, 수권주식 수 1,000,000주)		
보통주:		
클래스 A 보통주 (액면가 $1, 수권주식 수 1,000,000주); 763,440주 발행 및 유통	763,000	763,000
클래스 B 보통주 (액면가 $1, 수권주식 수 10,000,000주); 4,304,040주 발행; 3,982,888주, 3,993,257주 유통	4,304,000	4,304,000
주식발행초과금	$10,149,000	$10,079,000
유보이익	$68,835,000	$60,052,000
차감: 클래스 B 보통주 자사주 321,152주, 310,783주(원가)	($5,020,000)	($4,847,000)
총자본	$79,031,000	$70,351,000
	$161,031,000	$145,692,000

자료: 1972년 워싱턴 포스트 컴퍼니 연차보고서 18~19페이지

[표 8.9] 현금흐름표(1971~1972년)

회계연도	1972	1971
현금 유입		
영업		
순이익	$9,732,000	$11,757,000
차감: 운전자본에 영향을 주지 않은 1971년 특별차감	–	($4,300,000)
	$9,732,000	7,457,000
공장 자산의 감가 및 감모	$3,140,000	$2,436,000
이연 필름원가 감모상각	$1,661,000	$1,306,000
소득세 이연	$2,186,000	$808,000
아트 뉴스 매각 영업권	$650,000	–
기타	$386,000	$296,000
	$17,755,000	$12,303,000
장기부채 증가	–	$8,222,000
이연 구독수입 증가	$2,575,000	$875,000
클래스 B 보통주 발생수익	$161,000	$929,000
공모 및 종업원지주제로의 매각	–	$15,025,000
뉴스위크 종업원 예금 신탁	–	$58,000
기타	$375,000	$118,000
	$20,866,000	$37,530,000
현금 유출		
공장 자산	$8,820,000	$13,748,000
TV 필름 권리	$2,232,000	$1,449,000
자사주	$307,000	$530,000
장기부채 상환	$2,597,000	$10,061,000
잡지구독 비용 증가	$1,502,000	$1,128,000
보통주 배당금	$949,000	$871,000
기타 투자 증가	$700,000	–
기타	$34,000	$319,000
	$17,141,000	$28,106,000
운전자본 순증	$3,725,000	$9,424,000
운전자본 변동		
유동자산 증가(감소)		

현금 및 정기예금	($53,000)	$1,231,000
기업어음 및 약속어음	$4,411,000	$3,815,000
외상매출금	$5,203,000	$99,000
재고자산	($840,000)	$922,000
선급비용 외	$896,000	$348,000
	$9,617,000	**$6,415,000**
유동부채 감소(증가)		
외상매입금 및 미지급 비용	($2,069,000)	($1,980,000)
배당금 지급	–	$200,000
연방 및 주 소득세	($2,407,000)	$1,116,000
종업원 연금펀드 분담금	($479,000)	1,157,000
유동성 장기부채	($937,000)	$2,516,000
	($5,592,000)	$3,009,000
운전자본 순증	**$3,725,000**	**$9,424,000**

자료: 1972년 워싱턴 포스트 컴퍼니 연차보고서 20페이지

09

가이코1976

GEICO(Government Employees Insurance Company)

버핏은 매년 성장하는 사업에 대해 적정한 평가를 했다.
긴 시간 동안 양질의 사업을 찾고 기회가 있을 때 행동한 버핏의
평생에 걸친 헌신이 성공적이었던 이 전체 투자 경험을 하나로 묶을 수 있었다.

자동차 보험회사인 가이코에 대한 워런 버핏의 투자에는 수십 년에 걸친 우여곡절이 있었다. 그는 컬럼비아 경영대학원의 교수이자 멘토였던 벤저민 그레이엄이 그 회사의 이사로 있을 때 가이코에 대해 알게 되었다. 버핏은 호기심에서 가이코에 관해 연구하기 시작했는데, 젊은 시절 그가 어느 토요일 아침 경비와 로리머 데이비슨Lorimer Davidson이라는 투자 담당자를 제외하고 아무도 없었던 가이코의 본사를 방문했던 당시 일화는 널리 알려져 있다. 데이비슨은 나중에 가이코의 CEO가 되었고, 버핏은 결국 그 회사의 사주가 되었다.

그 인상적이었던 방문 직후 가이코의 사업 모델에 관해 빠르게 이해했던 버핏은 그 회사에 처음 투자하게 되었다. 당시 다른 경쟁사들과는 달리 가이코는 보험 대리점을 통해서가 아닌, 고객들에게 보험을 직접 판매했기 때문에 수익의 30%를 통상적 보험 원가로 부담하지 않은 동시에 비용은 수익의 약 13%에 불과한 수준으로 줄일 수 있었다. 가이코는 이렇게 아낀 비용을 더 낮은 보험료의 형태로 고객들에게 돌려줄 수 있었다. 게다가 회사명이 공무원 보험회사의 약자였던 가이코는 평균적으로 위험이 더 낮은 선별된 고객 기반을 보유하고 있었다.

1951년 가이코의 주식은 주당 42달러에 거래되었는데, 이는 당시 이익의 약 8배에 해당하는 수준이었다. 높은 수준의 성장, 경쟁력 있는 비용, 그리고 우수한 고객 기반에 주목한 버핏은 아직 학생이었지만 이 한 건의 투자에 자신이 보유한 전체 자금 중 4분의 3을 투자했다. 그는 1년 뒤 50%의 이익을 달성하고 가이코 주식을 팔았다.

워런 버핏은 1951년 12월 6일자 《커머셜 앤 파이낸셜 크로니클 the Commercial and Financial Chronicle》에 '내가 가장 좋아하는 증권' 이라며 가이코를 소개하는 글을 기고했다. 그 기고문은 2005년 버크셔 해서웨이의 연차보고서에 실려 있는데, 이는 당시 그의 나이가 불과 21세에 불과했지만 버핏이 성공적 투자를 위한 많은 요소를 이미 잘 알고 있었다는 사실을 보여준다. 버핏은 가이코를 그 자체만으로 보지 않고 그 회사가 속한 자동차보험 분야 전체가 발전하는 과정에도 집중했다. 그는 또한 가이코의 운영지표를 구체적으로 깊이 분석

[그림 9.1] 버핏의 커머셜 앤 파이낸셜 크로니클 기고문

Reprinted from

The COMMERCIAL *and* FINANCIAL CHRONICLE

Thursday, December 6, 1951

The Security I Like Best

WARREN E. BUFFETT

Buffett-Falk & Co., Omaha, Nebr.

Government Employees Insurance Co.

Full employment, boomtime profits and record dividend payments do not set the stage for depressed security prices. Most industries have been riding this wave of prosperity during the past five years with few ripples to disturb the tide.

The auto insurance business has not shared in the boom. After the staggering losses of the immediate postwar period, the situation began to right itself in 1949. In 1950, stock casualty companies again took it on the chin with underwriting experience the second worst in 15 years. The recent earnings reports of casualty companies, particularly those with the bulk of writings in auto lines, have diverted bull market enthusiasm from their stocks. On the basis of normal earning power and asset factors, many of these stocks appear undervalued.

The nature of the industry is such as to cause cyclical bumps. Auto insurance is regarded as a necessity by the majority of purchasers. Contracts must be renewed yearly at rates based upon experience. The lag of rates behind costs, although detrimental in a period of rising prices as has characterized the 1945-1951 period, should prove beneficial if deflationary forces should be set in action.

Other industry advantages include lack of inventory, collection, labor and raw material problems. The hazard of product obsolescence and related equipment obsolescence is also absent.

Government Employees Insurance Corporation was organized in the mid-30's to provide complete auto insurance on a nationwide basis to an eligible class including: (1) Federal, State and municipal government employees; (2) active and reserve commissioned officers and the first three pay grades of non-commissioned officers of the Armed Forces; (3) veterans who were eligible when on active duty; (4) former policyholders; (5) faculty members of universities, colleges and schools; (6) government contractor employees engaged in defense work exclusively, and (7) stockholders.

The company has no agents or branch offices. As a result, policyholders receive standard auto insurance policies at premium discounts running as high as 30% off manual rates. Claims are handled promptly through approximately 500 representatives throughout the country.

The term "growth company" has been applied with abandon during the past few years to companies whose sales increases represented little more than inflation of prices and general easing of business competition. GEICO qualifies as a legitimate growth company based upon the following record:

Year—	Premiums Written	Policyholders
1936___	$103,696.31	3,754
1940___	768,057.86	25,514
1945___	1,638,562.09	51,697
1950___	8,016,975.79	143,944

Of course the investor of today does not profit from yesterday's growth. In GEICO's case, there is reason to believe the major portion of growth lies ahead. Prior to 1950, the company was only licensed in 15 of 50 jurisdictions including D. C. and Hawaii. At the beginning of the year there were less than 3,000 policyholders in New York State. Yet 25% saved on an insurance bill of $125 in New York should look bigger to the prospect than the $50 rate in more sparsely settled regions.

As cost competition increases in importance during times of recession, GEICO's rate attraction should become even more effective in diverting business from the brother-in-law. With insurance rates moving higher due to inflation, the 25% spread in rates becomes wider in terms of dollars and cents.

There is no pressure from agents to accept questionable applicants or renew poor risks. In States where the rate structure is inadequate, new promotion may be halted.

Probably the biggest attraction of GEICO is the profit margin advantage it enjoys. The ratio of underwriting profit to premiums earned in 1949 was 27.5% for GEICO as compared to 6.7% for the 135 stock casualty and surety companies summarized by Best's. As experience turned for the worse in 1950, Best's aggregate's profit margin dropped to 3.0% and GEICO's dropped to 18.0%. GEICO does not write all casualty lines; however, bodily injury and property damage, both important lines for GEICO, were among the least profitable lines. GEICO also does a large amount of collision writing, which was a profitable line in 1950.

During the first half of 1951, practically all insurers operated in the red on casualty lines with bodily injury and property damage among the most unprofitable. Whereas GEICO's profit margin was cut to slightly above 9%, Massachusett's Bonding & Insurance showed a 16% loss, New Amsterdam Casualty an 8% loss, Standard Accident Insurance a 9% loss, etc.

Because of the rapid growth of GEICO, cash dividends have had to remain low. Stock dividends and a 25-for-1 split increased the outstanding shares from 3,000 on June 1, 1948, to 250,000 on Nov. 10, 1951. Valuable rights to subscribe to stock of affiliated companies have also been issued.

Benjamin Graham has been Chairman of the Board since his investment trust acquired and distributed a large block of the stock in 1948. Leo Goodwin, who has guided GEICO's growth since inception, is the able President. At the end of 1950, the 10 members of the Board of Directors owned approximately one-third of the outstanding stock.

Earnings in 1950 amounted to $3.92 as contrasted to $4.71 on the smaller amount of business in 1949. These figures include no allowance for the increase in the unearned premium reserve which was substantial in both years. Earnings in 1951 will be lower than 1950, but the wave of rate increases during the past summer should evidence themselves in 1952 earnings. Investment income quadrupled between 1947 and 1950, reflecting the growth of the company's assets.

At the present price of about eight times the earnings of 1950, a poor year for the industry, it appears that no price is being paid for the tremendous growth potential of the company.

This is part of a continuous forum appearing in the "Chronicle," in which each week, a different group of experts in the investment and advisory field from all sections of the country participate and give their reasons for favoring a particular security.

자료: 2005년 버크셔 해서웨이 연차보고서 24페이지

했다. 많은 보험회사가 자랑했던 높은 성장은 인플레이션으로 인한 가격 상승에 불과했다는 것을 깨달은 버핏은 높은 가격에서 비롯된 성장과 보험 계약자 수 증가를 분리해 가이코의 진정한 성장 원천이 무엇인지 이해했다. 가이코는 1940년 약 2만 6,000명에서 1950년 14만 4,000명으로 보험 계약자 수를 증가시켰다.

1976년 버핏은 자신의 관심을 다시 가이코로 돌렸다. 가이코는 1950년대와 1960년대에 고객 기반 확장과 가격결정 모델 구축을 통해 크게 성장했지만 1976년 들어 심각한 문제에 직면했다. CEO였던 놈 기든Norm Gidden은 성장에 초점을 맞추었다. 이는 수년 동안 부실한 인수 결정으로 이어졌고, 보험 청구비용도 통제할 수 없는 수준으로 상승하고 있었다. 1976년 중반 가이코는 파산 직전까지 갔고, 몇 년 전 최고 61달러에서 거래되던 주가는 주당 2달러로 급락했다. 현금이 없던 가이코는 배당금도 삭감했다. 사업 운영을 위해서는 현금 유입이 절실히 필요했다. 상황이 악화되면서 기든은 해고되었고, 당시 이사회 의장을 맡고 있던 크라바스 스웨인 앤 무어Cravath Swaine & Moore의 변호사 샘 버틀러Sam Butler가 임시 CEO로 취임했다. 당시 대부분 잠재적 투자자들에게 가이코의 상황은 자유낙하 그 자체였다. 그해 워싱턴의 스태틀러 힐튼에서 열린 주주총회에서 성난 투자자들이 경영진을 질타하고 야유를 퍼부었다.

분명 버핏은 회사를 포기한 다수의 투자자와는 다른 견해를 가지고 있었다. 가이코의 재무 수치에서 알 수 있듯이 그 회사에는 사실 몇 가지 긍정적 측면이 있었다. 버핏은 이전 경험을 통해 (그리고 이후에도 자주 언급했듯이) 가이코가 여전히 보험업계에서 독특한 포지션을 차지하고 있다는 사실을 알고 있었다. 가이코는 공무원과 위험이 낮은 일반 고객이라는 안전한 고객 집단의 보험을 취급했고 수년간 이 시장 분야에서 좋은 평판을 쌓았다. 또 대부분의 덩치 큰 보험회사들과는 달리 대리점을 통하지 않고 직접 보험을 팔았고, 유통비용을 크게 절감하면서 구조적 비용 우위도 확보했다. 이를 바탕으로 1950년대와 1960년대에는 보험 계약과 보험 이익이 꾸준히 증가했다.

하지만 부정적인 면도 많았다. 1975년 1억 9,000만 달러라는 보험 인수손실을 보고했고, 버핏이 언급했듯이 보험 청구에 대비한 적립액도 상당히 부족했다. 2,500만 달러의 장부상 자본으로는 사업이 위험한 상황에 빠지는 데 많은 시간이 걸리지 않았을 것이다. 1976년 가이코의 부정적인 측면은 지금은 자주 논의되지는 않지만, 당시 잠재적 투자자들에게는 매우 중요한 부분으로 보였을 것이다. 우선 1억 9,000만 달러라는 인수손실 대비 2,500만 달러에 불과했던 자본 규모는 확실히 규제 자본 요건을 위반하는 수준이었다. 워싱턴 D.C.의 맥스 월락Max Wallach을 포함한 많은 주의 보험 감독위원들이 가이코에 대해 파산선고를 내릴 태세였다는 사실은 전혀 놀랍지 않다. 가이코가 사업을 중단할 수밖에 없을지도 모른다는 위험 요소는 매우 현실적이었다.

더욱이 잠재적 투자자는 실제 과소 적립 수준을 파악하는 것이 불가능하다고 생각했을 것이다. 미래에 손실이 발생할 수 있다는 것이 바로 자동차보험의 태생적 본질이다. 예를 들어 평생 관리가 필요한 부상자가 생길 수 있다. 따라서 일단 보험회사가 적립금을 낮은 수준으로 잘못 설정했다고 알려져도 그 오류의 정도를 정확히 파악하기가 쉽지 않다. 사업 안정성의 상당 부분은 보수적 경영이라는 신뢰에 좌우되며, 일단 그 신뢰가 깨지면 기반을 다시 찾기가 매우 어렵다. 이러한 명백한 부정적 요소들을 고려할 때 가이코는 어떤 잠재적 투자자들에게도 다루기 어려운 대상이었을 것이다.

1976년 5월 임시 CEO로 임명되었던 버틀러를 대신해 트래블러스 그룹을 회복시킨 보험업계의 천재 잭 번Jack Byrne이 가이코의 CEO에 취임하면서 가이코의 운명이 바뀌기 시작했다. 트래블러스에서 CEO 자리를 물려받지 못해 불만이 많았던 번은 곧 보험회사 대표로서의 탁월함을 드러냈다. 실제로 그의 임명은 버핏이 가이코에 다시 관심을 가지게 된 주요 이유 중 하나였다.

버핏은 가이코가 아메리칸 익스프레스의 상황과 비슷한 점이 있다는 사실을 이해했지만, 아메리칸 익스프레스와는 달리 가이코는 지원 없이도 회복할 수 있을 만큼 강하지 못했다. 그렇다면 그가 알아야 할 것은 턴어라운드를 이끌 경영진이 있는지, 그리고 규제 요건을 충족하고 과소 적립 문제를 시정하기 위한 충분한 자본을 마련할 수 있는지였다. 경영 측면에서는 잭 번에 관해 알아야 했다. 자본 측면에서는 추가 자본에 대한 규제와 그 규제를 어떻게 충족할 수 있는지, 그리고 다른 보험회사나 은행들이 추가 자본을 제공할 의향이 있는지 알아야 했다.

잭 번에 관해 평가하기 위해 버핏은 캐서린 그레이엄과 로리머 데이비슨을 통해 잭 번과 만났다. 버핏이 궁금했던 것은 번이 정말 신중하고 차분한지, 전문적인지, 회사를 잘 이끌 수 있고 활성화시킬 수 있는지, 가이코의 문제를 해결할 수 있는지, 고객층을 확장할 수 있는지였다. 미팅 결과는 단지 버핏을 안심시킨 것에 그치지 않았다. 버핏은 번에게 너무 감명을 받아 바로 다음 날 아침부터 주식을 매수하기 시작했다. 나중에 그는 잭을 믿었으며, 모든 면에서 잭이 가이코를 정상 궤도에 올려놓기 위한 적임자라고 생각했다고 말했다.

버핏은 자본에 관해 자신이 중요한 역할을 할 수 있을 것이라는 사실을 알고 있었다. 그는 워싱턴 D.C.의 보험 규제 담당자인 월락을 직접 찾아가 가이코에 부여된 규제 자본 요건의 정도와 마감 시한에 대해 협상했다. 또한 버핏은 가이코에 대한 자신의 투자를 크게 늘림으로써 그 중요한 시점에 존경받는 투자자가 그 회사에 투자했다는 신뢰를 시장에 보냈다.

비록 여전히 자본을 조달하기 매우 어려운 시기였지만, 마침내 살로몬(특히 영향력 있는 살로몬의 임원이었던 존 굿프렌드)은 7,600만 달러 규모의 가이코 전환 주식을 인수하기로 합의했다. 다른 재보험사들도 곧 나서서 재보험을 제공하기로 했다. 2달러에 거래되던 주식은 8달러로 뛰어올랐다.

가치평가

가이코의 발행주식 수는 약 2,660만 주였다. 1975년 기록한 1억 9,000만 달러의 순손실은 주당 7.14달러의 손실을 의미했다. 이

7.14달러에서 투자수익은 주당 약 1달러였고, 인수손실은 주당 약 8달러였다. 약 9억 달러의 보험료에 대한 합산비율(추가 적립 포함 시)은 124%에 이르렀다. 이러한 마이너스 수익에서는 가치평가 배수가 아무런 의미도 없지만(가이코의 과거 PER 및 EV/EBIT 배수는 마이너스였다), 버핏이 계산한 것은 잭 번이 현금의 출혈을 막고 가이코 사업의 일부를 구할 수 있다면 어떤 일이 일어날 것인가였다. 이를 추정해보기 위해 간단한 시나리오를 생각해볼 수 있다. 우선 가이코의 사업규모는 절반으로 줄어든다. 보험료가 9억 달러에서 4억 5,000만 달러로 줄어든다. 합산비율은 비합리적이지는 않은 수준인 95%로 낮아진다.

이 경우 인수손실이었던 부분이 대략 약 2,250만 달러 규모의 인수이익으로 바뀌게 되는데, 이는 주당 인수이익이 1달러에 약간 못 미치는 수준이 될 것임을 의미한다. 평균적으로 한 해 보험료의 절반이 약 7%의 현재 이율로 투자될 수 있는 플로트로 유지된다고 가정할 때 주당 0.5달러 이상의 추가 투자수익을 예상할 수 있다.

이 시나리오에서 정상 상태에서의 가이코의 세전 이익은 1.50달러 정도 수준일 것이며, 세후 이익은 약 0.75달러(일반적인 법인세율은 48%)가 될 것이다. 만약 이 사업에 대한 적정 PER 배수가 10배라고 가정한다면 이 시나리오에 따른 가이코의 적정가치는 주당 7.50달러가 될 것이다. 물론 플로트의 투자로 연 7% 이상 벌 수 있다면 그 사업은 주당 7.5달러를 훨씬 웃도는 가치를 가질 것이다. 마찬가지로 보험료가 줄어든 4억 5,000만 달러 수준에 머물지 않고 번의 리더십으로 다시 증가할 수 있다면 사업 역시 훨씬 더 가치 있게 될 것이다.

계산 결과가 어떻든 버핏은 여기서 분명히 기회를 보았다. 그는 1976년 매수한 가이코의 보통주 130만 주에 대해 주당 3.18달러를 지급했다. 그 가격이라면 가이코의 사업이 절반으로 줄어들 수 있다는 가정에서도, 믿기 힘들겠지만 50% 이상의 안전 마진을 확보했을 것이다. 버핏은 분명히 잭 번과 가이코의 고유한 사업 특성을 믿었지만, 동시에 잠재적 투자자들이 실제적 사업 위험으로 보았던 부분을 상쇄할 수 있을 정도의 아주 싼 가격으로 그 사업을 매입했다.

이후 가이코의 나머지 이야기는 마치 동화 같다. 잭 번은 모든 일을 제대로 해냈다. 그는 적절한 인수 기준을 마련했고 수익성이 없는 사업을 중단했다. 이와 관련해 번이 뉴저지 주의 보험 담당자인 제임스 시런James Sheeran의 사무실로 걸어 들어간 이야기는 유명하다. 번은 보험료를 인상해달라고 뉴저지 주에 요청했으나 받아들여지지 않자 가이코의 주 면허증을 테이블 위에 내팽개치고는 당장 2,000명의 뉴저지 직원들을 해고하고, 바로 그날 오후에 3만 명의 보험 가입자들의 보험을 해지했다. 가이코는 더 슬림해졌지만 더 건실하게 변모했다. 1977년 가이코는 수익성 있는 회사로 돌아왔다. 여전히 사업을 진행하고 있던 주에서 보험료를 평균 38% 인상했다. 1979년에는 2억 2,000만 달러의 세전 이익을 달성했는데, 이는 3년 전만 해도 상상조차 하지 못한 수치였다.

턴어라운드가 잘 진행되면서 버핏은 계속 가이코 지분을 늘렸다. 1977년 버크셔는 보통주 129만 4,308주 외에도 전환우선주 198만

6,953주를 보유하고 있었는데, 이는 당시 가치로 3,350만 달러 규모였다. 버크셔의 주주 서한에 따르면 버크셔는 1979년에 가이코 주식 총 573만 114주를 소유하고 있었다. 1980년에 보유하고 있던 가이코 주식 720만 주는 버크셔가 보유한 지분 중 가장 많은 비지배 지분이었다. 1981년에는 버크셔의 순자산 증가분의 절반 이상이 가이코의 실적에서 비롯되었다. 그리고 1990년에는 이 회사의 지분을 48%로 늘렸다.

1995년 버크셔는 23억 달러에 약 50%였던 나머지 지분을 인수해 가이코의 지배회사가 되었다. 버핏은 버크셔가 소유하지 않았던 가이코의 지분 절반에 대해서는 꽤 높은 가격을 지급했다고 말했지만, 이는 좋은 기업을 위해 적정가격을 지불한다는 그의 전략과 맥을 같이했다. 버핏은 가이코가 여전히 1951년에 처음 본 것과 같은 구조적 이점, 즉 직접 판매, 더 나은 고객층, 더 낮은 비용을 가지고 있다고 믿었다. 가이코는 잭 번이 합류한 이후 고객 분석 수준이 더 향상되면서 보험 계약자들과 장기적인 관계를 구축해 더 높은 이윤을 얻는 데 초점을 맞추고 있었다.

가이코 투자 사례는 50년에 걸친 놀라운 이야기다. 버핏은 학생 시절 가이코를 합리적인 가치에 거래되는 양질의 견실한 기업으로 생각해 그 회사에 처음 투자했다. 1970년대에 버핏은 리스크가 분명한 턴어라운드 상황에서 회사를 매수했지만, 뛰어난 경영자가 해당 산업에서 구조적 우위를 점한 기업을 경영하고 있었기 때문에 여전히 그 투자를 편안히 받아들였다. 그리고 결국에는 가이코의 지배주

주가 되었다. 버핏은 매년 성장하는 사업에 대해 적정한 평가를 했다. 긴 시간 동안 양질의 사업을 찾고 기회가 있을 때 행동한 버핏의 평생에 걸친 헌신이 성공적이었던 이 전체 투자 경험을 하나로 묶을 수 있었다.

10

•

버펄로 이브닝 뉴스1977

Buffalo Evening News

• • •

버핏은 약간의 운영상 변화만으로도 《이브닝 뉴스》의 수익성이
크게 향상될 수 있다고 분명히 믿었고, 《이브닝 뉴스》가 버펄로 지역의
독점 신문이 될 상당히 높은 가능성을 보았음이 틀림없다.

1976년 크리스마스 직전에 《뉴스위크》가 주최한 만찬에서 신문사
인수합병 브로커인 빈센트 만노Vincent Manno가 《버펄로 이브닝 뉴
스》 이야기를 투자 아이디어로 처음 꺼냈다. 만노는 《워싱턴 포스트》
에 이 신문의 인수를 제안할 생각이었다. 캐서린 그레이엄의 절친한
친구인 워런 버핏도 파티에 참석해 그 이야기를 들었다. 그레이엄이
《버펄로 이브닝 뉴스》는 《워싱턴 포스트》의 인수 대상으로는 적합하
지 않다고 하자 버핏은 버크셔 해서웨이가 직접 신문에 투자하기로
했다.

《버펄로 이브닝 뉴스》는 케이트 로빈슨 버틀러Kate Robinson

Butler(에드워드 H. 버틀러 주니어)의 작고 후 매각 대상으로 나온 재산이었다. 1873년 에드워드 휴버트 버틀러 시니어Edward Hubert Butler, Sr가 창간한 이 신문은 원래는 일요판 신문이었다. 하지만 이후 발간 일을 정반대로 바꿔 월요일부터 토요일까지 매일 발간되었다. 1977년경《버펄로 이브닝 뉴스》는 버펄로에서 발간되는 2개의 주요 신문 중 하나였다. 또 다른 신문은《버펄로 쿠리어-익스프레스Buffalo Courier-Express》였다. 두 신문사 모두 가족 소유였는데, 두 가문 간의 신사 합의로《이브닝 뉴스》는 석간으로 발간되었고,《쿠리어-익스프레스》는 일요판을 포함해 조간으로 일주일에 7일 발간되었다.

두 신문은 버펄로 시장을 공유했다. 버펄로는 대도시도 아니고 경제 전망이 좋은 도시도 아니었지만, 그 도시에는 미국 내 다른 어떤 대도시보다 높은 가계 구독률을 가진 환상적으로 충실한 신문 독자층이 있었다.《이브닝 뉴스》의 주간 발간 부수는 26만 6,000부로《쿠리어-익스프레스》의 12만 3,000부보다 많았다. 이는《이브닝 뉴스》의 강력한 브랜드 네임과 그 도시와 함께한 오랜 역사 덕분이었다. 하지만《이브닝 뉴스》의 수익성은 특별히 좋지는 않았다. 1976년에는 총 170만 달러의 영업이익을 기록했는데, 이는 영업이익률로는 약 4% 수준이었다.

《이브닝 뉴스》가 제자리걸음을 한 것은 일요판의 부재 때문인 것이 분명했다. 1970년대까지《이브닝 뉴스》는 일요판은 발간하지 않는 구시대적 정책을 취한 전국에서 몇 안 되는 신문 중 하나였다. 일요일은 가족이 신문을 읽을 시간이 가장 많이 나는 요일이라 일요판에 광고를 신기 위해 프리미엄을 지급하는 광고주들이 많은데, 일요판의 부재로 그 광고를 놓칠 수밖에 없어 결국 이것이 수익 감소를 초래한 주요 요인이 되었다. 이 핵심 문제를 해결하지 못한다면, 곧《쿠리어-익스프레스》에 시장점유율을 내주기 시작할 것이라는 우려가 있었다. 또 다른 근본적 우려는《이브닝 뉴스》에는 강력한 노조가 있었다는 것이다. 하지만 이 두 가지 부정적인 요소들을 제외하면《이브닝 뉴스》는 양질의 기업이었다. 강력한 브랜드와 주간 발간 덕분에 충성 독자와 광고주라는 강력한 재구매 고객 기반을 확보하고 있었다.

《이브닝 뉴스》는 비공개 회사였기 때문에 잠재적 투자자들은 재무적 평가의 기초가 되는 몇 가지 단서만 얻을 수 있었을 것이다. 1977년 5월 광고주들에게 보낸 의뢰서를 보면 버펄로와 주변 지역의 47만 1,515가구 중《이브닝 뉴스》의 일간은 58%, 토요판은 61%의 시장점유율을 차지했다는 내용이 있다.《쿠리어-익스프레스》의 경우 일간의 점유율은 24%, 일요판은 53%였다.《이브닝 뉴스》는 그 도시를 대표하는 신문으로 발행 부수가 수십만 부에 이른다고 알려져 있었다.

잠재적 투자자들이 신문 사업에 대한 일반적 지식이 있다면 그 기회를 더 잘 파악하는 데 도움이 되었을 것이다. 신문사가 잘 경영된다면 신문 사업은 자본이익률과 영업이익률 측면에서 모두 환상적인 사업이었다. 예를 들어 1977년《워싱턴 포스트》는 43%라는 세후 ROTCE를 달성했고, 영업이익률도 16%에 이르렀다. 버핏과 다른 잠재적 투자자들도 알고 있었겠지만, 신문 사업은 상대적으로 자본이 덜 드는 사업이다. 인쇄 장비와 기타 일부 시설은 필요하지만, 신문의 핵심 자원은 독자와 광고주 사이에 있는 편집팀과 브랜드의 질이다. 이러한 요소들이 수익성을 결정하며, 자본 집약도는 시장에서의《이브닝 뉴스》의 강력한 지위에 비해 훨씬 더 낮은 수준이었다.

《이브닝 뉴스》의 가치평가로 들어가기 전에 고려해야 할 또 다른 중요한 측면은 1977년 혼란스러웠던 신문사의 경영 상황이다. 케이트 로빈슨 버틀러는 자신이 사망한 1974년까지 신문사를 이끌었는데, 그해 헨리 Z. 어번Henry Z. Urban이 새로운 발행인으로 임명되었다. 투자자들은 어번의 짧은 임기가《이브닝 뉴스》에 중대한 변화의 기회가 될 것이라는 사실을 깨달았을 것이다.

1977년 버핏은 회사 전체를 3,250만 달러에 인수했다. 그것은 그에게 상당히 큰 투자였다(자신의 투자 수단인 버크셔 해서웨이를 통해 투자함). 당시 버크셔의 추정 순자산은 약 7,000만 달러에 불과했다. 1976년 기록한 영업이익 170만 달러를 기준으로 보면《이브닝 뉴스》는 가치평가 측면에서 매우 높은 배수(EV/EBIT 19배)로 인수되었다. 버핏은 이 인수에서 세 가지 가능성을 보았던 것 같다.

무엇보다《이브닝 뉴스》는 그가 좋아하고 이해하는 사업이었다. 버핏은 그때까지 언론사에 대한 풍부한 지식을 축적해왔으며, 특히《워싱턴 포스트》에 관여한 경험을 통해 신문 사업이 좋은 비즈니스가 될 수 있는 인구통계적 특성에 관해 알고 있었다. 그는《버펄로 이브닝 뉴스》의 독자층과 신문에 대한 평판이 그 그림과 잘 맞는다고 생각했을 것이다. 두 번째로, 그는 상당한 수준의 개선이 가능한 사업을 보았다. 버핏은 사무실의 두드러진 화려함, 동종 업계 대비 높은 급여 등 순이익 수치를 개선할 많은 기회를 보았을 것이다. 게다가 아직 일요판도 없었다.《쿠리어-익스프레스》가 수익성이 거의 없던 상황에서 《이브닝 뉴스》는 일요판 발간을 통해 버펄로를 대표하는 신문사가 될 수 있었다. 세 번째로, 버핏은 사업을 운영하기 위해 훌륭한 경영자를 영입할 수 있었고, 개인적 네트워크를 통해 이 과업을 수행하는 데 있어 이상적인 후보였던 스탠 립시Stan Lipsey(버핏이 소유한 신문사인《오마하 선》의 전 사장) 등 적임자들도 알고 있었다. 버핏이 1977년 주주들에게 보낸 서한에서 언급했듯, 헨리 어번Henry Urban 발행인과 머레이 라이트Murray Light 편집장도 그와 찰리 멍거Charlie Munger가 존경하는 사람들이었다. 하지만 버핏과 멍거는 립시처럼 사업을 변화시키는 데 도움을 줄 다른 사람들도 있다는 사실을 알고 있었다.

이러한 기회에도 불구하고 성공으로 가는 길은 쉽지 않았다. 첫 번째로, 법적인 이슈가 있었다. 버핏이《이브닝 뉴스》를 인수한 직후 일요판이 발간되었는데, 우선 발간을 알리는 차원에서 일간신문 구독자에게 일요판을 무료로 배포했다. 신문사 운영에 지장을 받게 될 것을 우려한《쿠리어-익스프레스》는 독점적 행태를 사유로《이브닝 뉴스》에 소송을 제기했다. 이 소송은 뉴욕 주 버펄로 지방법원의 찰스 L. 브리안트 주니어 판사가 주재했다. 최초의 판결은《이브닝 뉴스》의 패소였고, 법원은 일요판의 공격적인 홍보를 제한했다. 그러나 1979년 뉴욕에 위치한 미국 항소법원은 이전 판결을 뒤집었고,《이브닝 뉴스》가《쿠리어-익스프레스》와 공격적으로 경쟁하는 데 있어 더 많은 자유를 허용했다. 이 경쟁은 전면전이 되었고, 두 신문사는 그 후 몇 년간 손실을 피할 수 없었다. 1977년부터 1982년까지《이브닝 뉴스》의 누적 손실은 1,250만 달러에 달했다. 그리고 마침내 1982년 9월,《쿠리어-익스프레스》는 문을 닫았다.《이브닝 뉴스》의 독점이 시작된 첫해, 현재 버펄로 뉴스로 이름이 바뀐 이 신문은 1,900만 달러의 세전 이익을 달성했다.

그 후 몇 년 동안 사업은 좋은 수준에서 훌륭한 수준으로 뛰어올랐다. 1986년《버펄로 뉴스》는 9년 전 버핏이 사업을 인수하면서 지급한 총인수가액보다도 많은 3,500만 달러의 세전 이익을 달성했다. 버핏은 그해 버크셔 해서웨이 주주들에게 보낸 서한에서 "《버펄로 뉴스》는 전국 상위 50개 신문 중 평일 보급률(신문의 1차 마케팅 지역에서 매일 그 신문을 구독하는 가구 비율)이 가장 높다. 역시 1위를 달리고 있는 일요판의 보급률은 더 인상적이다. 현재 보급률은 83%에 달하고 있으며, 10년 전《쿠리어-익스프레스》보다 일요일마다 약 10만 부가 더 팔리고 있다"고 밝혔다.

비록 그 투자가 버핏에게는 분명히 성공적이었지만, 1977년《이브닝 뉴스》에 대한 투자를 고려하던 잠재적 투자자들에게는 쉬운 결정이 아니었을 것이다.《이브닝 뉴스》가 직면한 경쟁은 상당한 수준이었고, 당시 그 신문의 수익성도 제한적이었다. 그 투자에 대해 버핏이 지급한 가격을 보면 신문의 미래 수익성이 과거 수익성보다 훨씬 더 높을 것이라 믿고 당시 수익에 대해 매우 높은 배수로 대가를 지급했다는 결론을 내릴 수 있다.

《이브닝 뉴스》에 대한 투자 결정을 이끈 핵심 통찰은 바로 이 신문의 긍정적 미래 전망에 대한 확신이었던 것 같았다. 신문 사업이 어떻게 돌아가는지에 관한 폭넓은 이해를 통해 버핏은 두 신문이 경쟁하는 버펄로라는 인구통계가 확실한 도시에서 더 강한 신문사가 결국 더 약한 신문사를 누를 것이라는 사실을 이해하고 편안하게 투자를 결정한 것으로 보인다. 궁극적으로 버핏은 약간의 운영상 변화만으로도 《이브닝 뉴스》의 수익성이 크게 향상될 수 있다고 분명히 믿었고, 《이브닝 뉴스》가 버펄로 지역의 독점 신문이 될 상당히 높은 가능성을 보았음이 틀림없다.

11

·

네브래스카 퍼니처 마트₁₉₈₃

Nebraska Furniture Mart

· · ·

네브래스카 퍼니처 마트는 여전히 뚜렷한 지역적 이점을 가진,
매우 잘 운영되는 기업으로 보였을 것이다. 브랜드 네임과 규모의
이점이라는 강점을 가진 단순한 사업이었고, 가장 중요한 것은 그 누구도
대신할 수 없는 로즈 블룸킨이라는 경영자가 운영하는 사업이라는 점이었다.

네브래스카 퍼니처 마트의 역사는 설립자인 로즈 블룸킨Rose Blumkin과 함께 시작되었다. 그녀는 1893년 12월 3일 러시아 민스크 근처 작은 마을에서 유대인 이민자이자 8명의 아이 중 한 명으로 태어났다. 1917년 그녀는 남편 이사도어 블룸킨Isadore Blumkin(그와의 결혼 생활은 4년간 유지되었다)을 따라 미국으로 이주했다. 나중에 '미세스 B'로 알려지게 된 블룸킨은 가정형편이 좋지 않았고 정식 교육도 받은 적이 없었다. 대신 그녀에게는 배짱, 결단력 그리고 성공을 향한 강철 같은 의지가 있었다. 1919년 그녀는 남편이 중고 의류 가게를 여는 것을 도왔는데, 이 가게는 그 후 10년간 비교적 성공적으로

[그림 11.1] 네브래스카 퍼니처 마트 로고

Nebraska
Furniture Mart
furniture flooring appliances electronics

자료: http://www.nfm.com

운영되었다.

대공황이 닥치면서 고객들에게 돈이 거의 없을 때 블룸킨은 한 사람을 머리끝에서 발끝까지 꾸밀 수 있는 의상을 단 5달러에 제공하는 등 그 시대에 걸맞은 제안을 내놓기도 했다. 그녀는 전단을 1만 장 넘게 배포했고, 그녀의 경쟁자들이 대부분 문을 닫을 때도 창의성을 발휘해 판매를 추진했다. 블룸킨은 1937년 저축한 돈 500달러로 남편의 옷가게 맞은편 지하실에 네브래스카 퍼니처 마트를 열었다. 당시 블럼킨의 나이는 44세였다.

처음 몇 년 동안은 사업이 항상 잘되지는 않았다. 한때 블룸킨은 공급업자에게 지급해야 할 돈을 마련하기 위해 자신의 집에 있는 가구를 팔기까지 했다. 아이들이 집에 돌아와 침대가 없어지고 거실이 텅 빈 것을 발견했을 때 블럼킨은 아이들에게 "걱정하지 마, 내가 더 좋은 침대를 사줄게. 식탁도 하나 더 사고. 하지만 나는 이 사람에게 돈을 갚아야 한단다. 그게 가장 중요한 거야"라고 말했다. 블룸킨은 공급업자들에게 돈을 지급하겠다는 그녀의 약속을 모두 지켰던 것처럼 자녀들과의 약속도 잘 지켰다.

네브래스카 퍼니처 마트의 사업 개념은 간단했다. 고객들이 원하는 품질 좋은 물품을 구입해 다른 누구보다 싸게 판매하는 것이었다. 경쟁자들이 그녀가 고객에게 제시한 낮은 가격에 팔기를 주저하고, 지역 공급업체들에 그녀의 제안을 거부하도록 압력을 가했을 때 블룸킨은 고객이 원하는 제품을 구입하기 위해 시카고, 캔자스시티, 뉴욕 등 다른 도시들로 눈을 돌렸다. 고객에게 최고의 가치를 제공하는 데 집중하면서 그녀는 네브래스카 퍼니처 마트를 사랑받는 지역 상점으로 만들었다. 그리고 1970년대 중반에 이르자 오마하 내에서 더할 나위 없는 지배적 위치를 차지하게 되었다. 많은 소매점이 그녀와 경쟁하고 싶지 않았기 때문에 그 도시에서 매장을 여는 것을 꺼렸다.

1983년 어느 여름날 워런 버핏은 미세스 B의 가게에 걸어 들어가 미세스 B와 짧은 대화를 나누고 바로 미세스 B의 사업 지분 90%를 600만 달러에 매수하기로 합의했다. 블룸킨은 당시 90세로 장래에 사업을 어떻게 할지 고민하던 중 버핏의 제안을 듣고 그 제안이 그녀의 사업과 가족에게 괜찮은 제안이라고 판단했다. 서로 숨기는 것 없이 적정했던 두 당사자의 의지로 그 거래는 빠르게 마무리되었다. 미세스 B는 회장으로 남아 자신이 원했던 대로 주 7일 동안 매장에 상주했고, 아들 루이 블룸킨Louie Blumkin은 오랜 기간 사장의 역할을 수행했다. 버핏은 1983년 연례 서한에서 네브래스카 퍼니처 마트에 대한 과반수 지분 인수와 '로즈 블룸킨과 그녀의 가족과 만남'이 자신에게 가장 좋았던 일이었다고 언급하기도 했다.

그 당시 이 회사에 대한 투자를 고려하던 잠재적 투자자들은 무엇을 보았을까? 이 비공개 기업의 재무정보에 접근하지 않고도 그들은 이 유명한 기업의 역사를 알아낼 수 있었을 것이다. 또한 몇 가지 중요한 사실도 파악했을 것이다. 오마하 중심부에 위치한 네브래스카 퍼니처 마트는 소파에서 주방, 가전제품에 이르는 모든 종류의 가정용 제품과 가구를 판매하는 단일 매장이었다. 약 20만 제곱피트(1만 8,580제곱미터)의 공간에서 1억 달러의 매출을 올린 네브래스카 퍼니처 마트는 그 지역에서 가장 큰 가구 매장이었다. 버핏은 "국내에는 그 규모와 비슷한 다른 가정용품 매장은 없다. 그 하나의 가게에서 오마하 내의 경쟁 가게들을 다 합친 것보다 더 많은 가구, 카펫, 가전제품을 팔았다"고 말하기도 했다.

광고(《오마하 월드-헤럴드The Omaha World-Herald》에 광고)에서든 구매(현지 공급업체에서 주방 캐비닛을 구매)에서든 확실히 네브래스카 퍼니처 마트에게는 현지 브랜드 인지도와 규모의 이점이 있었다. 제너럴 일렉트릭General Electric이나 월풀Whirlpool 같은 전국적인 공급업체로부터 제품을 구매할 때에는 다른 전국적 상점 체인보다 구매상 이점을 확보하기 힘들었지만, 네브래스카 퍼니처 마트는 가장 큰 단일 상점이었기 때문에 그래도 여전히 상당한 이점이 있었다. 네브래스카 퍼니처 마트가 가장 많은 제품을 취급했기 때문에 그 지역의 잠재 고객이 집에 가구를 들이고자 할 때 다른 상점보다 그곳에서 원하는 제품을 찾을 가능성이 더 컸다. 지역적으로 볼 때 네브래스카 퍼니처 마트는 연못 속의 고래와 같았다.

잠재적 투자자들은 그 기업의 고객 인터페이스도 잘 이해할 수 있었다. 네브래스카 퍼니처 마트는 공급자들로부터 직접 제품을 매입한 후 도매가격에서 약간의 이윤만 더해 고객에게 직접 팔았다. 여기서 몇 가지 측면에 주목해야 한다. 첫째, 네브래스카 퍼니처 마트는 오늘날 할인점 개념으로 알려진 요소들을 실천했다. 알디Aldi, 리들Lidl, 월마트Walmart처럼 네브래스카 퍼니처 마트는 고객들에게 가격 대비 최고의 가치를 제공하는 데 초점을 맞추었고, 비용절감액은 더 낮은 가격의 형태로 고객들에게 제공되었다. 고객들은 실제로 최고의 가치를 얻었다. 낮은 가격은 더 많은 고객으로 이어지며 더 큰 규모와 비용절감이 가능해져 고객들에게 제공하는 가격을 더 낮출 수 있게 되었다. 블룸킨은 월마트나 알디가 국내외적으로 성공하기 전에 이 개념을 이미 실천하고 있었다.

게다가 네브래스카 퍼니처 마트는 비용상 이점도 가지고 있었다. 버핏에 따르면 블룸킨은 빚을 지는 것을 싫어했고 일반적으로 모든 것을 현금으로 지급했기 때문에 네브래스카 퍼니처 마트의 간접비는 '경쟁자들은 꿈도 꾸지 못하는 수준'이었다. 부담을 주는 이자이나 운용리스 비용이 없었다. 실제로 한 인터뷰에서 블룸킨은 1983년 연간 매장비용이 700만 달러에 불과했다고 밝혔다. 놀랍게도 이 말은 간접비 비중이 그해 1억 달러였던 매출액의 7%에 불과했다는 의미다. 이를 월마트와 비교해보자. 린lean 경영을 표방한 월마트의 1983년 판매 및 관리비는 매출액의 19.8%(매출액의 1%를 차지한 이자 및 리스 비용 제외)에 이르렀다. 월마트의 간접비와 비교하면 네브래스카 퍼니처 마트의 간접비 비중은 월마트의 3분의 1에 불과했다. 이러한 인상적인 저비용 구조가 네브래스카 퍼니처 마트가 경쟁업체보다 훨씬 싸게 팔면서도 여전히 수익성이 높았던 명확한 이유였다.

마지막으로 상장기업들이 제공하는 통상적 재무제표 같은 것을 보지 않아도 네브래스카 퍼니처 마트의 운영지표는 분명 흠잡을 데 없었다. 20만 제곱피트의 소매 공간에서 올린 1억 달러의 매출은 제곱피트당 500달러의 매출을 창출했다는 의미였다. 네브래스카 퍼니처 마트는 이 점에서도 월마트를 능가했다. 월마트가 1983년 약 550개 점포의 2,582만 5,000제곱피트의 공간에서 올린 33억 7,000만 달러의 매출은 제곱피트당 매출로 환산하면 130달러에 불과한 수준이었다.

요약하자면 비록 잠재적 투자자들이 완전한 재무정보를 확보하지는 못했을지라도 네브래스카 퍼니처 마트는 여전히 뚜렷한 지역적 이점을 가진, 매우 잘 운영되는 기업으로 보였을 것이다. 브랜드 네임과 규모의 이점이라는 강점을 가진 단순한 사업이었고, 가장 중요한 것은 그 누구도 대신할 수 없는 로즈 블룸킨이라는 경영자가 운영하는 사업이라는 점이었다.

가치평가

버핏은 그 사업 지분의 90%를 인수하면서 6,000만 달러를 지급했다. 또한 그는 블룸킨 가족의 주요 구성원들에게 자본의 10%를 500만 달러에 재매입할 수 있는 옵션을 부여했는데, 이 옵션이 나중에 행사되면서 버크셔가 지급한 최종 가격은 5,500만 달러(네브래스카 퍼니처 마트의 지분 80%)가 되었다. 이것은 네브래스카 퍼니처 마트의 지분 100%를 6,875만 달러로 평가한 셈이다. 1983년 세전 이익은 약 1,500만 달러였으며, 세후 이익은 810만 달러였다.

버크셔의 연차보고서에서 기록된 1984년 네브래스카 퍼니처 마트의 정확한 세전 이익은 1,450만 달러, 세후 이익은 740만 달러였다. 수익창출력 외에도 그 회사에는 상당한 가치가 있는 재고뿐만 아니라 보유하고 있는 현금도 있었다. 잠재적 투자자가 정확한 수치를 알지 못했을지라도 대략적인 추정은 어렵지 않았을 것이다. 이후 진행된 감사 결과, 대차대조표 가치는 8,500만 달러였다. [표 11.1]에 가치평가 배수를 요약했다.

이 수치들을 어떤 식으로 보더라도 네브래스카 퍼니처 마트에 지급한 금액은 지극히 합리적인 수준이었다. 버핏은 세후 이익 기준으로 9배 이하, EV/EBIT 기준으로 5배 이하의 대가를 지급했는데, 네브래스카 퍼니처 마트는 거의 확실한 순현금 상태였기 때문에 특히 더 낮은 대가를 지급한 셈이었다. 그 회사는 아무것도 없는 상태에서 1억

[표 11.1] 가치평가 배수

	1983
순이익	810만 달러
PER	8.5배
EBIT	1,500만 달러
EV/EBIT*	4.3배
P/B	0.80배

* 순현금 500만 달러 가정

달러의 매출 규모로 성장했고, 그러한 성장이 멈출 기미가 보이지 않았다는 점을 고려할 때 그 가치평가 수준은 특별히 매력적이었다. 더욱이 수익에 기반한 완전히 싼 가치 외에도 전체 기업에 대한 가치평가에서는 매장과 재고라는 자산 형태의 하방 안전장치가 있었다.

블룸킨은 과거에도 여러 차례 재고의 가치를 경험한 적이 있었기 때문에 필요하다면 그 재고를 반드시 다시 유용하게 활용할 수 있을 것이라 확신할 수 있었다. 가능성은 작지만 사업이 손실을 보게 될 경우 버핏은 자산을 매각해 여전히 이익을 실현할 수 있었다. 가치평가의 관점에서 이것은 꿈같은 인수 대상이었다.

버핏은 외상매출금이나 재고자산에 대해 공식적 감사도 진행하지 않았지만, 미세스 B가 약속을 잘 지킨다는 사실을 알고 있었기 때문에 그녀에게 수표를 써주었다. 사업과 가격을 보면 이 기회를 잡을 수 있었던 잠재적 투자자가 같은 행동을 했어도 놀랍지 않을 것이다. 네브래스카 퍼니처 마트는 뛰어난 사업 수행으로 훌륭하게 운영되는 기업이었지만, 중요한 구조적 이점 또한 지속적으로 구축해왔다.

가격만 보면 현금 수익을 창출하는 기업의 고유한 능력은 크게 과소평가되고 순자산가치만 충분히 반영한 것 같았다. 그것은 (버핏의 까다로운 기준에도 불구하고) 훌륭한 매수였다. 하지만 버핏의 관점에서 그 투자는 미세스 B와 그녀의 가족에 대한 투자일 수도 있었다. 네브래스카 퍼니처 마트는 미세스 B가 만든 방식 덕분에 예외적이었다. 버핏은 그녀의 가족이 수십 년 동안 해왔던 것처럼 그 사업의 운영에 계속 관여할 수 있게 하기 위해 그 가족이 그 회사의 지분 20%를 보유하도록 했다.

버핏의 매수 이후에도 네브래스카 퍼니처 마트는 계속 성장했고, 그 투자는 매우 성공적인 결과로 이어졌다. 1985년까지 매출은 1억 3,200만 달러, 세후 이익은 1,800만 달러로 증가했다. 버핏은 "네브래스카 퍼니처 마트는 오마하 지역에서 운영 가능한 모든 사업을 하고 있는 것 같다. 다른 경쟁자들은 잠깐 있다가 없어진다(대부분은 없어진다)"라고 말했다.

1980년대 후반 미세스 B와 아들 루이의 뒤를 이어 사업을 운영한 그녀의 손자들 사이에서 네브래스카 퍼니처 마트의 사업을 향후 어떻게 운영할 것인지에 관한 논쟁이 있었다. 이 논쟁으로 서로 사이가 틀어져 미세스 B가 1989년 95세의 나이에 네브래스카 퍼니처 마트 길 건너에 새로운 카펫 매장을 열기도 했다. 다행히 그 가족은 버핏의 도움으로 곧 화해했다. 네브래스카 퍼니처 마트도 지속적인 피해는 보지 않았다. 사업은 이후 10년 동안 놀라운 실적을 이어갔다. 믿기 힘들겠지만 미세스 B는 104세까지 살았다. 그녀는 아무것도 없는 상태에서 아메리칸 드림을 실현한 자신의 사업에 밀접하게 관여하며 사망하기 전 자신의 삶의 마지막 한 주를 보냈다.

12

캐피탈 시티즈 / ABC1985

Capital Cities / ABC

· · ·

캐피탈 시티즈와 ABC에는 높은 수익률과 높은 성장률을
동시에 달성해온 오랜 역사가 있었다.

1977년 세후 이익 기준 약 10배의 PER로 1,090만 달러를 투자한
것이 워런 버핏의 캐피탈 시티즈에 대한 첫 투자였다. 그는 그해 연례
서한에서 톰 머피Tom Murphy가 이끄는 캐피탈 시티즈의 경영진은 물
론 경영의 질을 높이 평가했다.

그러나 버핏의 캐피탈 시티즈 투자에서 중요한 부분은 1985년 우
호적 인수를 통해 캐피탈 시티즈가 ABC를 매수한 후 진행된 투자다.
따라서 나의 투자 분석은 이 기간에 초점을 맞춘다.

그 배경은 다음과 같다. ABC는 기업 사냥꾼들의 위협에 맞서 캐피
털 시티즈의 CEO인 톰 머피에게 합병을 고려해달라고 요청했다. 당

시에는 기업 사냥꾼들이 드물지 않았고, ABC는 그들에게 인기가 있었다. ABC는 미국의 3대 텔레비전 방송사(나머지 2개는 CBS와 NBC) 중 하나였다. 1980년대 중반 버핏은 머피와 멘토 관계였다. 따라서 버핏이 머피에게 그 회사를 기업 사냥꾼들로부터 보호하기 위해 '고릴라' 투자자를 찾으라고 권했을 때 오히려 머피가 버핏에게 그 투자자가 되어달라고 제안했다는 사실은 놀랄 만한 일이 아니었다.

이 거래는 1985년 3월 18일에 발표되었다. 이 장 후반부에 자세히 설명하겠지만, 버핏은 이 거래에서 중요한 한 부분을 차지했다. 버크셔 해서웨이는 이 합병 기업의 신주 300만 주를 인수하면서 5억 1,700만 달러를 현금으로 지급하기로 했다. 거래는 1986년 1월 3일에 완료되었다.

캐피탈 시티즈 / ABC의 1985년 연말 연차보고서를 보면 이 회사의 근원적 사업에 대한 귀중한 통찰을 얻을 수 있다. 그 보고서에는 1985년과 1984년의 재무정보가 상세히 기술돼 있고, 잠재적 투자자들은 이 정보에 쉽게 접근할 수 있었을 것이다. 합병의 규제 요건을 충족시키기 위해 정리해야 했던 사업 부문들을 제외하고 산출된 캐피탈 시티즈 / ABC 결합 사업의 부문별 정보가 보고서 3페이지에 나와 있다. 나는 [표 12.1]에 캐피탈 시티즈와 ABC의 사업 부문별 매출액과 영업이익률을 요약했다. 부문별 이윤에 관해서는 부문별 매출에 근거해 그룹 판매비, 일반비, 관리비를 부문별로 할당했다. 또한 앞서 언급한 캐피탈 시티즈 / ABC의 1985년 연차보고서와 ABC의 1984년 연차보고서의 재무제표도 이 장 마지막 부분에 실었다.

여기서 알 수 있듯이 캐피탈 시티즈가 ABC를 인수하고 있었음에도 ABC는 1984년 연말 수치를 기준으로 그룹 전체 매출의 약 80%와 EBIT의 약 59%를 차지하는 규모가 더 큰 부분이었다. 캐피탈 시티즈의 사업들도 고수익 사업이었다.

캐피탈 시티즈와 ABC의 사업 부문, 그리고 합병 후의 결과를 분석하기 위해 1985년도 연차보고서의 운용 관련 논의 부분에 제시된 상세 정보를 살펴보자. 1985년 방송 사업으로 시작한 캐피탈 시티즈의 사업은 미국 전역으로 송출되는 상당히 유명한 TV 방송국과 라디오 방송국들로 이루어져 있다. 캐피탈 시티즈에서는 이 중 3개의 TV 방송국과 5개의 라디오 방송국을 분리해야 했다. 또한 ABC 측에서도 이와 비슷한 수의 사업 분리가 이루어져야 했다.

합병의 결과로 예상되는 내용은 연차보고서의 8페이지와 9페이지에 자세히 나와 있다. 여기에는 모두 합쳐 미국 내 약 24.4%에 달하

[표 12.1] 사업 부문 요약(1984년)

사업 부문	매출액	매출비중	EBIT	EBIT 비중	EBIT 마진
캐피탈 시티즈					
방송	$2억 7,180만	6%	$1억 3,870만	21%	52%
출판	$5억 9,1600만	14%	$1억 2,640만	20%	21%
케이블 TV	$7,630만	1%	$23만	0%	11%
ABC					
방송	$33억 430만	71%	$3억 9,230만	61%	13%
출판	$3억 1,620만	7%	$3,080만	5%	11%
기타	$6,430만	1%	-$4,530만	-7%	-69%
총계	$46억 2,350만	100%	$6억 4,530만	100%	14%

는 시청자들에게 방송을 송출하는 8개의 TV 방송국들이 포함돼 있었다. FCC에는 모든 방송국이 전체 텔레비전 보유 가구 중 최대 25%의 가구까지만 방송을 송출할 수 있다는 규제 사항이 있었으므로 캐피탈 시티즈 / ABC의 TV 방송국들은 그 규제가 허용하는 최대치보다 약간 낮은 수순의 송출률을 기록하고 있었던 셈이다. 이는 캐피탈 시티즈 / ABC의 방송국들이 향후 법으로 허용되는 최대 규모와 그에 따른 송출상 이점을 가질 것임을 나타낸다.

더욱 인상적인 점은 8개 TV 방송국 모두 각각의 뉴스 프로그램 순위 기준으로 자신들의 시장에서 1위 또는 2위를 차지하고 있었고, 그 시장은 모두 미국 내 주요 대도시였다는 점이다. 이것은 캐피탈 시티즈 / ABC 결합 기업의 TV 자산이 이전 두 기업의 개별 네트워크보다 훨씬 더 나을 것이다. 따라서 시청자와 광고주를 끌어들일 수 있는 진정한 최고의 자산 집합이 될 것임을 의미했다.

라디오 방송국 부문에서도 그 그림은 근본적 관점에서 TV 방송국과 비슷하게 강렬해 보였다. 1986년 초 캐피탈 시티즈 / ABC는 17개의 라디오 방송국을 보유하고 있었는데, 그중 7개가 미국의 상위 10대 대도시 지역에서 강력한 위상을 차지하고 있었다. 당시 FCC의 규제에 따르면 회사는 라디오 자산 중 일부를 정리해야 했지만, 캐피탈 시티즈 / ABC는 이미 매우 강력한 포트폴리오를 가지고 있었으며 규정을 지키면서도 가능한 한 최고의 자산 조합을 유지할 가능성이 컸다.

캐피탈 시티즈의 출판 사업은 전통적 출판 사업들을 매우 다양하게 혼합한 사업이었다. 이 사업에는 기관 투자자 자료, 전자 데이터베이스, 다수의 신문 같은 전문 출판물도 포함돼 있었다. 개별 신문과 잡지에 대해서는 운용 관련 리뷰 부분에서 길게 논의된다. 주요 요점은 그 사업이 발행 부수와 광고수익 측면에서 성장했고, 틈새시장에서 발행되는 주요 출판물도 있는 사업이었다는 점이다. [그림 12.1]은 운영 사업 리뷰 12페이지와 13페이지에 상세히 기술돼 있는 과거 10년 동안의 캐피탈 시티즈의 출판 사업이 발전해온 모습을 나타내고 있다.

분명히 출판 사업은 매출과 영업이익 측면에서 모두 20%를 웃도는 인상적인 연평균 성장률을 보이고 있었다.

캐피탈 시티즈 그룹의 마지막 사업은 케이블 TV 사업이었다. 부문

[그림 12.1] 출판 부문 - 매출액과 이익 성장(1975~1985년)

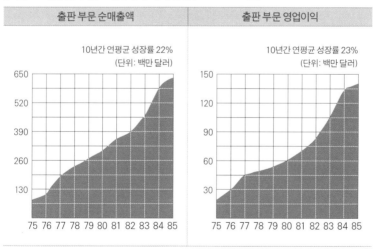

별 데이터가 실려 있는 연결재무제표 주석 11에서 우리는 케이블 사업이 1982년 처음으로 이익 전환했고(손익분기점 돌파), 다른 사업 부문들과 마찬가지로 매출과 영업이익 모두 증가하고 있음을 알 수 있다. 하지만 연간 영업이익은 500만 달러 규모로 캐피탈 시티즈의 3개 사업 부문 중에서는 가장 작은 부문이었다.

캐피탈 시티즈의 재무제표를 보면 1984년 연말 대차대조표 수치에 기반해 전체 캐피탈 시티즈 사업의 유형자기자본수익률ROTCE을 계산할 수 있다.

유형자본은 9억 2,300만 달러로 산출된다. 그러나 여기에는 방송 라이선스, 네트워크 제휴 계약, 출판 프랜차이즈 같은 무형자산이 4억 8,200만 달러(전체 투하자본의 절반 이상) 포함돼 있다. 엄밀히 말하면, 이러한 자산은 영업권이 아니지만 나는 그 가치가 시간이 지남에 따라 소모되는 경향은 없으므로 상각하는 것이 이론적으로는 옳지 않다는 경영진의 의견에 동의한다. 나는 연결재무제표 주석 8에 실린 경영진의 의견을 포함해 이 자산을 더 자세히 살펴보았다.

[표 12.2]

범주	규모	매출액 대비 비율
고정자산	$3억 1,790만	31.1%
무형자산(영업권 제외)	$4억 8,150만	47.2%
재고자산	$980만	1.0%
외상매출금	$1억 4,540만	14.2%
외상매입금	-$3,160만	-3.1%
총투하자본(TCE)	$9억 2,300만	90.4%

그 값을 보수적이면서도 적정하게 조정(총투하자본을 계산할 때 전체 무형자산의 25%만 고려)한다면 다음과 같은 수치가 산출될 것이다.

무형자산

방송과 거의 모든 출판 무형자산은 방송 면허, 네트워크 제휴 계약 및 출판 프랜차이즈 등이며, 이 모든 자산은 매우 생산적인 긴 수명을 가진 희귀 자산으로 볼 수 있다. 이러한 자산들은 역사적으로 시간이 지나면서 가치가 증가했다. 1970년 이후 취득한 무형자산은 회계 원칙 제17호에 따라 그 자산가치의 감소가 없다는 경영진의 의견에도 불구하고 최고 40년의 기간에 걸쳐 상각되고 있다. 케이블 TV 부문의 무형자산은 주로 개별 케이블 텔레비전 프랜차이즈와 관련된 금액을 나타낸다. 프랜차이즈 무형자산은 프랜차이즈의 남은 존속 기간 동안 상각되며, 다른 케이블 TV 무형 자산은 40년에 걸쳐 상각된다. 1985년 12월 31일 현재 회사의 무형자산은 다음과 같다.

[표 12.3]

	총계	방송	케이블 TV	출판
미상각 무형자산	$123,815	$103,099	–	$20,716
상각 무형자산	438,700	54,877	120,769	263,054
	562,515	157,976	120,769	283,770
상각 누계액	81,003	4,398	30,817	45,788
	$481,512	$153,578	$89,952	$237,982

자료: 1985년 캐피탈 시티즈 / ABC 연차보고서 주석 8

[표 12.4]

범주	규모($)	매출액 대비 비율
고정자산	$3억 1,790만	31.1%
무형자산(영업권 제외)	$1억 2,040만	11.8%
재고자산	$980만	1.0%
외상매출금	$1억 4,540만	14.2%
외상매입금	-$3,160만	-3.1%
총투하자본(TCE)	$5억 6,190만	55.0%

세후 이익에 대해서는 나는 EBITA(무형자산 상각 제외)에 기반한 NOPAT를 사용했고, 1984년 약 50%였던 일반적인 세율을 반영했다. 나는 이러한 무형자산이 대부분의 시간 동안 소모되지 않는다는 경영진의 견해에 동의한다. 이러한 프랜차이즈와 라이선스 유지비용은 이미 손익계산서에 포함돼 있기 때문에 자산으로 자본화되었다가 시간이 지나면서 소모되는 비용은 아니다. 이를 반영해 1984년 가결산 수치를 바탕으로 계산한 NOPAT는 [표 12.5]와 같다.

이 수치들을 이용해 계산한 ROTCE는 $148.6m / $561.9m = 26.4%이다. 이는 레버리지가 없는 사업의 세후 이익에 기반한 수치다.

이 결과는 두 자릿수로 성장하는 근본적으로 우량한 자본의 복합

[표 12.5]

영업이익	$2억 7,750만
상각액 가산	+$1,970만
EBITA	$2억 9,720만
세액 반영(50%)	-$1억 4,860만
NOPAT	$1억 4,860만

체임을 나타내는 매우 건전한 수익률이다(1985년 연말 캐피탈 시티즈 / ABC 연차보고서의 20, 21페이지의 10년간의 재무정보 요약 참조).

이제 ABC의 사업을 살펴보자. ABC의 가장 큰 사업 부문은 역시 방송 부문이었다. 앞서 언급한 TV 방송국과 라디오 방송국 외에 ABC 방송 부문에서 가장 규모가 큰 것은 ABC 텔레비전 네트워크였다. ABC 텔레비전 네트워크는 1984년 당시 미국 내 텔레비전을 보유한 8,490만 가구 중 99%의 가구에 ABC 엔터테인먼트, ABC 뉴스, ABC 스포츠가 제작한 콘텐츠를 전달하는 유통 및 판매 부문이었다.

〈다이너스티〉(2014년 시청률이 가장 높았던 연속극) 같은 예능과 뉴스에서 〈20/20〉 같은 유명한 프로그램을 제작한 ABC 방송은 연차보고서 2페이지에서 ABC가 '8년 연속 세계 최대의 광고 매체'라고 주장하고 있다. 이 당시가 경쟁사 대비 명백한 우세를 보이던 기간이든 아니든 ABC는 NBC, CBS와 함께 3대 방송사 중 하나였음은 분명하다. 그 덕분에 콘텐츠 제공자와 광고주의 관계에서 규모와 교섭력이라는 이점을 활용할 수 있었다.

1984년 ABC는 1984년 로스앤젤레스 하계 올림픽뿐만 아니라 1984년 유고슬라비아 사라예보 동계 올림픽을 모두 취재할 권리를 보유한 아주 특별한 상황에 있었다. 더 많은 광고가 매출과 이익에 미치는 영향은 명백했다. ABC의 매출은 1982년부터 1983년 사이 11% 증가했지만, 1983년부터 1984년 사이에는 27%로 가속화되었다. 마찬가지로 영업이익은 1982년과 1983년 사이에는 7%, 1983년과 1984년 사이에는 18% 증가했다. 이처럼 1984년에는 '예외적인'

매출과 이익 수준을 달성했는데, 올림픽 경기가 없었던 1985년에는 그 정도 수준의 성과는 예상하기 힘들었다는 점에 주목해야 할 것이다.

방송 부문이 당시 ABC의 지배적 사업 부문이었다는 점을 감안할 때 잠재적 투자자로서 나는 다른 두 사업 부문을 더 기본적인 차원에서 바라보았을 것 같다. 출판 사업에서는 서적 출판뿐만 아니라 여러 잡지와 틈새시장의 정기 간행물들을 발간했는데, 근본적으로 캐피탈 시티즈의 출판 사업과 비슷했다. 그러나 영업이익률은 11%로 21%인 캐피털 시티즈의 출판 부문보다 경영이나 사업적 강점 측면에서는 상당히 뒤졌다. [표 12.1]의 사업 부문 요약에서 '기타'로 표시된 마지막 사업 부문에는 ESPN과 영화 스튜디오를 보유한 케이블 사업이 있었다. 기본적으로 케이블 TV는 보통 반복적인 서비스 이용이라는 특징이 있어 질적으로 괜찮은 사업으로 보였을 수 있지만, 그 당시 이 부문은 수익성이 없었다.

1984년도 연차보고서에 실린 ABC 사업의 전체 재무정보로 다음과 같은 ROTCE를 산출할 수 있다. NOPAT의 계산 결과는 [표 12.7]과 같다.

이 수치들을 기반으로 산출한 ROTCE는 21.1%이다. 이는 캐피털 시티즈에 비해 다소 낮지만, 여전히 20%를 넘는 수치로 ABC의 사업이 좋은 사업임을 다시금 보여주고 있다. 이를 통해 우리는 ABC를 성공적인 TV 및 라디오 방송국, 출판 사업을 보유한 미국의 대표적 텔레비전 네트워크 중 하나라고 평가할 수 있다.

1985년 연차보고서의 내용을 보면, 1985년부터 1986년 사이 일

186

[표 12.6]

범주	규모($)	매출비중
고정자산	$5억 6,320만	15.2%
프로그램 권리, 제작 원가*	$4억 990만	11.1%
재고자산	$2.480만	0.7%
외상매출금	$4억 2,250만	11.4%
선급비용	$1억 3,630만	-3.7%
외상매입금	-$3,160만	-0.9%
이연 프로그램 원가	-$2억 1,370만	-5.8%
미지급 보수	-$8,110만	-2.2%
총투하자본(TCE)	$9억 5,770만	25.8%

* ABC는 프로그램 제작을 위한 프로그램 권리와 브랜드 관련 무형자산 등 다른 무형자산을 구별한다.
전자는 자산으로 간주하는 반면 후자는 자산에서 제외한다(캐피털 시티즈와 동일).

[표 12.7]

영업이익	$3억 6,880만
감모상각 가산	+$580만
이자 가산	+$580만
EBITA	$3억 8,040만
세액 반영(47%)	-$1억 7,880만
NOPAT	$2억 160만

부 사업 부문이 정리되겠지만 캐피탈 시티즈 / ABC 결합기업은 질적
으로 매우 우수한 사업을 유지하게 되리라는 사실을 알 수 있다. 이
것은 확실히 원래 있던 2개의 회사가 그랬던 것처럼 결합기업도 성장
과 높은 ROTCE가 동시에 달성 가능한 내재적으로 훌륭한 복합기업
이 되리라는 것을 의미했다.

　그렇다면 이제 가치평가로 들어가 보자. 캐피탈 시티즈 / ABC의

1985년 연간보고서 2페이지를 보면 캐피탈 시티즈 / ABC는 합병 과정에서 5억 1,700만 달러 규모의 보통주 신주 300만 주를 발행했다. 이는 버핏이 이 거래에서 주당 172.5달러를 지급했음을 시사한다. 이 수치는 1986년 3월 4일(1985년 연말)에 작성된 버크셔 해서웨이의 연례 서한 18페이지에 실린 정보와도 일치한다. 그 주식은 합병이 완료되면 보통주로서의 효력이 발생할 예정이었다.

연차보고서에 따르면 1985년 연말 캐피탈 시티즈 주식 1,308만 주가 이미 발행 중이었다. 합병 과정에서 1억 달러 규모의 워런트가 추가 발행될 예정이었는데, 워런트 보유자들은 주당 250달러의 가격으로 최대 290만 주를 취득할 수 있는 권리를 갖게 될 것이었다. 발행 당시에는 외가격 상태로 워런트 옵션이 가치가 없었지만, 캐피탈 시티즈 / ABC의 주가가 주당 250달러 이상이 되면 옵션 실행으로 신주가 발행되면서 주가는 희석될 것이었다. 따라서 합병이 완료되면 그 회사의 주주는 발행주식 수가 약 1,600만 주로 늘어날 것으로 예상할 수 있으며, 주가가 주당 250달러 이상 상승할 경우 약 1,900만 주까지 주식 수가 더 늘어날 수 있다고 예상할 수 있었다. 따라서 어떤 이익이라도 1,300만 주가 아닌 1,600만 주로 이익을 나누면 합병 후 주당이익을 구할 수 있었다.

워런트 비용에 관해서도 언급해야겠다. 본질적으로 옵션의 가치는 불확실하기 때문에 회계상으로 옵션을 처리하는 방법은 다양할 것이다. 요즘 스톡옵션을 다루는 전형적인 방법은 블랙-숄즈 공식을 사용해 발행 옵션의 가치를 계산한 후 부채에 포함하는 것이다. 이 방법은 내 생각에 다소 의문의 여지가 있는 주식의 베타 같은 다양한 가정이 필요하고, 또 그 당시에는 확실하게 인정된 방법으로 널리 보급돼 있지는 않았기 때문에 나라면 이 방법을 선호하지 않았을 것이다. 시장에서 옵션과 관련된 거래가 있었기 때문에 옵션의 가치를 반영하는 두 번째 방법은 워런트당 34.48달러, 즉 전체 290만 주에 대한 1억 달러를 직접 귀속시키는 방법이다. 세 번째 방법이자, 그리고 동시에 가장 보수적인 방법은 최대 희석효과를 반영하는 방법이었을 것이다. 이 경우에는 모든 워런트가 행사되고 주식 수는 1,900만 주로 증가하게 된다고 가정하게 된다. 물론 현실적으로 옵션의 실제 가치는 이후 주가가 어떻게 움직이는가에 따라 달라질 것이다. 주가가 주당 250달러를 넘지 않는다면 옵션은 아무 가치가 없을 것이며, 반면 주가가 주당 1,000달러까지 오른다면 옵션 가치는 매우 높아질 것이다.

우선, 기본적으로 1,600만 주의 발행 주식과 아직 대차대조표에 반영되지 않았지만 워런트 비용으로 1억 달러 상당의 부채를 반영하도록 하겠다. 연차보고서에 자세히 기재된 정보를 반영해 계산하면 다음과 같은 기업가치EV가 산출된다.

가치평가의 두 번째 부분은 이익과 관련이 있다. 캐피탈 시티즈 / ABC가 합병 과정에서 일부 사업들을 분리할 예정이었기 때문에 합병 후 영업이익과 순이익은 아마도 1984년 캐피탈 시티즈와 ABC 각각의 수치를 합한 것보다는 적을 것이다. 앞서 [표 12.1]에 제시된 바와 같이 영업이익은 6억 4,530만 달러였다. 그리고 1985회계연도의

[표 12.8]

주가	$172.50
발행주식 수	1,610만 주
시가총액	$27억 7,730만
순금융부채(옵션 비용 포함)*	$20억 2,790만
EV	$48억 520만

* 1985년 12월 31일 기준 대차대조표 수치와 합병에 수반될 것으로 추정되는 추가 채무를 감안해 순금융부채 규모를 계산했음.

EBITA 수치는 6억 7,760만 달러였을 것이다.

분리되는 사업의 규모를 정확히 알 수 없으므로 나는 ABC의 EBITA의 26%, 즉 약 1억 달러의 EBITA가 합병 후 사라질 것으로 추정했다. 이러한 가정은 1985년 연차보고서에 실린 사업 부문 분리로 9억 2,000만 달러의 현금이 늘어날 것이라는 내용(합병 전 투자자로서 대략 알고 있었던 정보)에 기반한다.

이 금액은 35억 2,000만 달러였던 ABC 전체 인수가격의 26%를 차지한다. 캐피탈 시티즈 / ABC의 합병으로 분리된 사업의 배수가 전체 사업과 동일하다고 가정한다면 결과적으로 EBITA는 5억 7,760만 달러였을 것이다. 이자 부분을 반영해 EBTA를 계산할 때 우리는 새로운 사업에 대한 추가 부채 조달이라는 부분을 고려해야 했을 것이다. 만약 평균 부채 비용을 10%라고 가정한다면(기발행된 부채의 조건을 보면 대략 정확한 수치로 보임) 순부채 20억 2,700만 달러의 이자비용은 약 2억 달러일 것이다. 이 수치를 반영해 계산하면 EBTA는 3억 7,760만 달러가 될 것이다. 전체 그룹에 대해 49%의 세율(회계연도 1984년 세율은 캐피탈 시티즈의 경우 50%, ABC의 경우 47%였음)을 가

[표 12.9]

EV/EBITA	1984(가결산)
EBIT	5억 7,760만 달러
EBIT 마진	14%
EV/EBITA	8.3배

정하면 조정 순이익은 1억 9,960만 달러가 될 것이다. 이를 주당 기준 (발행주식 수 1,610만 주)으로 환산하면 주당 12.0달러가 된다. 나는 이 값을 조정 EPS 수치로 사용했다.

EV/EBITA를 계산해보면 그 값은 [표 12.9]와 같다.

EV/EBITA 수치로 보면 캐피탈 시티즈 / ABC는 다소 저평가된 것처럼 보였을 수도 있지만 엄청나게 저평가된 것으로는 보이지 않았을 것이다. 긍정적인 측면은 캐피탈 시티즈 / ABC 사업은 확실히 질적으로 우수한 사업이었고 높은 ROTCE와 연간 10% 이상의 성장을 복합할 수 있는 사업이었다는 점이다. 반면 부정적 측면은 세율이 약 50%일 때 산출되는 8.3배라는 EV/EBITA 값이 아주 낮은 배수는 아니라는 점이다.

PER을 계산해보면 그 결과는 [표 12.10]과 같다.

이는 EV/EBITA 산출 결과와 일치한다. 버핏은 본질적으로 훌륭

[표 12.10]

PER	1984(가결산)
EPS(조정)	$12.00
PER	14.4배

한 사업에 대해 낮은 배수가 아닌 합리적인 배수를 기준으로 대가를 지급하고 있는 것 같다. 각 사업의 합보다 결합한 사업이 더 낫고, 여기서 나는 고려하지 않았지만 합병으로 시너지가 생긴다고 주장할 수도 있다. 이것은 선택의 문제로 나는 일반적으로 가능할지는 모르지만 아직 존재하지 않는 것들에 가치를 부여하고 싶지는 않다. 부정적인 측면으로는 1984년에는 ABC가 올림픽 효과를 분명히 보았으며, 따라서 회사의 고유한 수익 능력이 다소 과장돼 있다고 주장할 수도 있다. 이 또한 사실이며, 우리는 14.4배라는 PER 수치를 볼 때 이 같은 사실을 기억해야 한다.

적정하지만 싸지 않은 배수를 기준으로 지급된 대가를 보면 버핏이 캐피탈 시티즈 / ABC를 매수한 근본적 이유는 합병으로 결합한 캐피탈 시티즈 / ABC의 사업이 질적으로 훌륭한 사업이 될 것으로 생각했기 때문인 것 같다. 캐피탈 시티즈와 ABC에는 높은 수익률과 높은 성장률을 동시에 달성해온 오랜 역사가 있었다. 더구나 두 기업을 성공적으로 이끈 근본적인 규모의 경제와 리더십의 영향은 합병 결과로 더 커질 수밖에 없을 것이다. 버핏은 합병회사를 이끌게 될 캐피털 시티즈의 CEO 톰 머피의 경영 능력을 이미 알고 있었다. 버핏은 1986년 3월 4일 버크셔 해서웨이 주주들에게 보낸 연례 서한에서 "나는 수년 동안 캐피탈 시티즈의 경영에 관해 잘 파악해왔다. 국내 어느 공개 기업보다도 더 나은 기업이라고 생각한다"고 말했다. 앨리스 슈뢰더는 자신의 책 『스노우볼The Snowball』에서 찰리 멍거가 버핏에게 "머피가 1958년부터 (25년 동안) 캐피탈 시티즈의 본질적 가치를 연평균 23%로 향상시켰다"고 말했다고 밝히기도 했다.

요약하자면 캐피탈 시티즈 / ABC 투자는 버핏이 적정한 가치평가에 기반해 대가를 지급할 정도로 사업과 경영의 본질적 질에 대한 신뢰를 가지고 있었던 사례였다. 그는 큰 규모의 블록딜로 주식을 주당 175.25달러에 살 기회가 생기자 주식을 매수했다. 흥미로운 최종 사실은 1984년 캐피털 시티즈 주가가 123.5달러에서 174.5달러 사이에서 움직였음을 고려하면 버핏이 지급한 대가는 대략 52주 최고가에 가까운데, 이 같은 사실로 판단한다면 그는 인수 전 주가 움직임에는 신경을 쓰지 않았던 듯하다.

[표 12.11] 연결손익계산서(캐피탈 시티즈 / ABC, 1983~1985년)

12월 31일 마감
(단위: 천 달러, 주당 수치 제외)

	1985	1984	1983
순매출액	1,020,880	939,722	762,295
원가 및 비용			
직접 영업비	428,992	388,110	311,788
판매 및 일반 관리비	256,687	232,383	189,870
감가상각	37,990	34,084	28,099
무형자산 감모상각	19,710	17,633	12,174
총 원가 및 비용	743,379	672,210	541,931
영업이익	277,501	267,512	220,364
기타 수익·비용			
이자비용	−22,738	−27,161	−14,633
이자수익	19,033	27,352	16,418
잡수익·비용	3,026	1,090	2,355
총 기타 수익·비용	−679	1,281	4,140
세전 이익	276,822	268,793	224,504
소득세			
연방	117,700	116,000	95,800
주 및 지방	16,900	17,600	14,000
총소득세	134,600	133,600	109,800
특별수익 반영 전 이익	142,222	135,193	114,704
특별수익(세금 반영)	–	7,585	–
순이익	142,222	142,778	114,074
주당이익			
특별수익 전	10.87	10.40	8.53
특별수익	–	0.58	–
순이익	10.87	10.98	8.53
평균 발행주식 수	13,080	13,000	13,455

자료: 1985년 캐피탈 시티즈 / ABC 연차보고서 22페이지

194

[표 12.12] 현금흐름표(캐피탈 시티즈 / ABC, 1983~1985년)

12월 31일 마감
(단위: 천 달러, 주당 수치 제외)

	1985	1984	1983
현금 유입			
영업			
특별수익 전 이익	142,222	135,193	114,704
감가상각	37,990	34,084	28,099
무형자산 감모	19,710	17,633	12,174
기타	23,374	9,690	14,386
총 영업활동 현금	223,296	196,000	169,363
차감: 운영자본 지출	75,384	53,866	44,418
사용 가능 영업현금	147,912	142,734	124,945
장기부채 발행수익	493,329	4,500	197,250
종업원 지주제 자사주 매각	15,662	15,127	12,559
영업자산 처분	7,222	5,000	3,200
장기부채 발행 및 장기부채 인수 (합병)	–	13,565	5,277
주식 매각수익(세금 반영)	–	17,769	–
총 현금 유입	664,125	198,695	343,231
현금 유출			
영업자산 취득	51,109	146,843	22,016
추식 매수 옵션 취득	53,000	–	–
자사주 매입	484	46,135	43,619
기타 운전자본 증감	3,960	1,747	13,320
장기부채 상환	7,872	16,030	32,766
배당금	2,595	2,570	2,656
기타	12,645	20,851	-2,558
총 현금 유출	131,665	234,176	111,819
현금 및 투자자산 증감	532,460	-35,481	231,412
현금 및 현금 투자			
기초	236,399	271,880	40,468
기말	768,859	236,399	271,880

자료: 1985년 캐피탈 시티즈 / ABC 연차보고서 23페이지

[표 12.13] 연결대차대조표(캐피탈 시티즈 / ABC, 1984~1985년)

12월 31일 마감
(단위: 천 달러, 주당 수치 제외)

자산	1985	1984
유동자산		
현금	8,031	7,737
단기현금 투자	760,828	228,662
외상매출금*	145,382	134,224
재고자산	9,791	10,744
필름 계약 권리	14,637	11,912
주식 매수 옵션	53,000	–
기타 유동자산	14,726	9,149
총유동자산	1,006,395	402,428
고정자산		
토지	22,726	21,941
건물	77,419	74,716
방송, 인쇄, 케이블 TV, 기타 장비	418,347	343,750
총고정자산	518,492	440,407
차감: 감가상각 누계액	200,596	166,014
순고정자산	317,896	274,393
무형자산**	481,512	477,537
기타 자산	79,128	53,814
총자산	1,884,931	1,208,172
부채 및 자본		
유동부채		
외상매입금	31,663	32,433
미지급 보상금	30,041	28,838
미지급 이자	21,601	3,608
미지급 비용 및 기타 유동부채	46,232	36,328
필름 계약	15,342	14,252
소득세	24,446	38,094
유동성 장기부채	6,084	7,890
총유동부채	175,409	161,443

이연 보상금	29,897	22,495
이연소득세	41,144	25,537
미경과 가입 수입	22,258	21,285
기타 부채	18,546	13,424
장기부채	708,214	215,105
총부채	995,468	459,289
외부주주 지분	203	14,428
자본:		
우선주	–	–
보통주(액면가 $1, 수권주식 수 8,000만 주)	15,394	15,394
자본잉여금	37,844	26,111
유보이익	997,227	857,600
총계	1,050,465	899,105
자사주(보통주)***	161,205	164,650
총자본	889,260	734,455
총 부채 및 자본	1,884,931	1,208,172

* 대손상각 반영
** 감모상각비 누계액: $81,003, $61,497
*** 2,395,831주, 2,526,305주
자료: 1985년 캐피탈 시티즈 / ABC 연차보고서 24~25페이지

[표 12.14] 연결손익계산서 및 이익잉여금처분계산서(ABC, 1982~1984년)

12월 31일 마감
(단위: 천 달러, 주당 수치 제외)

연결손익계산서	1984	1983	1982
매출액			
방송	3,304,430	2,614,274	2,341,860
출판	316,249	279,858	255,429
비디오	54,424	13,376	14,950
영화	27,883	32,629	28,514
이자수익	4,727	8,712	23,775
총매출액	3,707,713	2,948,849	2,664,528
비용			
매출원가 및 영업비	2,596,832	2,006,949	1,792,977
판매 및 일반 관리비	677,201	576,256	532,704
부동산 및 장비의 감가 및 감모	58,998	53,193	44,895
이자	5,844	143	1,120
총비용	3,338,875	2,636,541	2,371,696
세금 및 외부주주 지분 반영 전 영업이익	368,838	312,308	292,832
소득세 준비금	−174,175	−152,474	−132,805
외부주주 지분	669	–	–
순이익	195,332	159,834	160,027
주당순이익	6.71	5.45	5.54
연결이익잉여금처분계산서			
	1984	1983	1982
기초	1,012,228	899,060	785,250
유보이익	–	125	–
순이익	195,332	159,834	160,027
보통주 현금 배당(주당 $1.60)	−46,619	−46,791	−46,217
기말	1,160,941	1,012,228	899,060

자료: 1984년 아메리칸 브로드캐스팅 컴퍼니(ABC) 연차보고서 53페이지

[표 12.15] 연결대차대조표(ABC, 1982~1984년)

(단위: 천 달러, 주당 수치 제외)

자산	1984	1983	1982
유동자산			
현금 및 현금등가물	154,480	52,336	66,474
외상매출금(상각액 차감: 1984년 $32,957, 1983년 $25,309, 1982년 $23,619)	422,532	368,958	359,558
프로그램 권리, 제작비용(상각액 차감)	409,940	543,099	383,362
재고자산 (선입선출 원가 혹은 시장가치)	24,861	24,315	24,190
선급비용	136,293	119,989	110,917
총유동자산	1,148,106	1,108,697	944,501
고정자산			
토지	40,551	36,880	36,536
건물	322,901	269,880	228,896
운영장비	448,926	423,827	369,073
리스	39,701	60,897	40,656
총고정자산	852,079	791,484	675,161
차감: 감가 및 감모 누계액	288,805	267,927	221,035
순고정자산	563,274	523,557	454,126
기타 자산			
무형자산(상각액 차감)	247,680	66,316	69,828
프로그램 권리	309,210	300,359	379,865
이연비용	19,535	7,646	11,116
기타	47,577	83,963	62,856
총 기타 자산	624,002	458,284	523,665
총자산	2,335,382	2,090,538	1,922,292
부채 및 자본			
유동부채			
외상매입금	73,175	64,291	50,651
미지급 프로그램 원가	213,658	176,120	193,893
미지급 보상금	81,068	63,457	52,082
연방소득세	47,218	35,126	28,055

주세, 지방세, 기타 세금	28,276	26,870	19,610
미지급 이자	6,218	6,234	4,773
기타 미지급 비용	122,725	94,829	80,925
유동성 장기부채	22,288	9,756	9,208
총유동부채	594,626	476,683	439,197
장기부채			
장기대출금	116,650	147,923	152,577
프로그램 권리	107,620	146,156	152,306
자본 리스	23,807	23,083	23,176
기타	62,591	50,260	34,982
총장기부채	310,668	367,422	363,041
이연수입	33,038	32,422	22,099
총부채	938,332	876,527	824,337
외부주주 지분	44,746	–	–
자본:			
보통주(액면가 $1, 수권주식 수 5,000만 주)	29,398	29,405	29,072
자본잉여금	179,729	174,813	172,280
유보이익	1,160,941	1,012,228	899,060
총계	1,370,068	1,216,446	1,100,412
차감: 자사주(보통주)	17,764	2,435	2,457
총자본	1,352,304	1,214,011	1,097,955
총 부채 및 자본	2,335,382	2,090,538	1,922,292

자료: 1984년 아메리칸 브로드캐스팅 컴퍼니(ABC) 연차보고서 54~55페이지

13

●

살로몬 주식회사
- 우선주 투자1987

Salomon Inc. - Preferred Stock Investments

● ● ●

진정한 투자는 어느 정도의 원금 보전과
만족스러운 수익률이라는 두 가지 특성이 있어야 한다.

워런 버핏과 살로몬 주식회사 사이의 밀접한 관계는 그가 살로몬
에 투자하기 10년 전부터 시작되었다. 살로몬은 가이코의 턴어라운
드에 중요한 역할을 했고, 당시 임원이자 나중에 살로몬의 CEO가
된 존 굿프렌드는 당시 자금 조달을 도왔다. 버핏이 주주들에게 보낸
서한에서 묘사한 것처럼 그가 굿프렌드를 유능하고 대담한 임원으
로 신뢰하게 된 것은 이러한 경험을 통해서였다.

1987년 9월 살로몬은 1985년 레브론Revlon을 인수한 로널드 페렐
만Ronald Perelman이 살로몬의 주요 지분을 인수하려 한다는 소문을
들었다. CEO인 굿프렌드는 적대적 인수 가능성을 차단하기 위해 한

남아프리카 투자자가 회사의 지분 12~14%를 페렐만에게 매각하지 못하게 만들 자본이 필요했다. 몇 번에 걸친 수정 제안 후 버핏은 페렐만을 막기 위한 백기사로서 살로몬에 투자하기로 했다.

이 딜은 1987년 9월 말에 발표되었는데, 세부 내용은 연간 9%의 배당금이 지급되는 살로몬의 전환우선주에 7억 달러를 투자한다는 것이었다. 이 주식에는 3년의 보유 기간 후 주당 38달러에 보통주로 전환할 수 있는 권리도 부여되었다. 전환되지 않는다면 우선주는 1995년부터 5년 동안 상환될 예정이었다. 버핏은 굿프렌드에게 "15%의 이익이 발생하기만 한다면 7억 달러 규모의 살로몬 우선주를 기꺼이 매수할 수 있다"고 말했다고 한다. 전환 특성은 이익 15%를 달성할 수 있게 하기 위해 부여되었다. 투자 대상으로서 전환우선주는 가치 상승 가능성이 부여된 고정수익 상품으로 볼 수도 있고, 가치 하락으로부터 견고하게 보호되는 거의 보장된 고정수익 형태의 회사 주식으로 볼 수도 있었다.

적대적 인수 시도와 백기사의 투자라는 선정적 뉴스는 잠시 접어두고, 순수하게 살로몬은 1987년의 투자 관점에서 어떻게 보였을까? 1986년 연차보고서(당시 투자자들이 이용할 수 있었던 당시 가장 최근의 보고서)를 보면 살로몬의 당시 사업은 3개의 주요 부문으로 나누어져 있었다.

여기서 볼 수 있듯이 증권 부문은 단연 최대 사업 부문이었다. 존 굿프렌드는 연차보고서의 첫 부분에서 그해 사업전개 방향에 관해 논의하면서 증권 부문이 미국 내 주요 사업 외에도 런던의 살로몬 브라더스 인터내셔널 리미티드, 프랑크푸르트의 살로몬 브라더스 AG, 도쿄의 살로몬 브라더스 아시아 리미티드 등 수많은 해외 법인으로 구성되었음을 밝히고 있다. 이 보고서에서는 영업활동 측면에서 살로몬 증권이 거래/시장 조성 및 리서치뿐만 아니라 부채나 주식 인수와 같은 핵심 투자은행 영역에도 초점을 맞췄다고 밝히고 있

[그림 13.1] 1986년 살로몬 주식회사 연차보고서

다. 또한 살로몬이 1986년 미국 자본시장에서 총 1,000억 달러가 넘는 764건의 발행 관련 딜을 관리 혹은 공동 관리했다는 내용도 있다. 이 중 617건은 살로몬의 전문성을 활용한 미국 기업의 부채 발행(862억 달러 규모)과 관련돼 있었고, 나머지 대부분은 살로몬 자신이 그 분야에서 최고라고 주장하는 주식 발행과 관련돼 있었다.

이 보고서에서 살로몬은 뉴욕증권거래소 역사상 최대 규모(총 4억 8,800만 달러 규모)였던 내비스타 인터내셔널Navistar International Corporation의 블록딜(4,880만 주)을 성사시켰다고 소개하면서 시장 조성 및 거래 처리에 관한 자사의 전문성을 강조한다. 굿프렌드는 또한 도쿄 사무소에서의 일본 기업 분석, 런던 사무소에서의 유럽 주식 분석 등 국제적으로 강화되고 있던 자사의 리서치 능력에 관해서도 언급한다.

전반적으로 이 연차보고서에서는 살로몬의 사업을 명성, 사람, 관계를 주요 자산으로 한 거래에 기반을 둔 사업으로 묘사하고 있다. 하지만 내가 1987년의 잠재적 투자자라면 살로몬이 잘 운영되고 있는 글로벌 사업이긴 하지만, 월가의 동종 기업들보다 구조적 이점이

[표 13.1] 사업 부문 요약(1987년)

사업 부문	매출액	EBT	자산
증권	$63억 4,100만	$7억 8,700만	$720억
상업금융	$1억 9,000만	$1억 7,300만	$25억
원자재	$2억 5,800만	$5,200만	$35억
일반 제조		-$2억 1,900만	$8억
연결	$67억 8,900만	$7억 9,300만	$782억

많지는 않다고 결론 내렸을 것이다.

그 규모가 훨씬 작은 살로몬의 두 번째, 세 번째 사업들은 보고서에서 자세히 다루고 있지 않다. 상업금융은 대부분 유럽과 아시아 기업, 은행, 정부, 금융기관 고객들에게 단기대출을 하는 사업으로 소개된다. 1986년과 1985년을 비교하면 이 사업 부문의 세전 이익은 1억 8,200만 달러에서 1억 7,300만 달러로 소폭 감소했음을 알 수 있다.

마지막 사업 부문은 피브로 에너지Phibro Energy라는 사업이다. 보고서에 자세히 나와 있듯이 피브로 에너지는 하루 총 정제 용량이 20만 배럴이 넘는 정유 공장을 보유하고 있었다. 실제로 그 회사는 원유부터 완제품에 이르기까지 다양한 고객의 요구를 충족할 수 있는 정유회사였다. 피브로는 정제 외에도 석유 및 비석유 상품 트레이딩, 중개, 헤징을 담당하는 상품 거래 사업도 운영했다. 이 보고서에 따르면 에너지 사업은 세전 이익이 1985년 1억 1,900만 달러에서 1986년 3,300만 달러로 떨어지는 등 심각하게 위축되고 있었다. 그러나 굿프렌드는 3분기에 비해 4분기에는 어느 정도 개선되는 모습을 보이고 있으며, 이 사업이 회복 국면으로 접어들기를 희망한다고 언급하고 있다.

상업금융과 에너지 트레이딩 사업의 고유한 질적인 부분을 평가한다면 잠재적 투자자는 그 사업들이 증권 사업과 유사하다고 생각했을 것이다. 상업금융과 에너지 트레이딩은 폭넓은 네트워크 덕분에 다른 업체들보다는 강점이 있었지만 성과의 상당 부분은 구조적인 장점보다는 훌륭한 실행에서 비롯되고 있었다.

이제 살로몬의 재무제표를 살펴보자. [표 13.2]에 정리한 재무정보에 따르면 살로몬은 1982년 29억 달러에서 1986년 68억 달러로 5년 연속 매출이 증가했다. 이러한 매출의 증가는 살로몬의 총자산이 1982년 400억 달러에서 1986년 780억 달러로 늘어난 것과 동일 선상에 있다.

하지만 수익 측면에서는 변동성이 훨씬 더 컸다. 1982년과 1983년은 순이익률이 각각 11%와 15%를 넘었던 상당히 좋은 해였지만 1984년은 순이익이 5%에 불과했던 좋지 않은 해였다. 자기자본이익률ROE은 금융기관을 평가할 때 활용되는 중요한 지표다. 이 지표를 보면 살로몬은 1982년과 1983년에는 20% 이상의 ROE를 달성했

[표 13.2] 과거 5년간의 재무정보 요약(1982~1986년)

(단위: 백만 달러, 주당 수치 제외)

항목	1986	1985	1984	1983	1982
매출액	6.789	5.701	4.039	3.123	2.947
순이익	516	557	212	470	337
주당순이익	3.45	3.78	1.48	3.35	2.48
주당순이익(희석 반영)	3.32	3.60	1.41	3.10	2.26
총자산	78.164	88.601	58.370	42.017	39.669
장기부채	1.245	917	680	711	780
자본	3.454	2.954	2.406	2.240	1.769
주당현금배당액	0.64	0.54	0.54	0.52	0.47
주당자본	22.72	19.93	16.62	15.73	12.84
자기자본이익률(%)	16.1	20.8	9.1	23.5	21.2

주: 1986년 이전의 매출액은 상품 거래를 포함해 재조정됨. 1984년 이익과 자기자본이익률은 2억 2,400만 달러의 세후 특별항목(석유 및 가스 자산 상각, 비에너지 상품 사업 구조조정)을 차감해 산출됨(주당순이익은 $1.55, 희석 반영 주당순이익은 $1.45임).
자료: 1986년 살로몬 주식회사 연차보고서 1페이지

지만 1984년에는 ROE가 10%에도 미치지 못했다. 1986년 ROE는 16%였다. 당시 10년 만기 국채 금리가 대략 7~8%였다는 점을 감안하면 16%의 ROE는 상당히 좋은 성과다.

금융업 평가에 유용한 또 다른 지표는 총자산이익률ROA이다. 하지만 대차대조표 수치를 보면 살로몬의 자산 중 상당수는 투자은행 부문에서 매도하거나 양도하기 위한 재고자산 형태로 보유하고 있음을 알 수 있다. 구체적으로 살로몬의 총자산 782억 달러 중 425억 달러는 재고자산으로 분류된 채권, 주식, 상품과 관련돼 있으며, 188억 달러는 재매각 조건으로 매입한 증권과 관련돼 있다. 따라서 살로몬이 보유한 대부분의 자산은 회사를 위한 투자수익을 창출할 것으로 기대할 수 없었기 때문에 ROA는 ROE만큼 유용하지는 않다. (나중에 버핏의 웰스 파고 투자를 다루면서 ROA뿐만 아니라 ROE에 관해서도 자세히 살펴볼 예정이다.)

살로몬의 사업적 특성을 보면 그 사업은 무엇보다 사람 및 거래 관련 비즈니스인 것 같다. 순유형자산은 총 3억 1,100만 달러에 불과하다. 회사가 창출한 높은 수익성은 그 직원들의 업무 결과라는 점은 분명하다. 다시 한 번 보고서 내용을 요약하면 살로몬은 잘 운영되는 사업이지만 사업수행 기술에 크게 의존하고 있는 사업이었다는 결론을 내릴 수 있다.

가치평가 측면을 살펴보자. 우선 연차보고서에서 살로몬의 주가가 1986년 4분기 주당 38달러에서 44달러까지 올랐다는 내용을 찾을 수 있다. 1987년 중반은 전반적으로 금융기관의 주가가 좋지 못했던 시기였다. 살로몬 주식의 1987년 9월 25일 종가(버핏의 매수 발표 전 금요일)는 주당 32달러였다. 주가 변동성은 명백히 높았지만(그리고 사실 다른 모든 미국 주식들과 마찬가지로 1987년 10월 블랙 먼데이 때 살로몬의 주식도 크게 하락했다), 1987년 1~3분기에 잠재적 투자자들이 보았을 주가는 대략 주당 30달러에서 40달러 사이였을 것이다.

버핏이 살로몬에 투자한 전환우선주의 전환가격(주당 38달러)을 기준으로 계산한 가치평가 결과는 다음과 같았을 것이다.

살로몬은 금융기관이기 때문에 주가수익비율PER과 주가순자산비율PBR: Price Book Value Ratio이 회사의 가치를 평가하는 데 있어 중요하다. EV/EBIT는 금융부채와 이자라는 이 사업의 본질적 특성 때문에 기업가치 산정에 적용하기는 적합하지 않다.

1986년 순이익에 근거하면 살로몬의 주식은 순이익의 11.4배에 거

[표 13.3] 시가총액 계산

주가	$38.00
발행주식 수*	1억 5,630만 주
시가총액	**$59억 3,900만**

* 희석 반영 주당순이익 산출에 적용된 평균 발행주식 수

[표 13.4]

PER	1986	1985
주가	$38.00	$38.00
주당순이익	$3.32	$3.60
PER	11.4배	10.5배

래되고 있었다. 당시 내가 이 주식에 투자하려 했다면, 잘 운영되는 사업의 경우(하지만 본질적인 구조적 이점은 거의 없는 사업) 이 정도 수준이라면 상당히 좋은 가치라고 생각했을 것이다. 주가가 30달러라면 1986년 이익에 기반한 PER은 9.0배일 것이다. 1986년에 달성한 16%의 ROE가 그 사업에서 창출할 수 있는 전형적인 수익률이었다면 이것은 매우 좋은 가치였을 것이다.

PBR 기준으로 볼 때 시가총액은 주당 38달러 기준으로 59억 달러였다. 주주 지분이 총 35억 달러였음을 감안하면 살로몬의 PBR은 1.7배였을 것이다. 다시 말해 16%의 ROE를 창출하는 사업에서 이 수준에서 거래되는 가격은 적정한 가격으로 볼 수 있다. 주당 30달러에 PBR이 1.4배라면 당연히 더 매력적이었을 것이다.

PER과 PBR로 기업가치를 평가하면서 매출 수준에서는 상당히 좋았지만 주당이익 수준에서는 덜 인상적이었던 살로몬의 과거 성장 추이도 고려했어야 한다. 어려워 보이는 사업 환경을 감안해 나는 살로몬에 대한 적정가치평가에서 제한된 성장치를 적용했을 것이다. 이 모든 면을 볼 때 1987년에 내가 투자를 고려하고 있었다면 주당 38달러에 투자하는 것은 망설였을 테지만 아마 주당 30달러에는 투자했을 것 같다. 여기서 나는 회사의 보통주 자본에 관해 말하고 있다.

내가 보기에 버핏은 최우선으로는 우선주의 고정수익이라는 특성을 고려했고, 그다음 전환이라는 측면에서 잘 운영되는 기업의 주가 상승 잠재력을 기대했을 것이다. 버크셔가 주주들에게 보낸 연례 서한에서 단서를 찾아보면 버핏은 정말 살로몬 투자를 우선적으로는 채권과 같은 상품으로 생각하는 것 같다. 그는 "대략적인 관점에서 보면 이 투자 계약은 중기 확정금리부 증권이라는 범주에 들어맞는다. 그에 더해 흥미로운 전환 가능성도 있다"고 말했다.

살로몬에 대한 투자는 (전환)우선주를 통해 기업에 투자하는 버핏의 확장된 투자 경향을 반영한다. 이러한 접근법은 투자업계의 표준과 다를 뿐 아니라 그때까지 버핏의 투자 스타일을 정의했던 보통주 투자와도 달랐다. 버핏은 1989년 주주들에게 보낸 서한에서 전환우선주 투자는 시장에서 그 진가를 인정받지 못했지만 훌륭한 경제적 전망이 있는 기업에 투자할 때 얻을 수 있는 수익률에는 미치지 못하지만 여전히 전환우선주 투자가 고정수익 포트폴리오 이상의 수익을 달성할 것으로 기대하고 있다고 언급했다.

더욱이 이러한 투자는 버핏의 멘토인 벤저민 그레이엄의 아이디어와도 일치하는 부분이 있었다. 그레이엄은 "진정한 투자는 어느 정도의 원금 보전과 만족스러운 수익률이라는 두 가지 특성이 있어야 한다"고 말한 바 있다.

살로몬에 대한 버핏의 투자는 이후 상당한 우여곡절을 겪게 된다. 우선 버핏의 살로몬 주식 매수 발표 직후인 1987년 10월, 주식시장이 폭락했다. 하지만 버핏이 살로몬 투자와 관련해 우려할 이유는 없었다. 주가가 폭락하면서 우선주 전환 가능성은 작아졌지만 고정수익인 연간 9%의 견실한 배당금 지급은 계속 보장될 것이었다. 그러나 그 후 몇 년 동안 예상치 못한 혼란이 뒤따랐다. 1991년 8월 살로몬은 채권 경매에 관한 미국 재무부 규정을 위반했으며, 그에 책임을 지고 최고경영진이 사퇴한다고 발표했다.

폴 모저Paul Mozer라는 직원의 허위 입찰서 제출로 시작된 이 사건은 이후 살로몬 내부 경영진의 은폐로 이어졌고, 결국은 굿프렌드에게도 불똥이 튀었다. 상황이 너무 악화되어 결국 재무부는 살로몬을 국채 프라이머리 딜러 지위에서 제외하겠다고까지 말했다. 이 이야기는 마틴 메이어Martin Mayer의 『월가의 악몽Nightmare on Wall Street』 등 수많은 책에 자세히 언급돼 있지만, 중요한 것은 살로몬이 그 스캔들 때문에 거의 파산 직전까지 갔다는 사실이다.

몇 년 후 버핏은 임시회장으로 회사를 장악했고, 도덕성을 제1의 원칙으로 삼아 회사 전체를 재정비했다. 결국 살로몬은 벌금 2억 9,000만 달러를 물었고, CEO였던 굿프렌드는 회사를 떠났다. 1997년 트래블러스 그룹은 살로몬 브라더스 지분 전량을 90억 달러에 매입했다. 버핏은 1991년부터 1992년까지 9개월간 살로몬을 경영한 후 버크셔 해서웨이로 다시 돌아가기 위해 회사를 떠났다. 1998년에 트래블러스 그룹은 씨티코프Citicorp와 합병해 씨티그룹 Citigroup이 되었고, 씨티그룹은 여전히 존재하고 있으며 그 안에는 과거 살로몬의 사업 부문들도 있다.

살로몬 투자는 큰 어려움을 야기했지만, 재무적으로 보면 결국 버크셔에 이익을 안겨주고 끝났다. 버핏은 전환 전까지는 연 9%의 배당금을 꾸준히 받았고, 결국 보통주 전환 권리도 행사할 수 있었다. 아마 버핏도 투자 전에 철저히 분석했겠지만, 이 투자는 버핏의 초기 분석대로 진행되지 않았던 사례였다. 하지만 당초 딜 구조와 상황에 영향을 미친 그의 사후 대응 능력 덕분에 궁극적으로 그가 겪을 수 도 있었을 재정적 손실을 완화할 수 있었다.

[표 13.5] 손익계산서(1984~1986년)

1986년 12월 31일 마감
(단위: 백만 달러, 주당 수치 제외)

	1986	1985	1984
매출액a	6,789	5,701	4,039
이자비용	-4,484	-3,622	-2,504
판매 및 일반 관리비	-1,512	-1,132	-875
특별항목b	-	-4	-400
세전 이익	793	943	260
소득세	-277	-386	-48
순이익	516	557	212
보통주 주당:			
주당순이익c	3.45	3.78	1.48
주당순이익(희석)d	3.32	3.60	1.41
현금 배당액	0.64	0.54	0.54
평균 발행주식 수(천 주):			
기초	149,529	147,205	143,479
희석	156,349	155,853	154,745

a. 1986이전 매출액은 상품 거래 부분을 반영해 재산정함.
b. 1986년: 비에너지 상품 사업 구조조정 비용($5,400만) 및 퇴직연금 관련 처분 수익($5,000만) 포함.
　 1984년: 원유 및 가스 관련 자산 처분 수익($3억 700만) 및 비에너지 상품 사업 구조조정 비용 포함.
c. 순이익을 보통주 평균 발행주식 수로 나눔.
d. 전환증권 이자의 세후 효과를 반영한 순이익을 전환증권 및 스톡옵션의 완전 전환을 가정한 보통주 평 균 발행주식 수로 나눔.
자료: 1986년 살로몬 주식회사 연차보고서 38페이지

[표 13.6] 대차대조표(1985~1986년)

(단위: 백만 달러, 주당 수치 제외, 12월 31일 기준)

	1986	1985
자산		
현금	1.224	931
재고자산-		
증권-		
미국 정부 및 연방 기관	25,611	30,253
은행 인수어음, 예금증서, 상업어음	2,628	3,494
기업 대출	7,768	8,110
모기지	3,008	5,360
주식, 지방채, 기타 증권	2,309	1,932
총증권	41.324	49.149
상품	1.138	631
재매각 약정 증권 매수	18.797	22.424
대출 및 채권	10.972	11.343
순고정자산	311	140
모기지 담보 자산	3.586	3.333
기타 자산	812	650
총자산	78.164	88.601
부채 및 자본		
부채		
재매각 약정 증권	31.140	37.959
단기대출:		
은행	7.469	8.844
기업 어음	3.993	4.294
재매수 예정 증권:		
미국 정부 및 연방 기관	15.397	18.543
기업 대출	1.218	685
주식, 지방채, 기타	314	400
총 재매수 예정 증권	16.929	19.628
미지급 채무	10.360	10.683
모기지 담보	3.574	3.322

장기대출	1.245	917
총부채	74.710	85.647
자본		
우선주(액면가 없음, 수권주식 수 5,000,000주)	–	–
보통주(액면가 $1, 수권주식 수 250,000,000주, 발행주식 수 1986년 152,512,432주, 1985년 149,061,380주)	153	149
자본잉여금	264	211
유보이익	3.055	2.635
누적 조정	−11	−29
자사주(원가):		
1986년 485,108주, 1985년 856,588주	−7	−12
총자본	3.454	2.954
총 부채 및 자본	78.164	88.601

자료: 1986년 살로몬 주식회사 연차보고서 36~37페이지

14

코카콜라1988
Coca-Cola

. . .

큰 교훈은 그가 구체적 자료에 집중했다는 것과 코카콜라가 훌륭한 사업이고 앞으로도 더 성공적일 것이라는 전체적인 그림에 초점을 맞췄다는 사실이다.

1988년 가을, 코카콜라의 회장인 로베르토 고이주에타Roberto Goizueta와 사장인 도날드 코프Donald Keough는 누군가가 코카콜라의 주식을 많이 사들이고 있다는 사실을 알았다. 나중에 밝혀진 대로 그는 워런 버핏이었다. 코카콜라의 주식은 블랙 먼데이 당시 폭락하면서 1987년 이전 고가 대비 약 25% 하락했으며, 버핏은 코카콜라의 주식을 가능한 한 많이 사 모으고 있었다. 1989년 봄, 버핏은 주당 평균 약 42달러에 코카콜라의 지분 약 7%를 취득했다. 그 투자가 체리 코크Cherry Coke의 열렬한 팬인 버핏 자신을 위한 투자였다는 우스갯소리도 있었다. 즉 입이 향한 곳에 돈을 투자한 궁극적 사례였다는 것이다.

1988년 잠재적 투자자들에게 코카콜라는 이미 친숙한 이름이
었을 것이다. 코카콜라는 당시 두드러지는 발전을 이뤄낸 흥미진진

[그림 14.1] 1988년 코카콜라 컴퍼니 연차보고서

한 역사를 가진 회사였다. 1880년대 특허받은 의약음료에서 시작된 이 회사는 1940년대 들어서는 미국의 상징이 되었다. 코카콜라는 1919년 증권거래소에 상장되었고, 1980년대에는 세계적 기업이 되었다. 코카콜라의 1985년 연차보고서 내용을 보면 그해 코카콜라 청량음료 전체 판매량 중 62%가 미국 외 지역에서 판매되었다.

1970년대와 1980년대는 코카콜라가 펩시와 '콜라 전쟁'을 가장 치열하게 벌였던 시기였다. 펩시는 1975년 미국 전역의 쇼핑몰에서 코카콜라와 펩시콜라 간의 블라인드 맛 테스트였던 '펩시 챌린지'를 선보였다. 펩시는 설탕이 더 많은 음료에 대한 고객들의 선호 덕분에 코카콜라를 계속 앞서나갔다. 이 캠페인에서 펩시에게 지면서 코카콜라의 이미지는 손상되었고, 펩시는 코카콜라로부터 시장점유율을 빼앗아 올 수 있었다.

이 대결은 1985년 코카콜라가 '뉴 코크New Coke'를 출시하면서 절정에 달했다. 뉴 코크는 오리지널 코카콜라와는 완전히 다른 제품으로 블라인드 맛 테스트에서 코카콜라와 펩시를 모두 이겼다. 아마도 뉴 코크가 이전 코카콜라보다 훨씬 더 달콤했기 때문이었던 것 같기도 하다. 하지만 그 이전에는 코카콜라가 펩시보다 덜 달다는 점을 차별화하려고 노력했다는 사실을 생각해보면 이것은 아이러니한 일이다. 뉴 코크의 초기 반응은 나쁘지 않았지만, 적지 않은 열성적 고객들은 곧바로 올드 코크Old Coke의 재출시를 요구하기 시작했다.

오늘날 마케팅 교과서에서 이는 일반적 사례가 되었는데, 블라인드 맛 테스트에서의 뉴 코크의 승리와는 상관없이 오리지널 제품의 재출시라는 강력한 요구가 있을 정도로 이미 고객들에게 깊이 배어든 올드 코크의 이미지는 너무나도 강렬했다. 1985년 7월 10일, '코카콜라 클래식'으로 브랜드를 바꾼 올드 코크가 매장에 다시 진열되었다. 1985년 12월까지 코카콜라 클래식은 뉴 코크와 펩시 두 제품보다 더 많이 팔렸다. 뉴 코크의 도입은 분명히 마케팅상 실수였지만 코카콜라라는 브랜드는 그 위기를 뚫고 나아갈 수 있을 만큼 강력했다.

바로 이것이 1988년 버핏이 투자했을 당시 코카콜라의 상황이었다. 다른 두 가지 사실은 그 당시 투자자와 관련이 있었을 것이다. 1982년에 코카콜라는 다이어트 코크Diet Coke를 선보였고, 1985년에는 체리 코크Cherry Coke를 출시했다. 다이어트 코크는 1988년까지 인기 있는 제품으로 성장했다.

1988년 코카콜라를 살펴보던 투자자들이 이용할 수 있었던 공개된 자료 중 가장 유용했던 것은 당시 가장 최근에 발간된 연차보고서, 즉 1987년 연차보고서였을 것이다. 로베르토 고이주에타 회장 겸

[표 14.1] 사업 부문 요약

사업 부문	매출액	매출비중	영업이익	비고
청량음료	$62억 2,900만	82%	23.0%	콜라, 다이어트 코크, 체리 코크
식품	$14억 1,400만	18%	7.3%	미닛 메이드 주스
지분투자	미연결	N/A	N/A	병입 자회사와 컬럼비아 픽처스 지분
총계	$76억 5,800만	100%	17.8%	판매 및 관리비 제외

자료: 1987년 코카콜라 컴퍼니 연차보고서

CEO는 연차보고서 6페이지에서 코카콜라의 주력 사업은 영업이익의 95%를 차지한 청량음료 판매라고 밝히고 있다. 당시의 코카콜라의 전반적 사업 구조는 [표 14.1]에 요약돼 있다.

여기서 볼 수 있듯이 코카콜라의 영업이익 상당 부분은 청량음료 사업 부문에서 창출되었다. 코카콜라의 잠재적 투자자들은 이 사업부를 집중적으로 분석했을 것이다.

경영진은 연차보고서 8페이지에서 자사의 핵심 청량음료 사업에서 ① 청량음료 시럽과 농축액을 병입업체와 청량음료 판매상에게 판매하고, ② 최종 소비자의 구매를 촉진하는 코카콜라 프랜차이즈의 브랜드를 구축하는 데 집중하고 있다고 기술한다. 또한 경영진은 전체 판매량의 6% 증가라는 1987년의 명확한 지표도 제시한다. 청량음료 부문의 매출증가율이 10%였던 점을 감안하면 1987년에는 가격도 평균 4% 상승했다고 추론할 수 있다. 판매량 증가와 가격 상승을 동시에 달성할 수 있는 기업은 사업 경제성이 뛰어나므로 연차보고서에 실린 내용처럼 코카콜라의 청량음료 사업 부문이 1987년에 21%의 영업이익을 달성한 것은 놀라운 일이 아니다.

더 많은 콜라 판매량과 더 높은 콜라 가격에 관한 정보 외에도 경영진은 국가별 판매량 증가에 관한 분석 자료도 제공했다(1987년 연차보고서 8페이지 정보는 [그림 14.2] 참조).

이 수치만으로도 당시 잠재적 투자자들은 해외시장에서 코카콜라 매출이 큰 폭으로 성장했다는 사실을 쉽게 이해할 수 있었을 것이다. 명확한 추론도 가능하다. 1987년에 미국 외의 다른 나라 사람들은

[그림 14.2] 해외시장에서의 코카콜라 소비량

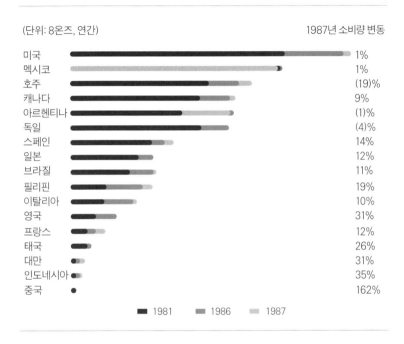

(단위: 8온즈, 연간)   1987년 소비량 변동

국가	1987년 소비량 변동
미국	1%
멕시코	1%
호주	(19)%
캐나다	9%
아르헨티나	(1)%
독일	(4)%
스페인	14%
일본	12%
브라질	11%
필리핀	19%
이탈리아	10%
영국	31%
프랑스	12%
태국	26%
대만	31%
인도네시아	35%
중국	162%

■ 1981   ■ 1986   ▨ 1987

미국 사람들과 비교했을 때 코카콜라를 훨씬 덜 마셨기 때문에 앞으로 더 많이 마실 수 있는 여지가 있었다. 이는 스페인, 일본, 브라질, 중국 등 코카콜라의 절대 소비량이 낮은 나라들에서 나타나는 두 자릿수의 판매량 증가를 통해 입증된다. 당시 통찰력 있는 투자자라면 이 시장들의 잠재력을 놓치지 않았을 것이다.

나는 [표 14.2]에 1985년과 1987년 사이의 청량음료 사업 부문의 숫자를 정리했다. 그리고 1985년과 1987년 사이에 발생한 국내 및 해외 매출 성장이 1990년까지 지속된다고 가정할 때 1987년과 1990년 사이에 그 수치들이 어떻게 변할지 모델링해보았다. 마진의

[표 14.2] 청량음료 사업 부문(1985~1987년)

매출액	청량음료							
	1985	1986	1987	1985 -1987 (성장률)	1988 (추정)	1989 (추정)	1990 (추정)	1987 -1990 (추정 성장률)
미국	1,864.7	2,016.3	2,120.1	6.6%	2,260.6	2,410.5	2,570.3	6.6%
EBIT	217.2	293.3	323.6	22.1%	345.1	367.9	392.3	6.6%
EBIT 마진	11.6%	14.5%	15.3%		15.3%	15.3%	15.3%	
해외	2,676.7	3,628.6	4,109.2	23.9%	5,091.4	6,308.3	7,816.2	23.9%
EBIT	672.8	888.0	1,108.9	28.4%	1,374.0	1,702.4	2,109.3	23.9%
EBIT 마진	25.1%	24.5%	27.0%		27.0%	27.0%	27.0%	
총매출액	4,541.4	5,644.9	6,229.3	17.1%	7,352.0	8,718.8	10,386.4	18.6%
총 EBIT	890.0	1,181.3	1,432.5	26.9%	1,719.0	2,070.3	2,501.6	20.4%

자료: 1987년 코카콜라 컴퍼니 연차보고서 부록

경우 1987년 수준 그대로 적용했다는 점에 주목하라. 나는 이 예측들이 매우 보수적일 것으로 생각한다. 유통망이 있고 가격 결정력도 가진 사업이라면 더 많은 판매량과 더 높은 마진으로 이어질 규모의 경제를 구축할 수 있다.

여기서 알 수 있듯이 이미 매출과 EBIT가 20% 이상 성장하던 코카콜라의 핵심 사업인 청량음료 사업 부문은 더 높은 마진 없이도 해외시장에서의 실적 덕분에 이후 몇 년간도 EBIT가 매년 약 20% 성장했을 것이다. 세부적인 재무정보가 없더라도(이 장에서 다시 자세히 다룬다) 코카콜라가 강한 순풍을 탄 훌륭한 사업이었다는 것을 그당시 투자자는 매우 명확하게 알 수 있었을 것이다.

경영진은 독일에서의 일부 구조조정, 일본·필리핀·브라질에서의 강력한 성장 등 전 세계 국가들에서 대부분 긍정적이었던 운영 측면에서의 발전 사항을 소개하면서 핵심 청량음료 사업에 관한 논의를 마무리한다. 그들은 또한 병입업체 간의 지속적인 통합으로 유통에서의 효율성도 증가하고 있다고 언급한다. 이 모든 것이 코카콜라가 훌륭한 사업이라는 결론을 강화하는 부분으로 보였을 것이다.

전체 코카콜라 사업에 대한 청량음료 사업 부문의 재무적 중요성은 명확했다. 하지만 경영진은 식품과 지분 투자라는 다른 두 사업 부문에 관해서는 덜 자세히 설명한다. 식품의 경우 잠재적 투자자는 이 사업이 주로 '미닛 메이드Minute Maid'라는 상표명을 가진 과일 주스의 마케팅 및 생산과 관련돼 있다는 사실을 알 수 있다. 구체적으로 그 사업은 과거에는 냉동 농축액 판매에 초점을 맞췄지만, 지금은 냉장 오렌지 주스 판매로 사업의 방향을 전환하기 위해 사업 재편을 진행하고 있었다.

경영진은 미닛 메이드가 냉동 농축 부문에서는 시장 선두주자지만, 미국 소비시장에서 가장 빠르게 성장하고 있는 부문인 냉장 범주에서는 2위를 차지하고 있다고 지적한다. 이처럼 경영진은 사업을 재편하고 신제품 출시를 지원하는 데 상당한 자원을 투자하고 있었다. 그 사업 부문의 매출은 13억 2,000만 달러에서 14억 1,000만 달러로 7% 증가한 반면, 영업이익은 1억 2,000만 달러에서 6,700만 달러로 감소했다. 사업 부문 재편과 관련된 준비금 3,600만 달러가 포함돼 있다는 점을 감안하면, 영업이익 수치는 덜 줄어드는 셈이지만 그래도 여전히 감소 폭은 1,700만 달러 수준일 것이다. 대체로 이 부문은 실적이 부진한 것 같았지만 턴어라운드를 위한 경영 전략은 상당히 합리적인 것으로 보인다.

마지막 부문인 지분 투자는 코카콜라가 소수 주주 지위였던 기업의 지분을 통합한 것이다. 무엇보다 여기에는 코카콜라의 주요 병입 파트너인 미국의 코카콜라 엔터프라이즈CCE와 캐나다의 T.C.C. 베버리지Beverages의 지분 49%가 포함돼 있었다. 또한 몇몇 해외 병입 업체뿐만 아니라 코카콜라 보틀링 주식회사, 존스턴 코카콜라 보틀링 그룹, 뉴욕 코카콜라 보틀링 컴퍼니 등 병입 파트너들에 대한 소수 지분도 있었다.

코카콜라는 병입회사 지분 외에도 컬럼비아 픽처스 엔터테인먼트Columbia Pictures Entertaiment의 지분 49%를 보유하고 있었다. 컬럼비아 픽처스 엔터테인먼트는 1982년 이후 코카콜라가 100% 소유하고 있던 컬럼비아 픽처스와 코카콜라가 일부 지분을 소유하고 있던 트라이스타Tri-Star가 1987년 9월 합병한 회사였다. 이미 당시 그 회사는 주요 영화 스튜디오 중 하나였으며, 300개의 영화관을 보유한 영화관 체인도 소유하고 있었다. 이들 회사는 모두 비연결 계열사로 그 회사들의 매출과 이익이 코카콜라에 귀속되는 것은 아니었지만, 분명히 큰 성공을 거둔 가치 있는 기업들이었다.

코카콜라의 세부적인 재무정보로 들어가기 전에 나는 코카콜라의 경영진이 당시 잠재적 투자자에게 어떻게 보였을지 간략히 살펴보고자 한다. 로베르토 고이주에타는 1980년부터 코카콜라의 회장 겸 CEO로, 도널드 코프는 1981년부터 사장 겸 COO로 재직하고 있었다. 따라서 1988년 초 코카콜라는 그들의 재임 기간 중 발표된 뉴스가 항상 긍정적이지는 않았지만, 분명히 검증된 경영진과 환상적인 재무상 이력을 가진 경영진을 보유하고 있었다고 볼 수 있었다.

1985년부터 1987년 사이의 재무정보를 보면 경영진이 주주 수익률과 주요 운영지표를 향상하는 데 집중했다는 사실을 분명히 알 수 있다. 경영진이 자신들의 성과에 대한 전반적 평가에서 구체적으로 논의하는 지표는 주주자본이익률과 무형현금 창출이었다([그림 14.3] 참조).

1987년 재무제표로 돌아가 보면, 34페이지와 35페이지에 실린 과거 10년간의 연간 재무정보에서 코카콜라가 지난 10년 동안 단 1년

[그림 14.3] 주요 재무지표

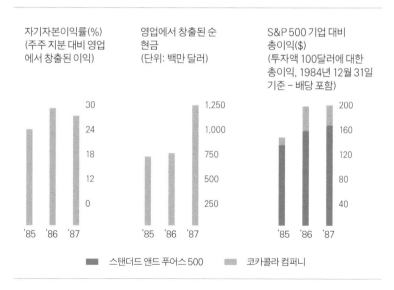

자기자본이익률(%) (주주 지분 대비 영업에서 창출된 이익)

영업에서 창출된 순현금 (단위: 백만 달러)

S&P 500 기업 대비 총이익($) (투자액 100달러에 대한 총이익, 1984년 12월 31일 기준 – 배당 포함)

■ 스탠더드 앤드 푸어스 500   ▨ 코카콜라 컴퍼니

[표 14.3]

범주	규모($)	매출액 대비 비율
고정자산	$15억 9,800만	20.9%
재고자산	$7억 7,700만	10.1%
외상매출금	$6억 7,200만	8.8%
외상매입금	-$14억 3,000만	-18.7%
총투하자본(TCE)	$16억 1,700만	21.1%

(1982년)만 제외하고 모두 매출이 증가했음을 알 수 있다. 영업이익 측면에서도 1년(1984년)을 제외하고 모두 성장했으며, 주당순이익 측면에서도 지난 10년 모두 증가했다는 기록을 볼 수 있다. 이러한 재무정보는 아메리칸 익스프레스 투자를 연상케 하는데, 당시 분석가들이 볼 때 매우 일관된 실적을 나타내는 분명한 신호였을 것이다. 실제 수치를 보면 1977년에서 1987년 사이 코카콜라는 매출과 EPS 모두 연평균 12% 성장했다.

1987회계연도 자료를 좀 더 자세히 들여다보면, 앞에서 논의한 개별 사업 부문의 실적을 고려할 때 코카콜라가 전체적으로 전년 대비 10%의 매출 증가와 12%의 영업이익 증가를 기록했다는 사실은 그리 놀라운 일이 아니다. 하지만 중요한 것은 투하자본수익률 측면에서 사업의 복합적인 능력을 분석하는 것이다. 1987년 연말 대차대조표를 보면 코카콜라에는 [표 14.3]과 같은 유형자본 기반이 있었다.

NOPAT는 [표 14.4]와 같이 산출된다.

이 수치들을 기반으로 계산하면 ROTCE는 55.5%이다. 이는 ROTCE가 높은 사업인지 아닌지 판단하는 나의 개인적 벤치마크

[표 14.4]

영업이익*(EBITA)	$13억 6,000만
세액 반영**(세율 34%)	−4억 6,200만
NOPAT	$8억 9,800만

* 감모상각액이 크지 않기 때문에 EBITA를 영업이익으로 대체함(특별항목 반영).
** 1986년 10월 세법 개정안이 통과하면서 법인세 최고 세율이 46%에서 34%로 감소. 34%의 최고 세율
은 1988년부터 반영됨.

기준인 20%보다 훨씬 높은 수치다. 이 수치는 코카콜라가 자본이
많이 필요하지 않으면서 자본집약도 대비 수익성은 매우 높은 사업
을 운영한다는 사실을 나타낸다. 코카콜라는 병입업체가 필요로 하
는 자본을 모두 부담하지는 않았다는 측면에서 분명히 이득을 보고
있었다. 내부(복리)수익률 관점에서도 코카콜라는 연 10% 이상의 성
장과 높은 ROTCE로 아주 양호하게 성장하고 있었다. 나는 잠재적
투자자로서 이미 지금까지의 분석을 통해 코카콜라가 근본적으로
훌륭한 사업이라는 사실을 알았을 것이다. 하지만 이 숫자들을 통해
코카콜라가 정말로 놀라운 사업이라는 사실을 다시 한번 깨달았을
것이다.

마지막으로, 잠재적 투자자들이 당시에 내렸을 가치평가 부분을
살펴보자. 코카콜라는 자사 주식의 52주 최저, 최고, 연말 종가를 연
차보고서에 기록했다. 1987년 최저가는 29달러, 최고가는 53.13달
러, 연말 종가는 38.13달러였다. 1988년 초 주가가 여전히 대략 연말
종가 근처에서 움직이고 있다고 가정하면 잠재적 투자자들은 코카
콜라 주식이 주당 40달러 수준에서 거래되고 있는 것을 보았을 것이

[표 14.5] 기업가치 계산

주가	$40.00
발행주식 수*	3억 7,500만 주
시가총액	$150억
순금융부채**	$12억 3,700만
EV	$162억 3,700만

* 1987년 말 기준 발행주식 수는 3억 7,200만 주(560만 개의 주식 옵션 발행. 행사가격 범위가 $10~$45 임을 감안해 추가 발행주식 수를 3,000만 주로 가정).
** 단기대출(16억 8,500만 달러), 유동성 장기부채(2억 1,300만 달러), 장기부채(8억 300만 달러), 현금 (10억 1,700만 달러), 시장성 유가증권(4억 5,100만 달러), 연금부채(400만 달러)

다. 사실 당시 투자자가 버핏의 1988년 연말 주주 서한을 읽지는 않았을 테지만, 방금 언급한 주가는 버핏이 1988년에 지급한 코카콜라 주식의 매수 원가와 비슷하다. 그의 서한에 자세히 나와 있듯이 그가 매수한 주당 가격은 41.8달러였다.

연차보고서에 실린 정보를 이용해 산출한 기업가치EV는 [표 14.5] 와 같다.

이전 재무성과에 관한 논의 부분에서 계산한 특별항목을 감안한 EBITA는 13억 6,000만 달러였다. 그리고 앞서 계산한 EV와 EBITA 를 이용해 산출한 EV/EBITA는 [표 14.6]과 같다.

1987년 EV/EBITA 수치를 보면 코카콜라는 EV/EBITA 11.9배 수

[표 14.6] EV/EBITDA 배수

EV/EBITA	1987
EBITA	$13억 6,000만 달러
EBIT 마진	17.8%
EV/EBITA	11.9배

준에서 거래되고 있었다. 이것은 분명 높은 수준이다. 하지만 여기서 몇몇 비연결 사업들의 가치는 고려하지 않았다. 이제 이 부분을 다루어보도록 하자.

가능하다면 비연결기업의 시장가치에 기반한 가치합산법을 통해 비연결기업의 가치(특히 그 회사가 상장기업인 경우)를 산출한다. 하지만 그 정보를 쉽게 구할 수 없으므로 나는 그 기업들의 대차대조표 수치를 참고할 것이다. 물론 그 수치가 비연결기업의 실제 가치를 과소평가할 가능성이 있다는 사실은 충분히 인식하고 있다. 1987년 연차보고서의 연결재무제표 주석 3에 있는 T.C.C. 일부 주식의 상장 논의 부분에 코카콜라가 역사적 원가 기준에서 시장가격 기준으로 사업을 재평가할 때 회계상 이익이 발생했다고 언급된 내용을 이에 대한 증거로 들 수 있다.

대차대조표 수치에 기반해 비연결기업의 가치를 산출해보면 그 가치는 25억 4,800만 달러다. 이 값을 감안해 EV를 조정하면 EV는 136억 8,900만 달러가 된다. 조정된 EV/EBITA 배수는 [표 14.7]과 같다.

EV/EBITA 10배 수준이라면 그 가격이 아주 싼 수준은 아니지만,

[표 14.7] 조정 EV/EBITDA 배수

EV/EBITA	1987(조정)
EBITA	$13억 6,000만 달러
EBIT 마진	17.8%
EV/EBITA	10.1배

사업의 질을 고려하면 상당히 좋은 가격인 것 같다. 원가 기준으로 산출된 비연결기업의 가치보다 훨씬 더 높은 가치가 숨겨져 있다고 가정하면 그 가치를 반영해 조정된 EV/EBITA의 배수는 훨씬 더 낮을 것이다.

나는 PER 배수를 살펴보면서 시가총액에서 비연결기업들의 가치를 차감한 수치도 계산해보았다. 조정된 시가총액은 124억 5,200만 달러다. 발행주식 수가 3억 7,500만 주라면 조정된 주당 가격은 33.21달러다.

PER 배수는 EV/EBITA 배수와 일관된 결과를 보여준다. 1987년에 비해 1988년부터 도입된 새 법인세율이 낮았기 때문에 영업이익이 동일하더라도 1988년 EPS는 더 높을 것으로 예상되었을 것이다. 따라서 잠재적 투자자가 성장을 고려하지 않고도 13.7배보다 낮은 1988년 PER을 산출할 수 있었을 것이라는 점에 유의해야 한다.

그렇더라도 EV/EBITA 10.1배도 그렇지만 PER 13.7배도 코카콜라 같은 정말 훌륭한 기업에만 좋은 가격 수준이다. 오늘날의 투자자와 마찬가지로 당시 보수적인 투자자는 성장하지 않은 사업에 대해서는 아마 대략 7배 이상의 EV/EBITA나 10배 이상의 PER은 용인하지 않았을 것이다. 이 점을 고려할 때 나는 버핏이 성장에 대한 대가를 지불했다고 결론 내릴 수 있다.

분명히 핵심 청량음료 사업에는 미개척 시장에서의 소비량 증가로 인한 국제적 확장과 유통망 통합 및 밀도 증가로 인한 지속적인 효율성 향상 등 그 가치를 높이는 순풍이 불고 있었다. 게다가 그 성장에는 매우 긴 역사적 일관성이 있었다. 또한 이후 수십 년에 대해서도 분명하게 성장을 전망할 수 있었다. 결국 코카콜라 투자는 버핏이 훌륭한 사업에 대해 대부분 투자자가 생각하던 매우 적정한 가격을 지급한 분명한 사례로 보인다.

버핏은 1988년에서 1989년 사이 코카콜라에 10억 달러 이상을 추가로 투자했다. 이는 당시 버크셔 시장가치의 약 25%를 차지하는 규모였다.

놀랄 만큼 정확했고 수익도 컸던 버핏의 이 투자에 관해 시간이 지난 후 검토하는 것은 쉬운 일이다. 하지만 당시의 시점에서 보았을 때 내가 이 사례에서 얻은 또 다른 교훈은 진짜 위험을 가려내는 것이다. 1980년대에 코카콜라가 펩시콜라와의 경쟁에 직면하고 있었다는 사실은 모든 언론 기사와 시장점유율 데이터로 명백히 알 수 있었다. 하지만 역사적 수치만으로 두 회사의 전쟁 같았던 극심한 경쟁을 완전히 이해할 수는 없다.

코카콜라 모회사의 관점에서 볼 때 사업의 가장 큰 부분은 해외 사업이었고, 전반적으로 코카콜라는 10년 동안 그 과업을 훌륭히 해내고 있었다. 비록 버핏이 투자한 시점이 뉴 코크 악재가 거의 마무리

[표 14.8] PER 배수

PER	1987	1987(조정)
주가	$40.00	$33.21
EPS(조정)	$2.43	$2.43
PER	16.5배	13.7배

된 1988년이었다고 그 투자를 깎아내리는 사람도 있지만, 나에게 더 큰 교훈은 그가 구체적 자료에 집중했다는 것과 코카콜라가 훌륭한 사업이고 앞으로도 더 성공적일 것이라는 전체적인 그림에 초점을 맞췄다는 사실이다.

[표 14.9] 재무정보 요약(1977~1987년)

(단위: 백만 달러, 주당 수치 제외, 12월 31일 기준)

	단위	1987	1986	1985	1984	1983	1982	1981	1980	1979	1978	1977
영업 요약												
순영업 수익		7.658	6.977	5.879	5.442	5.056	4.760	4.836	4.640	3.895	3.423	2.733
매출원가		3.633	3.454	2.909	2.738	2.580	2.472	2.675	2.594	2.101	1.854	1.531
매출 총이익		4.025	3.523	2.970	2.704	2.476	2.288	2.161	2.046	1.794	1.569	1.222
영업 및 일반 관리비		2.665	2.446	2.163	1.855	1.648	1.515	1.441	1.366	1.150	967	694
구조조정 및 투자회수 준비금		36	180	–	–	–	–	–	–	–	–	–
영업이익		1.324	897	807	849	828	773	720	680	644	602	528
이자수익		207	139	145	131	90	119	85	56	46	41	32
이자비용		279	197	190	127	77	76	34	30	10	7	6
지분수입		118	156	164	117	84	46	20	14	18	17	19
기타 수익 (공제)		–	33	66	12	2	11	-20	-13	-7	-18	-12
자회사 지분 매각 수익		40	375	–	–	–	–	–	–	–	–	–
세전 계속 사업이익		1.410	1.403	992	982	927	873	771	707	691	635	561
소득세		494	469	314	360	374	379	339	313	306	284	251
계속사업 증가		916	934	678	622	553	494	432	394	386	351	310
순이익	백만$	916	934	722	629	559	512	482	422	420	375	331

주당 수치

계속사업 이익	$	2.43	2.42	1.72	1.57	1.35	1.27	1.17	1.06	1.04	0.95	0.84
순이익	$	2.43	2.42	1.84	1.59	1.37	1.32	1.30	1.14	1.13	1.01	0.89
배당												
현금	$	1.12	1.04	0.99	0.92	0.89	0.83	0.77	0.72	0.65	0.58	0.51
주식	$	0.90	–	–	–	–	–	–	–	–	–	–

연말 계정

현금 및 시장성 유가증권	백만 $	1.468	869	835	734	559	254	344	235	153	325	351
고정자산	백만 $	1.598	1.538	1.482	1.284	1.247	1.233	1.160	1.045	976	833	688
총자산	백만 $	8.356	7.484	6.246	5.211	4.550	4.212	3.373	3.152	2.710	2.439	2.144
장기부채	백만 $	803	908	739	631	428	423	132	121	22	15	15
총부채	백만 $	2.702	1.610	1.139	1.229	520	493	227	213	130	69	57
자본	백만 $	3.224	3.515	2.979	2.778	2.921	2.779	2.271	2.075	1.919	1.740	1.578
총자본	백만 $	5.926	5.125	4.118	4.007	3.441	3.272	2.498	2.288	2.049	1.809	1.635

재무비율

평균자기 자본이익률(계속사업)	%	27.2	23.8	23.5	21.8	19.4	19.6	19.9	19.7	21.1	21.2	20.6
부채비율	%	45.6	31.4	27.7	30.7	15.1	15.1	9.1	9.3	6.3	3.8	3.5
현금 배당률	%	46.0	43.1	53.7	58.0	65.3	62.8	59.5	63.2	57.6	57.4	57.5

기타

평균 발행 주식 수	백만 $	377	387	393	396	408	390	372	372	372	372	369
자본지출	백만 $	300	346	412	300	324	273	279	241	309	234	203
감가상각		152	151	130	119	111	104	94	87	77	61	55
주가(12월 31일)	$	38.13	37.75	28.17	20.79	17.83	17.33	11.58	11.13	11.50	14.63	12.42

자료: 1987년 코카콜라 컴퍼니 연차보고서 34~35페이지

[표 14.10] 연결대차대조표(1986~1987년)

(단위: 천 달러)

자산	1987	1986
유동자산		
현금	1,017,624	606,848
시장성 유가증권(시장가치에 가까운 원가)	450,640	261,785
외상매출금(상각액 차감: $13,429, $11,657)	672,160	672,568
재고자산	776,740	695,437
선급비용 및 기타 자산	674,148	932,630
받을어음(컬럼비아 픽처스 엔터테인먼트)	544,889	-
총유동자산	4,136,201	3,169,268
투자 및 기타 자산		
관계회사 투자	-	-
컬럼비아 픽처스 엔터테인먼트	989,409	1,436,707
코카콜라 엔터프라이즈	749,159	709,287
T.C.C. 베버리지	84,493	87,696
기타	435,484	212,194
채권 및 기타 자산	289,000	217,046
총 투자 및 기타 자산	2,547,545	2,662,930
고정자산		
토지	112,741	98,842
건물	763,317	695,029
기계 및 장비	1,488,464	1,390,689
컨테이너	275,120	287,672
총계	2,639,642	2,472,232
차감: 감가상각	1,041,983	934,679
총고정자산	1,597,659	1,537,553
영업권 및 기타 무형자산	74,155	114,377
총자산	8,355,560	7,484,128
부채 및 자본		
유동부채		
외상매입금 및 미지급 비용	1,430,193	1,198,407

대출 및 지급어음	1,685,408	697,743
유동성 장기부채	213,609	4,628
미지급 주식배당금	335,017	–
미지급 세금	454,313	344,141
총유동부채	4,118,540	2,244,919
장기대출	803,352	907,676
이연소득세	209,880	239,813
컬럼비아 픽처스 엔터테인먼트 관련 부채	–	576,741
총부채	5,131,772	3,969,149
자본		
우선주(액면가 $1, 수권주식 수 100,000,000주, 미발행)	–	–
보통주(액면가 $1, 수권주식 수 700,000,000주, 발행주식 수: 1987년 415,977,479주, 1986년 414,491,987주)	415,977	414,492
자본잉여금	338,594	299,345
유보이익	3,783,625	3,624,046
외환 관련 조정	−5,047	−118,087
총계	4,533,149	4,219,796
차감: 자사주(1987년 43,621,336주, 1986년 29,481,220주)	1,309,261	704,817
총자본	3,223,888	3,514,979

자료: 1987년 코카콜라 컴퍼니 연차보고서 36~37페이지

[표 14.11] 손익계산서(1985~1987년)

12월 31일 마감
(단위: 천 달러, 주당 수치 제외)

	1987	1986	1985
순영업수익	7,658,341	6,976,558	5,879,160
매출원가	3,633,159	3,453,891	2,909,496
매출총이익	4,025,182	3,522,667	2,969,664
판매 및 일반 관리비	2,665,022	2,445,602	2,162,991
구조조정 및 투자회수 준비금	36,370	180,000	–
영업이익	1,323,790	897,065	806,673
이자수익	207,164	139,348	144,648
이자비용	279,012	196,778	189,808
지분수익	118,533	155,804	164,385
기타 수익	34	33,014	66,524
자회사 지분 매각 수익	39,654	375,000	–
세전 계속사업이익	1,410,163	1,403,453	992,422
소득세	494,027	469,106	314,856
순이익(계속사업)	916,136	934,347	677,566
순이익(중단사업, 세금 $7,870 반영)	–	–	9,000
중단사업 처분 이익	–	–	35,733
순이익	916,136	934,347	722,299
주당			
계속사업	2.43	2.42	1.72
중단사업	–	–	0.12
순이익	2.43	2.42	1.84
평균 발행주식 수	377,372	386,831	393,354

자료: 1987년 코카콜라 컴퍼니 연차보고서 38페이지

3부

시대에 맞추어 진화하고 변신하다: 후반기 (1990-2014)

Warren Buffett

INSIDE THE INVESTMENTS OF
WARREN BUFFETT

규모가 커진 버크셔 해서웨이는 총 수십억 달러에 이르는 장부가치를 보유한 상태로 1990년대를 시작했다. 워런 버핏은 이제 유명한 투자자가 되었다. 처음에는 투자자들 사이에서만 유명했으나 나중에는 누구나 다 아는 유명인이 되었다. 이 기간에 버핏은 계속 비공개 기업에 대한 투자를 늘렸고, 더 크고 잘 알려진 기업에도 투자했다. 여기서 중요한 부분은 버핏이 버크셔가 성장한 만큼 큰 규모로 투자를 해야 했다는 점이다. 그러한 큰 규모의 투자는 잠재적 어려움을 야기했지만, 동시에 잠재적 이점도 취할 수 있었다. 자본 규모가 커지면서 거래 제안도 더 많아졌고, 다른 투자자들이 투자할 수 없을 때 자본을 제공할 수도 있었다. 버핏은 이 기간 중 후반기에는 대규모의 자본을 효율적으로 잘 활용하는, 버핏 자신의 표현으로 '코끼리 사냥총'을 잘 쏘는 데 집중했다. 그는 지속적으로 버크셔의 핵심 사업, 특히 보험 사업을 유기적으로 구축하는 데에도 초점을 맞추었다.

1990년과 2014년 사이에는 경제적 변동이 매우 심했고, 사건·사고도 많았다. 1990년 말 미국은 제1차 걸프전에 참전했고, 비록 짧기는 했지만 전면적 경기침체도 겪었다. 버크셔의 주식을 포함해 많은 주식의 가격이 1년 전에 비해 큰 폭으로 하락했다. 바로 이 당시가 고전적 의미에서 전쟁에 대한 공포로 폭락한 주식을 훌륭한 가격으로 매수할 수 있는 시기였고, 버핏도 여기에 동참해 웰스 파고 주식을 매수했다. 하지만 곧 시장은 굉장한 환희로 뒤덮였다. 2000년까지 과거 수십 년 동안 보지 못했던 강세장이 펼쳐졌다. 이러한 가장 최근 강세장에서의 핵심 요소는 인터넷의 개발과 이후의 기술혁명이었다. 결과적으로 이 분야의 많은 회사가 이익을 내기보다는 단지 창의적이었을 뿐이라고 판명되었지만, 이 사실조차 미쳐 날뛰는 시장이 새로운 혁신의 시대를 선언하며 이를 기반으로 가치평가를 정당화하는 것을 막지 못했다.

모든 열광이 종국에는 공포로 마무리되듯이 2000년대에 들어서며 결국 인터넷 거품이 터졌다. 2002년 미국과 세계 경제에는 또 다른 불황이 진행되고 있었다. 한 해 전이었던 2001년 9월, 뉴욕의 트윈 타워 테러는 전 세계를 그 토대까지 흔들어놓았다. 2002년 이후 몇 년 동안은 경제가 다시 회복되었다. 이러한 회복을 이끈 것은 주택 가격에서 형성된 새로운 거품이었다. 2000년 1만 1,000선을 약간 넘었던 다우지수는 2007년에 그보다 훨씬 더 높은 1만 4,000선에 도달했다.

그러나 그 이면에서 시중은행들의 느슨했던 주택 담보대출의 영향뿐만 아니라 신흥국가 국공채와 관련한 뿌리 깊은 이슈들이 부각되기 시작했다. 상황은 빠르게 악화되었고, 경제는 2007년 고점에서 바로 깊은 불황에 빠져들었다. 금융시장에서도 큰 혼란이 뒤따랐다. 초대형 금융기관인 리먼 브러더스는 그 혼란의 희생자가 되었다. 선진국 금융기관들의 잇따른 구제금융과 1930년대 같은 경기침체를 막기 위한 대규모 자본 투입으로 경기가 예상보다 더 빠르게 회복되었다. 다우지수는 2009년 말 다시 1만 선을 넘었다. 그러나 엄청난 자금 투입에 따른 여파는 물론이고 일부 뿌리 깊은 문제들도 2010년까지 완전히 사라지지 않았다. 재정적 불확실성은 2011년에도 존재했다. 이 시기에는 원자재 가격, 특히 금과 석유의 가격이 급등했다. 이 기간에 버핏은 현명하게 투자 기회를 찾으려 노력했다. 그가 당시 대규모로 투자했던 회사 중 하나인 벌링턴 노던 인수는 2009년 경제 혼란기 중에 이루어졌다.

15
•
US 에어 그룹 1989
Us Air Group

• • •

신중한 투자자에게 있어 US 에어의 보통주는 버핏이 말했던
'판단하기가 너무 어려운 주식을 던져 넣는 양동이'에 들어갈 주식이었을 것이다.
하지만 다시 말하지만, 버핏은 그 보통주에는 투자하지 않았다.

살로몬 투자에서와 마찬가지로 1988년 US 에어에 대한 워런 버핏의 투자에는 우선주가 포함되었다. 버핏은 배당률이 9.25%이고, 주당 60달러에 보통주 전환이 가능하며, 10년 후 상환이 의무 조항으로 붙은 3억 5,800만 달러 규모의 US 에어의 우선주를 인수했다. 당시 보통주는 주당 약 35달러로 평가되고 있었고, 이는 US 에어의 총 시가총액이 약 15억 달러임을 의미했다.

버핏은 이 투자에서 결국에는 이익을 얻긴 했지만, US 에어 투자는 버핏의 투자 실패 중 하나로 종종 거론된다. 버핏은 연례 서한에서 이 투자의 결점 및 전망을 정확하게 파악하지 못한 부분에 관해

설명했다. 버핏은 1996년 연말 주주들에게 보내는 연례 서한에서 다음과 같이 말했다.

> 나는 그 회사의 당시 CEO였던 에드 콜로드니Ed Colodny를 좋아하고, 존경했고, 지금도 그렇다. 그러나 US 에어 사업에 대한 나의 분석은 피상적이고 옳지 못했다. 나는 그 회사가 오랫동안 수익성 있는 운영을 해온 역사, 그리고 선순위 증권을 소유해 얻게 되는 보호 측면에 너무 매혹되어 중요한 점을 간과했다. US 에어의 매출은 규제가 느슨해지고 경쟁이 치열해진 시장의 영향을 점점 더 많이 받게 될 것이었지만, US 에어의 비용 구조는 규제를 통해 이익이 보호되던 시절 그대로였다. 이 항공사의 과거 기록이 우리를 안심시키더라도 이러한 비용이 방치된다면 결국은 재앙이 될 것이었다.

나중에 시간이 지난 뒤 결과를 안 상태에서 투자를 비판하기는 쉽다. 우리가 던져야 할 더 흥미로운 질문은 잠재적 투자자들이 실제로 당시 US 에어에서 무엇을 보았을까 하는 점이다. 이 질문에 답하기 위해 우리는 버핏이 그 주식을 매수하기 전 당시 가장 최근에 발간되었던 1988년 US 에어의 연차보고서를 살펴보아야 한다.

이 보고서는 1988년 57억 1,000만 달러의 매출에 1억 6,500만 달러 순이익을 올린 재무성과에서부터 시작한다. 전년도에도 이 회사는 30억 달러의 매출에 1억 9,400만 달러의 순이익을 올리는 등 수익성이 좋았다. 강조된 재무적 성과와 이어지는 회장 겸 의장인 에드 콜로드니의 운영 검토를 통해 그려진 전체적인 그림은 US 에어가 매

[그림 15.1] 1989년 US 에어 그룹 연차보고서

출이 많이 늘어나고 있는 수익성 있는 사업이라는 사실이었을 것이다. 이 회사는 퍼시픽 사우스웨스트 에어라인즈PSA: Pacific Southwest Airlines 인수 후 통합을 막 완료했고, 1989년 합병 예정이던 피드몬트

에어라인즈Piedmont Airlines와의 통합 작업을 시작하고 있었다. 이 두 건의 인수로 US 에어의 운항 규모는 2배 이상 늘었고, 미국 전역에 항공 노선이 추가되었다. 1988년 연말 기준으로 1989년에서 1991년 사이에 인도될 주문이 확정된 항공기만 83대였고, 이외에도 인수가 추가로 가능한 항공기는 108대에 이르렀다.

급속한 성장 외에도 주목할 만한 세 가지 내용이 연차보고서에 언급된다. 첫째, 1988년 매출은 기하급수적으로 증가했지만(1987년 대비 90% 증가), 순이익은 실제로 감소했다. 이러한 엇갈린 성과 중 일부는 합병 후 통합과 노후 항공기인 BAC 1-11의 일회성 상각이라는 특별비용에 기인할 수도 있지만, 이러한 비용을 감안하더라도 US 에어의 영업이익 증가 폭(특별항목 반영 전)은 매출액 증가 폭보다 훨씬 낮은 36%에 불과했다. 손익계산서를 자세히 살펴보면 그 원인은 매출액보다 훨씬 빠른 속도로 97%나 늘어난 판매 및 관리비였다. 그중에서도 인건비, 임대료, 착륙료, 항공기 정비비용 등이 가장 가파르게 증가했다. 비록 1년간의 급격한 운영비 상승이 영구적인 비용 상승으로 이어지지는 않겠지만, 확실히 이러한 비용이 얼마나 관리 가능할지에 관한 우려를 불러일으켰다. 항공 교통량의 급속한 증가로 자원이 부족해지면서 공항 착륙료와 조종사 임금이 상승하고 있는지, 연료비 상승에는 어떤 요인이 영향을 미쳤는지, 그리고 이러한 비용들은 통제할 수 있는지와 같은 의문이 생겨났다.

두 번째로 주목할 부분은 첫 번째와 관련이 있다. 이 부분은 바로 부채와 운용리스로 잠재적 투자자가 보기에 리스크와 불확실성을 더 많이 야기했다. PSA와 피드몬트, 이 두 건의 대규모 인수자금 마련을 위해 US 에어는 1987년에 신용거래 형태로 10억 달러 규모의 새로운 부채를 조달했다.

이 중 일부는 1988년에 기업어음을 발행해 상환했다. 하지만 US 에어는 그해 말 여전히 약 15억 달러에 달하는 금융부채를 보유하고 있었는데, 그 부채는 계약상 제한 조항, 상환 일정 그리고 상당한 규모의 부채에 수반되는 기타 위험들도 안고 있었다. US 에어에는 금융부채 외에도 해약이 불가능한 운용리스도 있었다(보고서의 23페이지 내용 참조). 이는 항공기, 지상 시설 및 기타 장비 등의 향후 리스와 관련해 지급해야 하는 부분이었다. US 에어의 영업이익 4억 3,400만 달러와 비교하면 그 총액은 절대적으로도 큰 규모였다. 사업이 잘된다면 금융부채의 이자처럼 이런 비용들은 문제가 되지 않을 것이다. 그러나 사업이 악화된다면 이러한 지급 의무가 문제가 될 수 있으며, 회사는 지급 불능의 위험에 빠질 수도 있을 것이다.

세 번째로 주목할 만한 사실은 ① 불확실성과 ② 평이함이라는 두 가지 측면이 있는 US 에어의 사업 내용이다.

① 불확실성: 사업의 질을 평가할 때 그 핵심 요소는 그 사업이 창출할 수 있는 투하자본수익률이다. 그 수치를 계산하기 위해서는 우선 정상 상태에서의 수익 수준을 정확하게 추정할 수 있어야 한다. US 에어의 경우 그것은 결코 쉬운 일이 아니었다. 첫 번째 난제는 이익이 경기(변동)에 따라 들쭉날쭉하다는 점이었다. [표 15.1]에 정리한 US 에어의 재무정보를 보면 좋은 해의 순이익 마진(약 7.5%)과 안 좋

[표 15.1] 재무정보 요약

(단위: 천 달러, 주당 수치 제외)

	1988	1987	1986	1985	1984	1983	1982	1981	1980	1979	1978
손익계산서											
영업수익	5,707	3,001	1,835	1,765	1,630	1,432	1,273	1,110	972	729	567
영업비용	5,273	2,682	1,666	1,597	1,483	1,304	1,194	1,052	880	677	533
영업이익	434	319	169	168	192	128	79	58	92	52	34
순이익	165	195	98	117	122	81	59	51	60	33	32
주당순이익 (완전 희석)	3.81	5.27	3.33	3.98	4.46	3.22	2.88	2.66	3.59	2.24	2.82
보통주 주당 배당금	0.12	0.12	0.12	0.12	0.12	0.12	0.12	0.12	0.09	–	–
대차대조표											
총자산	5,349	5,257	2,147	1,951	1,621	1,318	1,062	881	715	533	404
장기부채	1,419	1,870	454	474	430	350	334	303	236	184	144
자본	2,070	1,895	1,058	956	737	615	459	353	272	216	167
발행주식 수	43.8	43.2	27.3	26.9	23.0	22.8	19.8	17.1	12.0	11.9	9.9
주당장부가치	47.28	43.90	38.77	35.44	31.89	26.77	22.89	20.34	18.43	13.85	11.82

자료: 1988년 US 에어 그룹 연차보고서 30~31페이지

은 해(약 3%)의 마진이 2배 이상 차이가 남는 것을 볼 수 있다.

이런 변동성을 없애기 위해 잠재적 투자자는 지난 3년 동안의 평균 순이익률인 4.9%를 사용할 수 있다. 이것은 안정된 모습으로 순환하는 사업에는 적절할 수 있다. 하지만 US 에어는 그렇지 않았다. 그회사의 변동성은 예측할 수 있는 시간표도 없는 추정하기도 힘든 일반적인 변동성이었다. US 에어는 확실히 안정된 상태는 아니었다. 급속하게 진행된 일련의 인수로 기존 US 에어의 사업과 인수한 사업에 내재된 잠재적 마진의 차이뿐만 아니라 예외적 통합 비용도 파악하기 힘들었다.

이러한 모든 요인이 불확실성을 크게 증가시키지만, 훨씬 더 큰 불확실성이 없다면 투자자는 일부 요인을 조정한 과거 평균 마진을 추정하고 US 에어와 인수한 회사의 매출 합계를 바탕으로 새로운 안정적인 매출을 계산해 여전히 일반적으로 지속 가능한 수치를 어림할 수 있을 것이다. 하지만 항공업계 전체가 근본적인 변화 상황에 빠져 있었다. US 에어 연차보고서의 운영 통계표는 이 같은 사실을 가장 잘 보여준다([표 15.2] 참조)

점점 더 많은 사람이 비행기로 여행을 하고 있었고, 평균 여행거리도 증가하고 있었다. 동시에 항공사들이 여객마일당 비용을 줄이고 여객 탑승률을 높이기 위해 서로 경쟁하면서 여객마일당 수익은 빠르게 감소하고 있었다. 승객 수요 증가는 분명히 US 에어에 긍정적이지만, 비용절감 압력은 확실히 부정적인 요인이었다. 그러한 불확실성뿐만이 아니었다. 1980년대 초반부터 연료비는 꾸준히 하락했지만, 앞으로의 가격 움직임은 알 수 없었다. 펀더멘탈과 그에 반하는 힘 사이의 이러한 복잡성 때문에 미래의 지속 가능한 수익을 정확히 예측하는 것이 거의 불가능했다.

② 평이함: 우리가 US 에어를 좋게 보고, 매우 성공적이었던 1987년이 자본수익률을 창출하는 그 항공사의 고유의 능력을 반영한 해였다고 가정한다면 ROTCE의 계산은 다음과 같을 것이다(각 대차대조표 수치는 절대적 및 상대적 중요성을 나타내기 위해 매출액 대비 비율뿐만 아니라 달러 금액으로도 표시함).

[표 15.2] 운영 통계(1982~1988년)

	1988*	1987	1986	1985	1984	1983	1982	1981	1980	1979	1978
유상여객 (백만)	32.5	24.8	21.7	19.3	17.0	16.2	14.6	13.4	14.2	14.1	12.8
평균 여객 거리(마일)	533.3	527.7	513.5	504.8	480.5	446.5	415.2	404.6	385.3	359.1	318.1
유상여객 마일(백만)	17,315	13,072	11,155	9,732	8,191	7,245	6,078	5,424	5,4476	5,049	4,083
가용 좌석 마일(백만)	28,234	20,014	18,254	16,433	14,098	12,235	10,666	9,383	8,992	7,853	6,721
여객 탑승률(%)	61.3	65.3	61.1	59.2	58.1	59.2	57.0	57.8	60.9	64.3	60.8
여객마일 당 수익	15.33	14.91	14.93	16.71	18.57	18.42	19.51	18.93	16.26	12.88	12.29
가용 좌석 마일당 비용	9.34	8.90	8.74	9.45	9.98	10.50	11.07	11.07	9.65	8.46	7.67
평균 운항 거리(마일)	437.7	425.2	405.8	395.4	374.3	354.5	339.3	325.6	306.1	284.2	242.6
손익분기 좌석 이용률(%)	58.7	57.3	56.4	54.2	51.7	54.6	54.1	54.9	55.6	60.2	56.9
연료 소비량(백만)	617	463	435	404	367	327	301	276	273	262	239
갤런당 원가	52.58	54.74	53.85	79.74	84.80	89.08	97.30	103.14	86.74	55.83	39.65
연말 종업원 수	24,337	16,509	14,976	13,789	12,524	11,899	11,046	10,765	10,379	9,741	8,745
연말 항공기 수	226	162	149	143	133	127	119	106	95	90	93

* 1988년 4월 9일 PSA 합병
자료: 1988년 US 에어 그룹 연차보고서 30~31페이지

ⓐ 고정자산: 35억 2,000만 달러(매출액의 117%)

ⓑ 기타 무형자산: 2억 200만 달러(매출액의 7%)

ⓒ 재고자산: 2억 4,000만 달러(매출액의 8%)

ⓓ 외상매출금: 3억 4,300만 달러(매출액의 11%)

ⓔ 외상매입금: -2억 8,300만 달러(매출액의 -9%)

ⓕ 유형투하자본TCE: 40억 2,200만 달러(매출액의 134%)

1987년에 기록한 3억 1,900만 달러의 영업이익EBIT을 기준으로 계산한 세전 ROTCE는 7.9%였다. 당시 34%의 세율을 반영한 세후 수치는 5.2%이다. (1988년 이후 법인세율은 34%였다. 따라서 자본에 대한 내재수익률을 산출하기 위해 이 세율을 사용한다.) 어느 경우든 핵심은 US 에어의 사업이 고정자산(보유 항공기 및 설비/장비)이 매출액보다 많은 매우 자본집약적인 사업이었다는 점이다. 그 결과 성과가 좋았던 해에도 자본수익률이 8% 아래로 자본비용보다 낮은 수준이었다 (1988년 US 에어에서 발행한 기업어음의 이자율은 9.5~9.9%였다). 이 같은 사실은 본질적으로 구조적 이점이 거의 없는 사업을 의미한다. US 에어는 버핏이 거의 같은 시기에 투자한 질적으로 우수한 기업인 코카콜라와 웰스 파고와는 달랐다. 코카콜라와 웰스 파고 모두 ROTCE가 월등히 높았다.

잠재적 투자자는 US 에어를 구조적 이점이 거의 없고 재무적 측면에서도 상당한 순환성이 있는 사업으로 보았을 수 있지만 긍정적인 측면도 많았다. 무엇보다 US 에어에는 흠잡을 데 없는 업적을 쌓아온 에드윈 콜로드니Edwin Colodny라는 존경받는 CEO가 있었다. 1980년대 후반까지 콜로드니는 매출이 5억 달러에 불과한 소규모 지역 항공사였던 US 에어를 미국에서 가장 큰 항공사 중 하나로 키웠다([표 15.1] 참조). 그는 이익의 변동성이 커진 시기에도 단 한 해도 손실을 용납하지 않았다. 콜로드니의 리더십 하에 US 에어는 여객 탑승률 및 평균 여객거리 등의 운영지표를 개선했다([표 15.2] 참조). US 에어가 구조적 경쟁우위를 가진 사업이 아닌 순수한 실행(력) 기반의 사업이었다면 잘 실행되는 사업이라고 판단했을 것이다.

US 에어는 좋은 경영진 외에 다른 좋은 부분들도 많았다. 실제 업무성과와 운영지표를 함께 살펴보면, 우선 US 에어는 1988년 당시 미국을 대표하는 항공사 중 한 곳이었다. US 에어는 다른 어떤 미국 항공사보다 항공기 운항 횟수가 많았고, 볼티모어·클리블랜드·필라델피아·로스앤젤레스 같은 도시에 강력한 거점을 형성하고 있었다. 또한 고객 충성도 측면에서도 선구자로 당시 24개 공항에 28개의 멤버 라운지가 있는 가장 큰 클럽 네트워크를 보유하고 있었다. US 에어는 그 규모와 허브 앤 스포크 시스템hub and spoke system(고객 혹은 화물을 각각의 지점에서 중심이 되는 한 거점(허브)에 집중시킨 후 각각의 지점(스포크)으로 다시 분류해 이동시키는 것-옮긴이)에서 기인하는 좋은 평판과 높은 지역적 밀도라는 이점을 모두 가지고 있었다.

긍정적인 요소는 이뿐만이 아니었다. 1988년 연말 기준으로 US 에어의 항공기 평균 기령은 업계에서 가장 낮은 평균 8.9년이었다. 기령이 낮은 항공기는 유지보수가 덜 필요하고 연료 효율도 더 높기 때문에 US 에어는 다른 경쟁 항공사보다 항공기 유지 관련 비용이 적었다. PSA 및 피드몬트와의 통합도 잘 진행되고 있는 것 같았다. 예외적 비용도 있었지만, 그 예외적 비용이 더 이상 발생하지 않게 되면 자연적인 마진 개선과 함께 궁극적인 시너지 효과를 낼 수 있을 것이라는 설득력 있는 전망도 있었다.

회사의 긍정적인 면을 찾고 있던 투자자에게 US 에어는 급성장하는 산업 내에서 잘 실행되는 사업을 운영하고 있고, 특정 지역 시장에서 강력한 포지션을 공고히 구축하고 있는 것처럼 보였다고 요약할 수 있다. 또한 예외적인 비용이 1988년 마진에 부정적 영향을 끼쳤다고 결론지었을 수도 있다.

이 모든 분석 결과를 반영해 US 에어의 가치를 평가해보자. 우선 US 에어 보통주에 대한 가치부터 평가해보자. 1989년 US 에어의 주식은 최저가는 28달러, 최고가는 40.25달러였다. 그해 대부분의 기간 동안 거래되었던 중간가격을 35달러라고 하면 이익 배수는 다음과 같다.

US 에어의 지속 가능한 미래 이익을 정확히 추정하기 힘들다는 이전의 논의는 차치하고라도 과거의 가치평가 지표를 보면 구조적 이점이 제한적이긴 하지만, 잘 수행되고 성장하는 사업이라는 부분도 반영되지 않은 것 같다. 합병 후 통합과 BAC 1-11 항공기 상각과 관련

[표 15.3]

회계연도	1988	1987
EPS(희석)	$3.81	$5.27
PER	9.2배	6.6배
EBIT	$4억 3,400만	$3억 1,900만
EV/EBIT*	6.6배	9.0배

* EV = 시가총액(15억 3,000만 달러) + 순부채(13억 4,000만 달러)

된 특별비용이 있었다는 점을 감안하면 1988회계연도의 PER 배수는 7.2배에 불과했을 것이다. 절대적 기준으로 볼 때 6.6배라는 EV/EBIT 배수가 높지 않음에도 US 에어의 부채가 상당한 수준이었기 때문에 일반적으로 EV/EBIT보다는 PER로 판단할 때 더 저렴하게 보인다.

하지만 버핏은 고정이율이 9.25%이고, 주당 60달러에 전환 가능하며, 10년 후 의무적으로 상환해야 하는 조건이 붙은 사모 발행 전환우선주를 취득했다.

살로몬 사례에서의 투자 구조와 유사하게 이 주식의 위험 수준은 보통주와는 완전히 달랐다. 이 주식의 주된 가치는 다른 통상적 배당금보다 선순위로 지급되는 우선주 배당금의 고정수익적 측면에 있었다. 전환 특성은 일종의 보너스로, 향후 US 에어의 사업이 매우 성공해 현재 35달러인 보통주 가치가 60달러를 넘어서게 되면 전환 권리를 행사할 수 있었다.

이 사례가 살로몬 사례와 다른 점은 전환권 행사가 가능한 가격이 현재 보통주 가격보다 훨씬 높은 수준이었다는 점이다. 이는 보통주 전환가격에 도달하기가 더 어려울 것이기 때문에 고정수익이라는 부분이 상대적으로 더 중요하다는 사실을 의미한다. 따라서 투자자는 이 독특한 투자를 US 에어가 발행한 부채와 거의 비슷한 9.25% 이율의 고정수익 증권을 매입한 것으로 간주할 수 있다.

이 증권은 실제 US 에어의 회사채보다 더 위험했지만(회사채가 우선주보다 선순위이므로), 이후 10년 동안 US 에어의 사업이 발행 당시보다 훨씬 더 성공하게 될 경우에 얻을 수 있는 옵션 가치도 무시할 수는 없었다. 구체적으로 보통주에 대한 가치평가 부분을 다시 살펴보면, 60달러라는 전환가격은 1988년 주당순이익에 근거할 때 12.4배라는 조정된 PER 배수로 US 에어의 가치를 평가한 것이다. 이 가치는 표면적으로 봐도 특별히 비싼 수준이 아니며, US 에어가 과거의 성장과 수익을 지속적으로 달성할 수 있다면, 이것은 충분히 달성 가능한 수준인 것으로 보였다.

모든 내용을 고려해볼 때 US 에어는 일반 투자자들의 선택과는 현저하게 달랐던 투자 사례였다. 버핏은 전환가격이 60달러인 전환우선주에 투자했지만, 일반 투자자라면 주당 35달러 정도에 거래되던 US 에어의 보통주를 보았을 것이다. 만약 잠재적 투자자가 보통주 분석에 초점을 맞추었다면 부정적인 측면뿐만 아니라 긍정적인 측면도 많이 보았을 것이다. 한편으로는 US 에어가 검증된 경영진들이 잘 실행하는 사업이라는 특성을 가진 업계 선두주자로 보였을 것이다.

하지만 다른 한편으로 투자자들에게는 금융부채와 운용리스에서 야기되는 명백하고 상당한 위험뿐만 아니라, 그 사업과 산업 내에서 진행되는 중대한 변화 때문에 미래의 수익을 예측하기 어려울 것이라는 점이 매우 분명했을 것이다. 신중한 투자자에게 US 에어의 보통주는 버핏이 말했던 '판단하기가 너무 어려운 주식을 던져 넣는 양동이'에 들어갈 주식이었을 것이다. 하지만 다시 말하지만, 버핏은 그 보통주에는 투자하지 않았다.

US 에어 투자의 결과는 버핏이 주주들에게 보낸 서한에 잘 기록돼 있다. 버핏이 US 에어에 투자한 직후 항공 노선 경쟁과 항공료 인하 압력이 계속되면서 미국 항공업계는 전반적으로 침체되었다. 그러다 제1차 걸프전이 발발한 1990년과 1991년에 경제 불황이 닥치면서 미국 항공 산업은 심각한 수준으로 악화되었다.

1991년에서 1992년 사이에 미드웨이Midway, 팬 암Pan Am, 아메리카 웨스트America West, 콘티넨탈Continental, TWA 등 US 에어의 가장 큰 경쟁 항공사들이 파산 상태에 빠졌다. 상황이 악화되면서 항공사들은 더는 과거의 금융부채에 얽매이지 않고, 파산 상태에서 벗어나기 위해 오히려 더 낮은 가격으로 치열한 경쟁을 벌이며 영업을 이어갔다. 1990년과 1994년 사이에 US 에어는 총 24억 달러의 손실을 보았다. 모든 주주들도 마찬가지로 큰 손실을 보았다. 1994년에는 버핏이 보유한 주식에 대한 우선 배당이 중단되었다. 버핏은 US 에어 우선주에 투자한 3억 5,800만 달러 중 4분의 3을 상각했고, 1995년에는 그 주식들을 액면가의 50% 가격에 매각하려 했으나 실패했다.

하지만 버핏에게는 다행스럽게도 사업은 점차 개선되었고, 마침내 1995년 US 에어가 1년 내내 좋은 실적을 내면서 우선주 배당이 재개되었다. 실제 버핏은 미지급 우선주 배당에 대한 위약금을 계약 조항에 포함할 정도로 그 거래를 초반부터 신중하게 설계했었기 때문에 미지급된 9.5%의 배당금 외에도 추가 위약금까지 받을 수 있었다.

1997년이 되자 사업은 회복되었고, 주당 4달러까지 내려갔던 보통주 가격은 버핏이 보유한 우선주의 전환 권리를 가치 있게 만들어줄 수 있는 수준인 주당 73달러로 올랐다. 이어 1998년 3월 보통주 전환을 위해 우선주의 상한이 청구되었다. 버핏은 US 에어 투자를 통해 총 8년의 보유 기간 동안 2억 5,000만 달러 이상의 배당금을 받았고, 보통주 전환을 통해서도 수익을 실현했다. 엄청난 근본적 어려움을 겪으며 버핏의 투자 중 최악의 투자 실수가 되었음에도 결과적으로 US 에어 투자는 수익성이 좋았던 투자로 마무리되었다.

[표 15.4] 연결대차대조표(1987~1988년)

12월 31일 기준
(단위: 천 달러)

	1988	1987
자산		
유동자산		
현금 및 현금등가물	78,000	232,577
순외상매출금	381,127	343,170
자재 및 재료	265,310	239,838
선급비용	97,088	80,530
총유동자산	821,525	$896,115
부동산 및 장비		
항공 장비	3,117,121	3,162,995
토지 및 지상 장비	824,230	642,444
차감: 감가 및 감모	778,100	591,800
총 부동산 및 장비	3,163,251	3,213,639
구매 적립금	405,448	306,440
순 부동산 및 장비	3,568,699	3,520,079
기타 자산		
순영업권	623,889	576,857
기타 무형자산	189,678	202,463
기타 자산	145,087	61,239
총 기타 자산	958,654	840,559
총자산	5,348,878	5,256,753

부채 및 자본		
유동부채		
유동성 장기부채	85,643	71,402
외상매입금	371,146	283,437
대차 및 미사용 티켓	318,883	297,485
미지급 비용	433,381	341,086
총유동부채	1,209,053	993,410
장기부채	1,332,872	1,798,226
이연 및 기타 부채		
소득세	340,769	344,508
이연 및 기타 부채	396,672	225,691
총 이연 및 기타 부채	737,441	570,199
총부채	3,279,366	3,361,835
자본:		
우선주*	–	–
보통주**	44,411	43,801
납입자본금	1,068,958	1,050,637
유보이익	982,904	823,111
자사주***	−26,761	−22,631
총자본	2,069,512	1,894,918
총 부채 및 자본	5,348,878	5,256,753

* 수권주식 수 100만 주
** 액면가 $1, 수권주식 수 7,500만 주, 발행주식 수 44,411,000주, 43,801,000주
*** 635,000주, 632,000주
자료: 1988년 US 에어 그룹 연차보고서 17페이지

[표 15.5] 연결손익계산서(1986~1988년)

12월 31일 마감
(단위: 천 달러, 주당 수치 제외)

		1988	1987	1986
영업수익				
여객운송		5,273,955	2,775,581	1,709,050
기타		433,037	225,503	126,149
총여객운송	'000$	5,706,992	3,001,084	1,835,199
영업비용				
인건비		1,944,428	1,039,471	687,389
항공 연료비		638,453	377,602	237,946
여행사 수수료		382,718	203,623	124,154
렌탈 및 착륙료		510,740	200,397	83,778
항공기 유지관리		337,564	155,782	73,140
감가 및 감모 상각		229,729	127,630	93,191
기타		1,229,768	577,361	366,237
총영업비용	'000$	5,273,400	2,681,866	1,665,835
영업이익	'000$	433,592	319,218	169,364
기타 수익 및 비용				
이자수익		12,573	22,474	22,633
이자비용		-123,206	-88,828	-31,488
BAC 1-11 항공기 및 부품 상각		-33,000	-	-
기타		-20,445	3,501	9,393
총 기타 수익 및 비용	'000$	-164,078	-62,853	538
피드몬트 실적 반영 전 세전 이익	'000$	269,514	256,365	169,902
소득세 준비금		104,150	101,080	71,550
피드몬트 실적 반영 전 이익		165,004	155,285	98,352
피드몬트 실적 반영액	-	-	39,364	-
순이익	'000$	165,004	194,649	98,352
주당이익				
보통주	$	3.81	5.28	3.34
보통주(희석)	$	3.81	5.27	3.33

주식 수:			
보통주		43,304	37,728	31,560
보통주(희석)		43,315	37,802	31,695

자료: 1988년 US 에어 그룹 연차보고서 16페이지

[표 15.6] 현금흐름표(1986~1988년)

12월 31일 마감
(단위: 천 달러)

	1988	1987	1986
영업활동 현금흐름			
순이익	232,577	336,158	349,667
현금에 영향을 주는 순이익 항목 조정			
감가 및 감모 상각	165,004	194,649	98,352
이연소득세	229,729	127,630	93,191
BAC-11 항공기 및 부품 상각	-3,739	57,294	65,020
피드몬트 실적 반영액(배당 반영)	33,000	-	-
자산 처분 손익	-	-37,508	-
기타	2,119	-6,184	-7,213
현금에 영향을 주는 자산/부채 항목 조정	3,299	9,339	609
외상매출금 증감	-37,957	64,512	10,597
자재, 재료, 선급비용 증감	-43,483	-7,028	-23,532
대차 및 미사용 티켓 증감	21,398	-37,530	-27485
외상매입금 및 미지급 비용 증감	139,209	-8,915	-18,290
영업활동 순현금	508,579	356,259	282,799
투자활동 현금흐름			
자회사 인수(유입 현금 반영)			
피드몬트	-	-1,476,705	-
PSA	-	-313,291	-
서버번	-	-	-8,432
부동산 및 장비 가산	-544,985	-503,251	-266,614
구매 적립금 증감	-99,008	27,805	-25,054
자산 처분 수익	564,433	353,607	24,076

코비아 파트너십 투자	−113,133	−	−
기타	−15,285	19,052	5,715
투자활동 순현금	−207,978	−1,892,783	−270,309
재무활동 현금흐름			
부채 발행	127,241	1,905,450	5,799
부채 상환	−591,510	−965,085	−35,507
주식 발행	14,302	517,268	7,048
자사주	−	−20,043	−
배당금	−5,211	−4,647	−3,339
재무활동 순현금	−455,178	1,432,943	25,999
현금 및 현금등가물 순증감	−154,577	−103,581	−13,509
기말 현금 및 현금등가물	78,000	232,577	336,158

자료: 1988년 US 에어 그룹 연차보고서 18페이지

16

•

웰스 파고 1990

Wells Fargo

· · ·

미래의 어떤 부정적 뉴스에도 1990년 가치평가 과정에서
계산된 안전 마진은 이미 가격에 충분히 반영돼 있었다.

　이라크가 쿠웨이트를 공격한 1990년 8월 이후 미국은 전면적인
경기침체에 빠져들었다. 그리고 버크셔 주식을 포함해 거의 모든 주
식의 가격은 1년 전 최고치보다 25% 이상 폭락했다. 대신 주식들의
가치평가 지표는 다시 바닥권으로 회귀했다. 1990년에 들어서며 캘
리포니아의 부동산 시장은 악화되기 시작했고, 모든 지표는 담보대
출을 취급한 은행들이 심각하고 긴 고통의 시기를 겪을 것이라는 신
호를 보내고 있었다. 이것은 특히 웰스 파고에 더 골치 아픈 일이었다.
캘리포니아 지역에서 가장 많은 담보대출을 취급한 은행이었기 때문
이다. 하지만 웰스 파고는 특히 그 지역에서 강력하게 자리 잡은 프랜

[그림 16.1] 1990년 웰스 파고 연차보고서

WELLS FARGO & COMPANY   1990 Annual Report

차이즈이자 미국에서 가장 수익성이 높은 은행 중 하나였다. 당시 웰
스 파고는 진정으로 효율성을 추구하는 경영자로 명성이 자자했던
칼 라이하르트Carl Reichardt가 의장을 맡고 있었다.

폴 헤이즌Paul Hazen 회장과 칼 라이하르트 의장 겸 CEO가 이끈 웰스 파고의 경영진은 1989년 연차보고서 1페이지부터 회사의 주요 사업 부문에 관해 명확히 설명하고 있다. (잠재적 투자자가 이용할 수 있었던 당시 가장 최근의 연차보고서는 1990년 3월 6일 발간된 1989년 연차보고서였을 것이다.) 웰스 파고에는 4개 사업 부문이 있었다. 연차보고서에서 각 사업 부문의 재무 수치를 세분화하지는 않았지만 경영진의 설명을 통해 우리는 각 사업 부문에서 무엇을 하고 있는지, 그리고 더 중요하게는 어떻게 하고 있는지 충분히 이해할 수 있다.

첫 번째 사업 부문은 소매은행 및 지점 부문으로 웰스 파고의 가장 큰 사업 부문이었다. 이 부문에서는 전체 예금 365억 달러 중 대부분의 예금과 전체 대출 417억 달러 중 40%의 대출을 취급하고 있었다. 이 부문에서 담당하던 대출은 소비자, 소기업, 주택 담보대출이었다. 1989년에는 캘리포니아에서 핵심 지점망을 구축하는 데 주력하며, 이른바 '고객 유대 강화' 전략을 추진했다. 이 전략의 일환으로 버트 카운티의 뱅크 오브 파라다이스Bank of Paradise, 글렌데일의 밸리 내셔널 뱅크Valley National Bank, 베이커필드의 아메리칸 내셔널 뱅크American National Bank, 샌디에이고 카운티의 토레이 파인즈 그룹 Torrey Pines Group 등의 지점 네트워크를 인수했고, 동시에 많은 해외 사무소를 없애고 대신 해외 금융기관과 파트너십을 맺었다.

두 번째 부문은 상업금융(커머셜 뱅킹)과 기업금융 부문으로 이 부문에서는 상업 기업 대출을 담당했다. 또한 상업 고객들을 대상으로 현금 관리와 거래 처리 등 수수료 기반 서비스도 제공했다. 한 해 동안 이 사업 부문의 초점은 캘리포니아에서 밀도를 더 높이는 것이었다. 여기에는 전통적인 상업 비즈니스뿐만 아니라 농업 비즈니스도 상당 부분 포함되었다.

세 번째 부문은 부동산 대출 부문으로 이 부문에서는 담보대출과 건설 대출을 포함한 부동산 대출을 담당했다. 이 부문은 상업 및 기업 은행 부문과 함께 총 417억 달러의 대출 중 나머지 60%를 취급했다. 또한 이 부문에서는 지역 개발에도 관여했는데, 이 중에는 당시 로스앤젤레스에서 추진된 가장 큰 주택 프로젝트 등 웰스 파고가 재원을 조달한 대형 프로젝트들도 있었다.

마지막 사업 부문은 투자 관리 부문이었다. 여기에는 웰스 파고 인베스트먼트 어드바이저스라는 인덱스 펀드 담당 부문과 개인 및 신탁의 자산을 관리하는 프라이빗 뱅킹 부문도 있었다. 전자는 800억 달러의 자산을, 후자는 340억 달러의 자산을 운용하고 있었다. 이 부문에서는 25만 달러 이상의 계좌 자산을 보유한 고객들에게 증권 중개 및 자문 서비스를 제공하는 프로덕트 맥시마이저Product Maximizer 같은 새로운 상품들도 소개했다.

전반적으로 연차보고서 내용에서 분명히 알 수 있는 사실은 웰스 파고의 4개 사업 부문이 전체적으로 하나로 통합되어 작동했다는 점이다. 이 하나로 통합된 기업 실체에는 개인뿐만 아니라 기업에 다양한 상품을 제공하는 소매 지점의 지원이 뒷받침되었다. 따라서 웰스 파고의 재무성과에 관한 후속 논의에서도 사업 전체적인 맥락에 초점을 맞추고 있다.

재무정보를 보면 1989년 순이익은 6억 110만 달러, 주당으로는 11.02달러였다. 전년에 비해 순이익은 17%, EPS는 20% 늘었다. 그리고 총자산이익률ROA은 1.26%, 자기자본이익률ROE은 24.5%였다. 이는 1988년 ROA 1.14%, ROE 24.0%에 비해 개선된 수치다. 절대적 기준으로 웰스 파고의 수익성은 은행 업계 평균을 크게 상회했다. 간단하게 설명하면 자기자본이익률이 24%라는 것은 웰스 파고가 은행 자금 100달러로 한 해 동안 24달러의 이익을 얻었다는 뜻이다. 이는 어떤 기준으로 보아도 매우 건실한 수익률이다.

경영진은 6억 110만 달러의 순이익이 어떻게 창출되었는지 순이자수익과 비이자수익을 세분화해 자세히 설명한다. 이자수익에서 가장 큰 부분을 차지한 것은 대출이자였다. 이자비용 측면에서 가장 큰 자금원천 관련 비용은 다양한 저축 예금에 대한 지급이자였다. 비이자수익은 다양한 거래 수수료, 예금 계좌에 대한 서비스 수수료, 신탁 및 투자 관리수익 등에서 주로 창출되었다. 이러한 수치를 바탕으로 보면 잠재적 투자자에게 웰스 파고는 사업의 상당 영역에서 예금자에게 서비스를 제공하고 대출을 취급하는 예금 은행처럼 보였을 것이다. 파생 상품이나 대체 투자 모델 같은 사업은 없었다.

이어 경영진은 은행 수익 창출의 핵심인 자산과 대출에 관한 세부적 사항을 다루며 대차대조표 수치에 관해 논의한다. 자산 측면에서는 대출이 초점인데, 대출은 연말 기준 총자산 487억 달러 중 410억 달러를 차지했다. 그해 평균 대출 잔액은 394억 달러, 평균 총자산 규모는 478억 달러였다. 경영진은 범주별로 긍정적인 성장 내용에 관해

[표 16.1] 대출 분석

범주	평균 잔액	전년 대비 성장률	비고
상업 대출	$142억	+14%	기업 및 중간 규모 시장의 대출 증가
부동산 건설	$44억	-4%	
부동산 모기지	$117억	+19%	1~4명 가구의 첫 주택 담보대출 증가
소매	$76억	+6%	
기타	$15억	-48%	해외 대출의 큰 폭의 감소
총계	$394억	+7%	

언급한다. 이 내용은 [표 16.1]에 요약했다.

여기에서 알 수 있듯이 전반적인 대출 자산 증가는 주로 기업 및 중간 규모 시장에서의 대출 증가와 1~4명 가구의 주택 담보대출 증가에서 비롯되었다. 웰스 파고가 캘리포니아 지역에 주력하고 있었기 때문에 이러한 대출 대부분은 캘리포니아 주에서 발생했다.

여기서 당시 은행 산업의 투자 환경을 간략히 살펴볼 필요가 있다. 잠재적 투자자들은 당시 상황을 매우 중요하게 생각했을 것이기 때문이다. 1989년 미국의 은행 산업은 통합과 정리의 시기를 거치고 있었다. 부동산 경기침체(1986~1991년)와 1980년대의 고금리(신용시장 긴축)로 인한 일반 경기침체의 여파로 취약한 은행뿐만 아니라 많은 저축대부조합도 심각한 문제를 안고 있었다. 신중하지 못한 대출 관행에서 벗어나지 못한 기관들은 정기적으로 부정적인 뉴스를 만들어 냈다. 실제로 많은 기관이 파산했다. 이 기간은 강한 은행들이 약한 은행들의 자산을 종종 저렴한 가격으로 인수할 수 있었던 시기로 알려지기도 했지만, 강한 은행과 약한 은행을 구별하기는 쉽지 않았다.

1980년에서 1990년 사이 전체적으로 저축대부조합의 숫자는 대략 50%, 상업은행의 숫자는 20% 정도 줄었다.

이 혼란의 기간 중 은행들도 자산도 상당히 많이 매각했다. 웰스 파고도 그 몇몇 작은 은행과 같은 운명을 맞을 수도 있다는 우려가 있었다. 투자가가 투자를 고려했을 1990년의 웰스 파고의 주가를 보았다면 3분기와 4분기에 급격한 가격 변동과 주가 하락을 목격했을 것이다(항상 그래왔듯이 이때가 워런 버핏이 주식을 매입하던 시기였다). 그 우려들이 완전히 근거가 없지는 않았다. 앞서 언급했듯이 웰스 파고는 건설 대출 및 모기지 형태의 부동산 대출에 크게 노출돼 있었다. 그 대출의 대부분은 캘리포니아에서 발생했는데, 몇 년간 부동산 가격이 상승했기 때문에 부동산 가격 조정이 발생할 위험이 분명히 있었다.

그러나 웰스 파고의 1989년 연차보고서 재무 수치를 보면 재무적으로 긍정적인 발전이 있었음을 알 수 있다. 잠재적 투자자는 웰스 파고가 언급한 위험 지표도 고려했을 것이다. 그 지표는 바로 자본비율 및 대출 손실에 대비한 손실준비금 규모였다. 자본비율 측면에서 웰스 파고의 1989년 연말 기준 티어tier 1 위험 기반 자본비율은 4.95%였다. 티어 1 자본은 보통주 주주들의 주식과 적격 우선 주식에 기반을 두었다. 이는 1988년 연말의 4.57%에 비해 개선된 수치다. 연방준비제도이사회FRB가 당시 규정했던 4%선도 크게 상회했다. [표 16.2]의 연체 대출과 부실 대출을 보면 90일 이상 연체된 대출 총액이 1억 2,680만 달러로 1989년 대출액 중 0.32%를 차지하고 있었다.

[표 16.2] 90일 이상 연체 대출

12월 31일 현재
(단위: 백만 달러)

	1989	1988	1987	1986	1985
상업, 금융, 농업	$46.4	$34.6	$51.5	$71.1	$46.1
부동산 건설	2.3	30.7	6.1	11.2	14.3
부동산 모기지	28.6	26.9	41.3	65.4	42.0
소매	47.8	35.9	35.3	62.9	43.5
리스 금융	1.7	2.1	1.3	1.7	0.2
해외	–	–	–	3.7	1.5
총계	$126.8	$130.2	$135.5	$216.0	$147.6

자료: 1989년 웰스 파고 연차보고서 15페이지 내용을 정리

이는 1988년의 1,320만 달러와 비교해 절대 금액 및 총대출 대비 비중 모두 감소한 수치였다. 이 모든 것을 고려하면 상당히 안심할 수 있는 수준인 것 같았다. 대손충당금에 대한 경영진의 논의를 보아도 결론은 마찬가지였을 것이다. 1989년 말에 대손충당금은 총대출금의 1.77%로 1988년의 2%보다 낮은 수준이었다. 이는 경영진이 내린 최선의 판단에 기인한 것이었다. 결국 부동산 대출에 대한 웰스 파고의 리스크에 관해 우려할 만한 내용은 내가 알 수 있는 한 웰스 파고가 1990년 초에 보고한 재무 수치에서는 발견할 수 없었다.

이것이 웰스 파고가 캘리포니아 부동산 리스크에 노출된 것이 결코 문제가 없을 것이라는 의미는 아니지만, 경영진과 회사의 재무 상태를 믿었다면 보고된 수치에서 이 시기에 사업이 악화되었다는 증거는 발견하지 못했을 것이다. 웰스 파고는 수익과 위험 측면에서 평균 이상의 지표를 달성한, 잘 운영되는 은행인 것 같았다. 게다가 이

[표 16.3] 시가총액 계산

주가	$58.00
발행주식 수*	5,498만 주
시가총액	$31억 8,900만 달러

* 1987년 연말 발행주식 수는 보통주 5,110만 주와 우선주 450만 주였다. 나는 회사가 그 우선주를 주당 약 50달러에 상환할 수 있었고, 당시 10년 만기 채권 금리보다 배당률이 약간 낮았기 때문에 우선주 주가를 주당 50달러로 가정했다. 이에 따른 가치는 보통주 388만 주와 비슷하다. 나는 회사가 주식 옵션은 미미한 수준이라고 평가했기 때문에 그 부분은 고려하지 않았다.

미 지난 몇 년 동안 인상적이었던 지표를 매년 개선하고 있는 것처럼 보였다.

이제 가치평가에 관해 살펴보자. 1990년 버핏이 웰스 파고 주식을 매수하면서 주당 평균 57.88달러를 지급했다는 사실을 고려하면 우리는 두 가지 결론을 도출할 수 있다. 첫째, 버핏은 1990년 3분기와 4분기에 웰스 파고에 대한 자신의 지분 대부분을 매입했다. 그 한 해 동안 주가가 60달러 이하로 하락한 시기는 그 두 분기뿐이었다. 둘째, 가격은 42.75달러에서 80.13달러 사이에서 움직였다. 잠재적 투자자가 매수한 가격이 주당 58달러(버핏의 평균 가격과 거의 비슷한 수준)라고 가정한다면 가치평가 결과는 다음에 설명한 내용과 같았을 것이다.

1989년 연차보고서에 실린 연결재무제표 내용을 기반으로 계산하면 웰스 파고의 시가총액은 32억 달러였을 것이다.

웰스 파고는 은행이기 때문에 나는 그 회사의 가치를 평가할 때 PER과 PBR 지표에 초점을 맞췄을 것이다. 나는 부채가 많은 은행 본연의 특성(금융 자산 및 부채 측면)을 고려하면 기업가치는 덜 적절한

[표 16.4] PER 배수

PER	1988	1989
주가	$58.00	$58.00
주당순이익(EPS)	$9.20	$11.02
PER	6.3배	5.3배

지표라고 생각했을 것이다.

1989년 순이익에 근거하면 웰스 파고는 대략 순이익의 5배 수준에서 거래되었을 것이다. 경영진이 제시한 대차대조표를 신뢰한다면, 즉 부실 대출로 인한 자산 상각이 크지 않다면 이것은 매우 낮은 수준이다. 만약 투자자가 웰스 파고를 1990년 최저가였던 42.75달러에 매입했다면 PER 비율은 더 믿기 힘든 수준인 직전 연도 순이익 기준 3.9배에 불과했을 것이다. 마지막으로 가치투자자로서 나는 배당수익률 자체에는 신경 쓰지 않았을 것이지만, 회사가 1990년에 주당 거의 4달러를 배당금으로 지급하려고 했다는 사실을 경영진이 회사의 전망에 대해 매우 자신 있었다는 신호로 해석했을 것이다. 게다가 당시 웰스 파고는 자사주도 매입하고 있었다.

PBR로 넘어가 보자. 우리는 1989년 말 주주 지분이 총 28억 6,100만 달러였다는 사실을 알고 있다. 시가총액어 31억 8,900만 달러였기 때문에 1989년 말 PBR 배수는 1.1배였을 것이다. 이는 주당 58달러인 주가를 기준으로 기업의 가치가 장부가치보다 약간 높게 평가되고 있다는 것을 의미했다. 이것이 확실히 은행에 대한 가치 측면에서 헐값인 것은 아니지만, 20% 이상의 ROE를 창출하는 은행에 대한 가치로는 확실히 매우 싼 수준이다. 잠재적 투자자는 다음과 같이 생각했을지도 모르겠다. 자본비용과 동일한 ROE를 창출하는 은행에 대해서는 적정한 순자산가치가 장부가치와 거의 같아야 한다. 그러나 평균 자본비용이 8%일 때 은행 또는 기업이 16%의 수익률을 달성한다면, 그 회사의 가치는 장부가치보다 대략 2배 더 높아야 한다.

웰스 파고와 같은 기업은 그 사업에서 창출한 24%의 ROE가 지속 가능하다고 가정했을 때 분명히 그것보다 더 가치를 평가받아야 한다. 따라서 장부가치 대비 1.1배라는 가치평가 결과는 웰스 파고가 20% 이상의 수익을 창출한 입증된 실적을 있다는 점에서 매우 싸다고 할 수 있다.

이해하기 쉽게 예를 들어보자. 웰스 파고가 주당 58달러의 주가에 더 적정한(그러나 여전히 보수적인) PBR 2배 혹은 PER 10배 수준의 가치를 갖기 위해서는 웰스 파고의 이익이 6억 100만 달러에서 3억 달러로 대략 절반 이상 줄어야 한다. 부실 채권이 1억 2,600만 달러였다는 점을 감안할 때 주가를 정당화하기에 충분할 정도로 1989년의 이익을 훼손하기 위해서는 부실 채권 규모가 3배 이상 커져야 한다는 것을 의미한다. 더욱이 이러한 훼손은 향후 무한정 계속되어야 하는데, 이것은 사실 가능성이 희박한 시나리오다. 따라서 나는 의미 있는 수준의 안전 마진을 확보했다고 생각했을 것이다.

결론을 내리기 전에 마지막으로 사업의 핵심 특성에 대해 언급하고자 한다. 웰스 파고는 숫자로 제시된 것 외에도 몇 가지 구체적 장점과 강점을 가지고 있는 것처럼 보였다. 첫째, 경영진은 매우 유능할 뿐만 아니라 수년간 그 회사에 몸담아 왔다. 또한 1973년부터 1975년까지, 그리고 1981년부터 1982년까지 지속된 부동산 경기침체 기간에도 업무를 수행하며 자신들이 구축한 대출 관행이 보수적이라는 확신을 주었다. 경영진은 또한 연차보고서에서 각 사안을 분명하고 합리적으로 밝힌다. 나는 그것이 경영진의 유능함을 나타내는 증거라고 생각했을 것이다. 둘째, 웰스 파고가 당시 총자산 측면에서 캘리포니아 전체 은행 중 3위를 차지했지만, 웰스 파고는 중간 규모 시장과 상업용 부동산 분야에서는 가장 규모가 큰 은행이었으며 소매금융 분야에서는 두 번째로 규모가 큰 은행이었다. 즉 웰스 파고에는 경쟁력 있고 잘 알려진 전문 분야가 있었고, 경영진은 그러한 강점을 바탕으로 사업을 구축하려 했다.

요약하자면 1990년 초·중반 잠재적 투자자에게 웰스 파고는 매년 개선되는 평균 이상의 재무지표를 제시하는 매우 잘 운영되고 있는 은행으로 보였을 것이다. 웰스 파고의 전략은 캘리포니아 고객들에게 더 나은 서비스를 제공하는 데 초점을 맞추고 있었다. 그것은 합리적 집중과 운영 측면의 개선을 의미했지만, 동시에 일부 투자자들에게는 캘리포니아 지역의 부동산 대출에 대한 노출을 의미하기도 했다. 하지만 자본비율, 대손지표, 대손충당금에 관한 언급 등에서 그 당시 투자자들이 깊이 우려할 만한 사항은 거의 없었다. 웰스 파고 주식의 가치는 PER 약 5배, PBR의 1.1배 수준으로 당시 본 사업의 수익 능력과 리스크를 고려하면 크게 할인된 것처럼 보인다.

이러한 지식을 바탕으로 판단해보면 웰스 파고에 대한 버핏의 투자는 그가 신뢰한 훌륭한 경영진이 이끄는, 역사적으로 경쟁업체들보다 우월했던 좋은 기업을 훌륭한 가치에 매입한 사례였던 것 같다. 이 경우는 아마도 사업과 성장의 내재적인 질적 측면이 훨씬 더 높은 위험과 덜 우호적인 기반과 연관돼 있었기 때문에 그의 코카콜라와 아메리칸 익스프레스 투자와는 달랐다고 볼 수 있다. 또한 웰스 파고의 경우 그는 어떤 성장 요소에도 대가를 지불하지 않았다.

버핏은 경영진이 연차보고서에 제시한 긍정적인 핵심 재무지표를 신뢰했고 웰스 파고의 미래를 평가할 때 다른 은행들이 실패한 부정적 정황 증거에 의존하지 않았던 것으로 보인다. 웰스 파고의 리스크에 대한 버핏의 판단에는 대손에 관한 기초적 연구가 더 포함돼 있었을 것으로 보이지만, 그의 결론은 당시 웰스 파고 경영진이 제시한 긍정적 자료 및 전망과 확실히 일치했다.

1990년 버핏의 매수에 이어 1990회계연도에도 좋은 수치를 보고한 후 웰스 파고는 1991년 대출 손실에 대한 조치를 강화했다. 구체적으로 상업용 부동산 대출과 관련해 웰스 파고는 대손충당금을 총 대출의 3.73%인 16억 5,000만 달러(1989년의 약 2배 규모)로 늘렸다. 그러나 1991년 연차보고서를 보면 웰스 파고의 주가는 평균적으로 전년보다 훨씬 높은 48달러에서 97달러 사이에서 거래된 것으로 나타난다. 시장에서 정확하게 파악했던 위험도 있었지만, 미래의 어떤 부정적 뉴스에도 1990년 가치평가 과정에서 계산된 안전 마진은 이미 가격에 충분히 반영돼 있었다. 그로부터 머지않아 웰스 파고는 회복했고, 아주 성공적인 은행이 되었으며, 오늘날 버크셔 해서웨이의 가장 큰 투자 포지션 중 하나로 엄청난 미실현 이익을 거두고 있다.

[표 16.5] 손익계산서(1987~1989년)

12월 31일 마감
(단위: 백만 달러, 주당 수치 제외)

	1989	1988	1987
이자수익			
대출	4,582.5	4,889.5	3,602.5
이자수익 예금	3.7	10.2	99.4
투자증권	281.0	268.7	250.8
거래계좌 증권	0.1	3.8	7.6
연방기금	2.9	5.3	7.7
총이자수익	4,870.2	4,177.5	3,967.5
이자비용			
예금	1,810.1	1,560.3	1,463.5
단기대출	645.3	370.2	364.8
선순위 및 후순위 차입금	256.2	274.9	337.6
총이자비용	2,711.6	2,205.4	2,165.9
순이자수익	2,158.6	1,972.1	1,801.6
대손충당금	362.0	300.0	892.0
대손충당 반영 후 순이자수익	1,796.6	1,672.1	909.6
비이자수익			
국내 수수료	283.7	278.2	270.8
예금 계좌 관련 서비스 수수료	246.7	219.6	180.6
신탁 및 투자 서비스 수익	178.2	153.7	156.5
투자증권 손실	-2.7	-4.3	-12.9
기타	72.8	35.0	5.0
총비이자수익	778.7	682.2	600.0
비이자비용			
임금	631.3	619.8	599.3
복리후생비	149.2	152.4	151.5

임대료	178.5	166.8	178.7
비품 외	137.3	135.8	132.9
기타	478.2	444.3	458.1
총비이자비용	1,574.5	1,519.1	1,520.5
순비이자수익	-795.8	-836.9	-920.5
소득세 반영 전 수익	1,000.8	835.2	-10.9
소득세	399.7	322.7	-61.7
순이익	601.1	512.5	50.8
보통주 순이익	573.6	486.7	28.0
보통주 주당			
순이익	11.02	9.20	0.52
배당금	3.30	2.45	1.67
평균 발행주식 수	52.1	52.9	53.8

자료: 1989년 웰스 파고 연차보고서 22페이지

[표 16.6] 대차대조표(1988~1989년)

12월 31일 마감
(단위: 백만 달러)

	1989	1988
자산		
현금 및 은행 예치금	2,929.8	2,563.2
이자수익 예금	5.1	322.1
투자증권(시장가치 $1,704.9 · $3,799.8)	1,737.7	3,970.4
연방기금	6.3	27.0
대출	41,726.9	37,670.0
대손충당금	738.6	752.1
순대출	40,988.3	36,917.9
부지 및 장비	679.6	688.0
고객 예치금	211.0	244.9
영업권	352.6	373.4
미수령 이자	389.9	365.7
기타 자산	1,436.3	1,143.9

총자산	48,736.6	46,616.5
부채 및 자본		
예금		
무이자부-국내	8,003.2	7,105.5
무이자부-해외	–	7.0
이자부-국내	28,153.7	26,580.3
이바부-해외	273.4	1,376.0
총예금	36,430.3	35,068.8
단기차입:		
환매부 연방기금	2,706.7	2,207.2
상업어음	3,090.4	2,747.7
기타	44.3	47.4
총단기차입	5,841.4	5,002.3
인수필 어음	211.0	244.9
미지급 이자	100.8	110.1
서비스 채무	695.2	923.0
기타 부채	751.2	693.9
총계	44,029.9	42,043.0
후순위 부채	1,845.8	1,994.1
총부채	45,875.7	44,037.1
자본		
우선주	405.0	405.0
보통주(액면가 $5, 수권주식 수-1억 5,000만 주, 발행주식 수 51,074,971주, 52,546,310 주)	255.4	262.7
자본잉여금	274.1	389.7
유보이익	1,930.7	1,528.2
누적외화 환산조정	-4.3	-6.2
총자본	2,860.9	2,579.4
총 부채 및 자본	48,736.6	46,616.5

자료: 1989년 웰스 파고 연차보고서 23페이지

17

•

제너럴 리₁₉₉₈

General Re

· · ·

놀랍게도 버핏은 이 투자에서 재무 측면은 단지 일부분만 고려했다.
이 투자는 인수에 대한 사업적 합리성에 기반을 두고 있었다.

    1998년 12월 21일, 버크셔 해서웨이는 현금과 주식을 모두 활용해 제너럴 리의 지분 100%를 220억 달러에 인수했다. 전략적 관점에서 볼 때 인수 논리는 운영 사업에서 매우 강력한 현금 창출이 가능한 회사인 버크셔가 대규모 재보험 사업에 수반되는 변동성을 흡수할 수 있는 이상적인 후보라는 것이었다. 즉 버크셔는 하나의 사업 부문에 필연적으로 수반되는 단기적인 재무 변동성을 걱정하지 않아도 되며, 제너럴 리는 독자 생존보다 인수된 후 더 많은 사업을 수익성 있게 운영할 수 있을 것이라는 내용이었다. 버크셔는 또한 잠재적으로 더 나은 투자를 위해 제너럴 리의 자본에 접근할 수 있을 것이다.

마지막으로 버크셔는 보험 및 더 넓은 해외 유통망에 대한 전문성을 추가로 얻게 될 것이다.

인수에 관한 세부 사항으로 들어가기 전에 당시의 금융 환경에 주목해야 할 필요가 있다. 주식시장에서는 S&P 지수가 1995년, 1996년, 1997년에 걸쳐 20% 이상 상승했다. 1998년에도 같은 상황이 이어졌다. 전반적인 강세장 상황을 반영하듯 보험업계도 몇 년간 호황을 누렸다. 워런 버핏이 1997년 연례 서한에서 언급한 것처럼 1998년 2월 버크셔의 보험 사업은 5년 연속 수익성 있는 보험인수 성과를 달성했다.

제너럴 리 사례를 다루면서 우선 펀더멘털을 살펴보도록 하겠다. 1997년 연말 보고서의 사업 내용을 보면 제너럴 리는 다음과 같은 4개의 주요 부문이 있는 글로벌 기업으로 묘사되고 있다.

[표 17.1]에서 알 수 있듯이 제너럴 리의 보험 사업은 재산 및 상해 리스크에 대한 재보험에 중점을 두고 있는데, 회사에서 가장 수익성이 높은 부문은 북미 지역 부문이었다.

이 보고서에서는 회사가 주로 특약 재보험과 임의 재보험의 직접

[표 17.1] 사업 개요

사업 부문	매출액	매출액 대비 비율	영업이익 대비 비율
북미 재산·상해	$39억 6,700만	48%	63%
해외 재산·상해	$27억 600만	33%	23%
생명·건강 보험	$12억 7,700만	15%	6%
재무 서비스	$3억 100만	4%	8%
총계	$82억 5,100만	100%	100%

인수에 초점을 맞추고 있다고 언급하며 북미 재산·상해 사업 부문에 관해 더 자세히 설명하고 있다. 특약 재보험이란 기본 약관에 의해 1차 보험회사가 재보험회사에 전가한 특정 종류의 리스크를 자동적으로 모두 포괄하는 재보험을 말한다. 임의 재보험은 특정 계약을 통한 개별 리스크의 인수를 포함한다. (재보험에는 두 가지 종류가 있다. 비례적 재보험은 재보험회사가 전체 리스크 중 정의된 비율을 재보험으로 인수하는 것이고, 초과 재보험은 재보험회사가 1차 보험회사가 지급해야 할 특정 한도 이상의 추정 초과 리스크를 재보험으로 인수하는 것이다.) 이러한 두 가지 유형의 재보험에 초점을 맞추면서 제너럴 리는 기본 약관에 따른, 또는 특정 계약에 따른 리스크를 인수했다. 이 부문에서 재산과 상해의 비중은 약 60% 대 30%였으며 나머지 10%는 특수보험이었다.

두 번째 사업 부문인 해외 재산·상해 부문은 총 수입보험료의 61%가 재산 재보험에서, 39%가 상해 재보험에서 기인하는 등 본질적으로 첫 번째 사업 부문과 상당히 유사했다. 주된 차이점은 150개국의 재보험을 인수했던 이 부문의 국제적 성격이었다. 이 해외 부문은 독일 회사인 쾰른 리Cologne Re의 지배 지분을 인수하면서 생긴 사업 부문이었다.

세 번째 사업 부문인 글로벌 생명·건강 부문도 부분적으로는 쾰른 리 인수의 결과로 생긴 사업 부문이었는데 수입보험료 중 47%가 북미에서, 38%가 유럽에서 발생하는 국제적 사업이었다. 먼저 언급한 두 사업 부문과는 달리 이 사업 부문의 주요 재보험은 개인과 그룹의 생명 및 건강 보험에 기반을 두고 있었다. 생명 부문은 대부분 비례 기반으로 인수되었고, 건강 부문을 대부분 초과(비비례) 기반으로 인수되었다.

마지막 사업 부문인 재무 서비스 부문은 파생 상품과 구조화 상품을 취급하는 것뿐만 아니라 부동산 중개와 관리 같은 다양한 전문 서비스를 제공하는 작은 규모의 사업이었다. 파생 상품과 구조화 상품 부문에서는 주요 기업, 보험회사, 금융기관에 위험 관리를 위한 맞춤형 상품을 제공했다.

전반적으로 잠재적 투자자로서 나는 사업 구성 측면에서는 특별히 주목할 만한 부분을 발견하지는 못했을 것이다. 제너럴 리는 국제적으로 상해·재산과 일부 생명·건강 보험에 관여했기 때문에 특정 위험에 더 많이 노출되었을 가능성은 있었지만, 재무지표를 더 자세히 보지 않고서는 사업의 질을 판단하기 어려웠을 것이다. 보험 사업에 대한 나의 경험으로 볼 때 기업 실적에 관한 핵심 판단은 회사가 보수적으로 운영되는지, 그리고 이익을 위해 운영되는지, 성장을 위해 운영되는지에 달려 있다. 이를 구별하기 위해서는 회사가 제시한 수치와 그 수치를 뒷받침하는 가정에 관해 살펴보는 것이 중요하다. 제너럴 리 사례에서 이 정보에 관해 자세히 살펴보기 위해서는 조금 더 자세한 설명이 필요하다.

제너럴 리의 1997년 연차보고서는 1987년부터 1997년까지 11년간의 주요 재무정보를 놀랍도록 상세하게 제시한다. 여기에서 보면 매출액은 1987년 31억 달러에서 1997년 83억 달러로 증가했는데, 이는 10년 동안 연평균 성장률이 10.2%였다는 것을 의미한다. 마찬가지로 순이익도 5억 1,100만 달러에서 9억 6,800만 달러로 증가했는데, 연평균 성장률은 매출액보다는 낮은 수준인 6.6%였다. 제너럴 리의 경우 대부분의 보험 사업과 마찬가지로 수익 대부분이 경과보험료 형태로 발생한다는 점에 주목해야 한다. 경과보험료는 보험 기간의 경과에 따라 수익이 창출되므로 시간이 지남에 따라 보험료가 인식된다(예: 존 스미스라는 사람이 1년 만기 자동차보험에 가입했는데 이미 7개월의 기한이 지났다면 7개월에 대한 수익을 인식한다).

비용 측면에서 보면, 첫 번째 주요 비용은 사고가 발생했을 때 지불해야 하는 청구에서 비롯된 비용이다(예: 존 스미스가 자동차 사고에 대한 수리를 요구한다). 청구비용을 손해비용이라고 하며, 경과보험료에 대한 비율을 손해율이라고 한다. 보험사에는 청구비용 외에도 판매 및 인수 등 보험 사업 운영과 관련된 비용도 있다. 이 비용을 모두 합친 값을 총 경과보험료로 나누면 사업비율이 산출된다. 청구비용과 운영비용을 합하면 총 인수비용이 된다. 이 총 인수비용을 총 경과보험료로 나눈 값을 합산비율이라고 한다. 수치로 보면 합산비율이 낮을수록 좋다. 이는 경과 수익보다 청구가 적게 발생한 우량한 인수 결정이나 운영비용이 낮은 효율적인 보험 운영 또는 두 경우 모두를 의미한다.

합산비율이 100% 이하라는 것은 총 인수비용을 경과보험료로 충분히 부담할 수 있다는 의미다. 합산비율이 100을 넘으면 보험사가 보험료로 벌어들인 수익보다 청구금액 등의 비용을 더 많이 부담한다는 의미다. 그 차이는 투자수익이나 다른 형태의 수익으로 보충되어야 한다. 그렇지 않으면 회사는 전반적으로 손실을 보게 될 것이다. 보험업계에서는 100 이하의 합산비율이 좋다고 보고 있다.

총 보험료 수익과 총비용이 같을 경우 '좋은 실적'이라고 하는 것이 이상하게 들릴 수도 있다. 하지만 보험회사는 거의 항상 청구금액을 지급하기 전에 보험료를 받는다. 인수 리스크가 장기적으로 발생하는 일부 재보험 사업에서는 고객이 보험료를 납부하는 시점과 청구하는 시점 사이에 몇 년이 걸릴 수도 있다. 따라서 보험회사는 본질적으로는 고객의 소유인 현금을 보유하고 있을 수 있다. 대차대조표에서 플로트라고 불리는 이 금액은 보험사가 투자수익을 창출하기 위해 투자할 수 있는 금액이다.

이처럼 총 인수성과(수익에서 비용을 뺀 것)는 보험회사의 플로트 자본이 된다. 만약 회사가 총 인수비용보다 더 많은 투자수익을 낼 수 있다면 기업으로서는 이익이 될 것이다. 따라서 인수성과 측면에서 받아들여질 수 있는 기준은 100% 미만의 합산비율이다. 그리고 합산비율이 100%라면 그 회사가 공짜로 플로트를 창출하고 있다는 의미다. 보험회사의 투자수익 창출 능력을 고려하면 플러스 수익을 내기 위해 그 정도까지 성과를 잘 낼 필요는 없다. 이와 같이 보험회사는 전체적으로 보통 100% 이상의 합산비율로 운영되며, 투자수익은 인수성과(수익에서 비용을 뺀 것)에서 부족했던 부분을 보충한다.

[그림 17.1]은 1980년에서 2000년 사이 보험회사의 전반적 인수성과에 대한 스위스 리Swiss Re의 연구보고서에 실린 그래프다. 이 그래프는 미국, 서유럽, 일본 손해보험 산업의 합산비율을 표시하고 있다.

[그림 17.1]

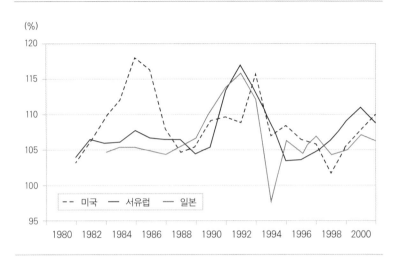

여기서 우리는 1984년과 1993년경에 고점을 찍고 1988년과 1993년경에 저점을 찍는 등 보험 주기에 따라 비율은 다양하게 변했지만, 각 지역에서의 장기 평균 합산비율은 100%를 크게 웃돌았다는 사실을 알 수 있다.

그렇다면 제너럴 리의 실적은 어떠했을까? 제너럴 리는 1997년 보고서에서 가장 큰 2개 사업 부문, 즉 북미와 해외 재산·상해 부문의 손해, 비용 및 비율을 보고했다. 나는 그것을 [표 17.2]에 요약했다.

여기서 볼 수 있듯이 전체적으로 북미 재산·상해 사업에서 제너럴 리의 인수 실적은 11년 동안 평균 합산비율 100.6%로 상당히 일정했다. 이는 전체 인수비용이 순보험료와 거의 같았고, 더욱이 제너럴 리의 인수성과가 평균보다 더 좋았다는 것을 의미했다.

[표 17.2] 사업 부문별 운영 요약

북미 재산·상해	1997	1996	1995	1994	1993	1992	1991	1990	1989	1988	1987	11년 평균
손해율	68.4%	69.0%	67.3%	71.4%	70.0%	78.8%	72.0%	67.5%	69.7%	70.7%	74.5%	70.8%
사업비율	30.8%	30.1%	32.3%	30.5%	31.1%	29.3%	29.3%	31.5%	28.3%	28.8%	24.7%	29.8%
합산비율	99.2%	99.1%	99.6%	101.9%	101.1%	101.3%	101.3%	99.0%	98.0%	99.5%	99.2%	100.6%
해외 재산·상해	1997	1996	1995	1994	1993	1992	1991	1990	1989	1988	1987	11년 평균
손해율	72.1%	73.2%	77.0%	69.2%	75.1%	80.2%	75.8%	71.5%	62.4%	64.4%	64.2%	71.4%
사업비율	30.3%	28.9%	25.8%	29.4%	30.9%	32.8%	35.2%	37.5%	33.4%	31.3%	31.9%	31.6%
합산비율	102.4%	102.1%	102.8%	98.6%	106.0%	113.0%	111.0%	109.0%	95.8%	95.7%	96.1%	103.0%

　청구비용과 운영비용을 좀 더 자세히 분석해보면 11년 동안 제너럴 리는 손해율을 75%에서 68%로 낮출 수 있었지만, 이러한 개선은 상당 부분 는 데 증가로 상쇄되었는데, 그 비용은 그 기간 중 보험료 대비 25%에서 31%로 증가했다. 따라서 북미 사업에서는 인수성과가 좋았고 개선도 진행되고 있었지만, 운영상으로는 사업이 좀 더 비대해졌다고 생각할 수 있다. 버핏은 이 부분을 개선이 가능한 영역으로 보았는지도 모른다.

　해외 재산·상해 부문에 대해서는 제너럴 리(1994년 이전 이 부문은 대부분 쾰른 리의 사업 부문이었음)는 그 기간 평균 103%의 합산비율로 약간 더 변동성 있는 실적을 기록했다. 1990년과 1993년 사이 특히 실적이 좋지 않았던 시기에서는 평균 합산비율이 109%를 넘었다. 손해율과 사업비율을 별도로 보면 당시 투자자는 1990년부터 발생한 문제는 덜 보수적인 보험인수와 부실한 운영 효율성 때문이었다고 결론지었을 것이다. 비록 운영 효율성을 대표하는 사업비율은 1997년까지 다시 떨어졌지만, 여전히 1997년 72%라는 손해율은 1980년대 후반 손해율보다는 훨씬 높은 수준이었다. 이러한 손실은 부실한 보험인수 결정의 부산물일 수도 있었고, 1980년대 후반 상당히 우호적이었던 보험 환경의 결과일 수도 있었다.

전반적으로 제너럴 리는 2개의 핵심 재산·상해 재보험 부문에서 본 것처럼 나쁘지는 않지만 놀랍지는 않은 재보험 기업이었던 것 같다. 잠재적 투자자로서 나는 북미와 해외 사업에서 약간 다른 부분을 보았다. 전자는 인수 측면은 개선되었지만 운영 효율성은 그렇지 않았고, 후자는 몇 년간 이어진 부진에서 회복되고 있는 상황이었다.

하지만 앞서 언급한 것처럼 단순히 숫자만이 아니라 그 뒤에 있는 가정도 중요하다. 많은 재보험에서 청구 리스크는 드물지만 클 수도 있다. 어떤 보험은 인수되고 보험료가 부과된 후에도 여러 해 동안 그 보험과 관련된 실제 청구가 일어나지 않을 수 있다. 따라서 경영진이나 인수팀은 인수된 보험과 관련된 미래 예상 청구금액을 추정해야 한다. 이는 앞서 제시했던 많은 수치, 특히 손해율과 합산비율이 경영진의 가정에 어느 정도 좌우된다는 것을 의미한다. 경영진이 원할 경우에는 특정 연도에 손해가 거의 없을 것으로 추정하고, 대신 이후 몇 년간 추정치를 기존 수치보다 상향 조정해야 하는 경우도 생길 수 있다. 그렇기 때문에 보험회사에 대한 분석에서 잠재적 투자자는 인수한 보험의 손해 정도를 추정하는 경영진의 보수성을 중요하게 살펴보아야 한다.

적립금 설정과 보험 회계 같은 난해한 세부 사항 검토 없이 경영진이 정말로 인수에 대해 보수적이었는지 투자자가 확인할 수 있는 방법의 하나는 시간의 경과에 따라 각 연도의 인수 관련 추정치가 어떻게 변했는지 살펴보는 것이다. 그 내용은 지급준비금표에서 찾을 수 있다.

[표 17.3]은 10K 보고서에 있는 제너럴 리의 북미 사업에 대한 지급준비금표를 요약한 것이다. 최상위 열은 보험인수가 발행한 각 계약인수 연도에 대한 최선의 부채 추정치를 나타낸다. 예를 들어 1987년 수치는 1987년의 추정치에 기반을 두고, 1997년은 1997년의 추정치에 기반을 두고 있다. 그리고 각 계약인수 연도의 각 행을 보면 시간이 지남에 따라 이 추정치가 어떻게 변하는지 알 수 있다. 1987 계약인수 연도의 경우 10년의 수치가 있다. 반면 1997년에는 하나의 추정치만 있다.

[표 17.3]을 보면 1987년과 1991년 사이의 계약인수 연도 동안 모든 부채 추정치가 최초 추정치 이후 유의적으로 증가했다는 사실을 알 수 있다. 예를 들어 1987년에 인수된 보험의 부채 추정치는 처음에는 약 47억 달러로 계산되었다. 그 후 10년 동안 이 수치는 거의 30% 늘어나 61억 달러가 되었다. 분명히 경영진은 처음 부채를 추정할 때 충분히 보수적이지 않았다. 시간이 지나면서 경영진은 그 갭을 메우기 위해 준비금을 늘려야 했다. 1987 계약인수 연도와 관련된 부채의 경우 6년차(1993년)와 7년차(1994년)에 약 2억 5,000만 달러가 추가되었고, 8년차(1995년)에는 약 3억 달러가 추가되었다. 이 정보는 1997년 잠재적 투자자에게는 일종의 적신호가 되었을 것이다. 이는

[표 17.3] 북미 순청구 및 청구비용 분석

	1987	1988	1989	1990	1991	1992	1993	1994	1995	1996	1997
미지급 청구 관련 순부채 및 청구비용 (백만 달러)	4.738	5.217	5.549	5.842	6.230	6.635	6.803	7.029	7.385	8.741	8.881
재추정 순부채(백만 달러):											
1년 후	4.903	5.185	5.537	5.856	6.286	6.775	6.767	7.042	7.337	8.563	
2년 후	4.927	5.247	5.481	5.778	6.352	6.850	6.845	6.868	7.055		
3년 후	4.991	5.166	5.502	5.906	6.475	6.994	6.739	6.731			
4년 후	4.983	5.236	5.683	6.091	6.638	6.935	6.703				
5년 후	5.044	5.420	5.900	6.319	6.635	6.979					
6년 후	5.284	5.642	6.173	6.326	6.720						
7년 후	5.528	5.958	6.190	6.442							
8년 후	5.855	5.979	6.319								
9년 후	5.882	6.139									
10년 후	6.066										
누적(결손) 가산	-1.328	-922	-770	-600	-490	-344	100	298	330	178	–
추적 지급 순부채(백만 달러):											
1년 후	747	812	927	905	1.044	1.291	1.207	1.176	1.253	1.584	–
2년 후	1.354	1.436	1.584	1.613	1.955	2.195	2.063	1.959	2.142		
3년 후	1.846	1.903	2.115	2.332	2.570	1.850	2.617	2.677			
4년 후	2.209	2.320	2.689	2.769	3.071	3.300	3.179				
5년 후	2.546	2.814	3.025	3.184	3.437	3.754					
6년 후	2.965	3.085	3.362	3.481	3.808						
7년 후	3.203	3.375	3.618	3.806							
8년 후	3.472	3.611	3.890								
9년 후	3.695	3.858									
10년 후	3.923										

수년간 경영진이 1987년처럼 처음 부채를 추정할 때 충분히 보수적이지 않았다는 것을 의미한다.

1997년 제너럴 리 투자를 고려했다면 ① 경영진은 1987년에 비해

상당히 더 보수적이라는 것과 ② 과소 적립되었던 준비금의 추가 적
립이 마무리되었다는 사실을 확인하고 싶을 것이다. 과소 적립의 위
험성은 역사적으로 많은 사례를 통해 증명되었다. 내가 가장 잘 알고
있는 사례는 2002~2010년 영국 자동차보험 산업의 사례다. 그 기
간 영국 자동차보험 산업은 2002년 100선 미만에서 시작해 2010년
115선에서 끝난 산업 합산비율과 함께 혼란스러운 시기를 경험했다.
이 8년의 기간 동안 많은 회사가 반복적으로 준비금을 늘려야 했고,
그 회사 중 일부는 아예 사업을 접어야 했다.

이 사례에서 얻을 수 있는 교훈은 보험회사가 준비금을 추가했을
때 이것은 종종 몇 가지 조정이 필요한 문제를 수정하는 첫 번째 단
계일 뿐이며, 나아가 어떤 회사들은 추가 수익과 플로트를 창출해 자

[표 17.4] 해외 순청구 및 청구비용 분석

(단위: 백만 달러)

	1994	1995	1996	1997
미지급청구 관련 순부채 및 청구비용	3.289	4.352	4.664	4.560
재추정 순부채:				
1년 후	3.545	4.134	4.141	
2년 후	3.316	3.776		
3년 후	3.100			
순부채 누적 증가(감소), 환율 영향 포함	−189	−576	−523	
차감: 환율 영향 증가(감소)	285	591	533	
환율 관련 조정 누적액(결손액)	−96	−15	−10	
누적 지급 순부채:				
1년 후	408	800	1.060	
2년 후	704	1.569		
3년 후	1.571			

신들의 문제에서 벗어나려 노력함으로써 수년간 과소 적립 사실을 숨길 수도 있다는 것이다. 때때로 기업들은 보수적인 것과는 거리가 먼 값싼 보험을 인수해 단기적인 문제를 해결하려 노력하면서 반대로 장기적인 문제를 야기하기도 한다. 물론 1987년에 제너럴 리를 바라보던 투자자는 이렇게 정확한 사례 연구 결과에는 접근할 수 없었을 테지만, 무모한 인수의 논리적 결과로 이러한 유형의 문제들이 발생한다는 것은 예상할 수 있었을 것이다.

> 손해비용은 반드시 추정되어야 하는데, 보험사들이 인수 결과 산출 과정에 상당한 여지를 허락하고 있어 투자자들이 회사의 실제 플로트 원가를 계산하기는 매우 어렵다. 숙련된 관찰자라면 대개 준비금과 관련된 대규모 오류를 감지할 수 있겠지만, 일반 대중은 보통 제시된 결과를 받아들이는 것 말고는 할 수 있는 게 없을 것이다.
>
>   - 1998년 2월 27일 버핏의 버크셔 해서웨이 서한

그러나 제너럴 리의 몇몇 측면은 불안한 투자자를 안심시켰을 것이다. 1993년에서 1996년 사이의 전체적인 인수 관련 수치를 보면 준비금이 증가하지 않고 감소하는 훨씬 더 긍정적인 양상을 보였다. 그리고 준비금이 부족했던 이전 몇 년 동안에도 준비금 증가율은 다소 안정화되고 있었다. 이것은 지난 몇 년 동안 사업이 훨씬 더 보수적으로 운영되었다는 사실을 나타낸다.

인수 측면의 기본적인 내용을 다루어보았으니 이제는 제너럴 리

의 수익 측면을 살펴보도록 하겠다. 1997년 제너럴 리는 세전 12억 9,000만 달러, 세후 9억 6,900만 달러의 투자수익을 올렸다. 이 투자수익은 총 246억 달러 규모의 보험 투자에서 창출되었는데, 수익률로는 세전 5.2%, 세후 3.9%였다. 그리고 연말 기준 주주 지분 81억 6,000만 달러 대비 세전 ROE는 15.8%, 세후 ROE는 11.9%였다. 이 수치도 꽤 괜찮은 수준이지만 아주 뛰어난 정도는 아니다. 웰스 파고는 버핏의 투자 직전 해에 ROE 수치가 24% 수준에 이르렀다.

연결대차대조표([표 17.9] 참조)에서 볼 수 있듯이 투자 대부분 (160억 달러 규모)은 위험을 최소화하고 자산과 부채의 기간을 일치시키고자 하는 보험 사업의 전형적인 투자 대상인 고정수익 상품에 투자되었다. 공식적으로 자세히 설명되지는 않았지만, 재무 서비스 부문에서 비보험 및 투자 수입과 관련된 3억 달러 규모의 수익이 발생했다는 점에도 주목해야 한다. 약 1억 달러 규모의 세전 영업이익을 발생시킨 이 사업 부문은 제너럴 리에는 매우 수익성이 높은 부대 사업인 것처럼 보인다.

가치평가로 넘어가기 전에 제너럴 리의 경영진에 관해 살펴보도록 하겠다. 나는 제너럴 리의 이전 보험인수 관행에 대해 우려했었기 때문에 1993년경 경영진이 보수적 인수라는 극적 개선으로 돌아선 합리적 이유가 있었는지 관심이 있었을 것 같다. 1997년 연차보고서의 경영진 소개에 따르면 경영진에는 실질적 변화가 없었던 것 같다.

CEO인 로널드 퍼거슨Ronald Ferguson은 1987년부터 그 자리를 맡고 있었고, CFO인 조셉 브랜든Joseph Brandon도 1989년부터(CFO

로서는 1997년 이후부터) 재직하고 있었다. 따라서 투자자는 보수적인 인수라는 경영진의 극적 변화의 원인이 무엇인지는 알 수 없었다. 가치평가로 들어가 보자. 투자자는 버핏이 사업 전체를 매입했을 때 제너럴 리가 어떤 모습이었는지에 관한 명확한 정보를 가지고 있다. 1989년 6월 19일 발표한 제너럴 리 인수에 관한 버크셔 해서웨이의 발표문을 보면 버크셔는 인수가격으로 총 220억 달러를 지급했는데, 이는 주당 276.50달러에 해당하는 금액이다. 1997년 제너럴 리 연차 보고서에는 그해 제너럴 리의 주가는 주당 151~219달러, 연말 종가는 주당 212달러였다는 내용이 있다. 따라서 버핏은 1997년 제너럴 리의 연말 종가에 약 30%의 프리미엄을 붙여 인수 대가를 지급한 셈이다.

제너럴 리는 금융기관이기 때문에 1997년 연말 실적에 기반해 산출한 PER과 PBR을 살펴봐야 한다.

1997년의 이익을 기준으로 제너럴 리는 PER 23배에 거래되고 있었다. PER 23배라면 그 회사의 사업이 뛰어날지라도 매수하기에는 상당히 높은 배수인 것 같다. 버핏이 다른 금융회사인 웰스 파고에 지급한 대가는 전년도 주당 순이익의 6배 수준에 불과했다.

PBR은 [표 17.6]과 같다.

마찬가지로 1997년 연말 주주 지분 기준으로 장부가치 대비 2.7배에 거래되고 있던 제너럴 리의 주가는 상당히 비싼 수준인 것 같다. 웰스 파고의 경우 버핏의 투자 직전 1년 동안 PBR 1.1배 수준에서 거래되고 있었고, ROE도 24% 수준이었다. 반면 제너럴 리는 PBR 기

[표 17.5] PER 배수

PER	1997	1996
주가	$276.50	$276.50
EPS(희석)	$11.76	$10.78
PER	23.5배	25.6배

[표 17.6] PBR 배수

PBR	1997	1996
시가총액	$220억	$220억
주주 지분	$81억 6,000만	$73억 3,000만
PBR	2.7배	3.0배

준 2.7배 수준에서 거래되고 있었고 세후 ROE는 12% 수준이었다. 따라서 제너럴 리가 훨씬 더 비싸 보인다.

당시 내가 제너럴 리 투자를 고려 중이었다면 평균 수준 이상의 재보험 회사로 판단했을 테지만, 보험인수와 관련된 경영진의 보수성에 대해서는 상당히 우려했을 것이다. 1997년 제너럴 리의 주식은 PER 23.5배, 장부가치의 2.7배 수준에서 거래되고 있었기 때문에 나는 1997년 12% 수준의 ROE를 창출한 사업 능력을 고려하면 제너럴 리가 매우 비싸다고 생각했을 것이다.

1997년 연말 종가였던 주당 212달러 기준으로는 그 가치평가 결과는 PER 18배와 PBR 2배로 다소 낮아졌을 것이다. 나는 이것이 좀 더 합리적인 수준의 평가 결과라고 생각했을 테지만, 지난 10년 동안 순이익이 연간 7% 정도 증가했던 기업에서 홈런을 기대하지는 않았을 것이다. 독립적인 사업으로 보면 놀라운 회사는 아니었다. 실제 투자 사례에서 버핏은 투자 근거로 제너럴 리가 보유한 큰 규모의 플로트를 활용할 수 있다는 부분에 초점을 맞춘 것으로 보이는데, 버핏은 그 플로트를 재투자해 건실한 수익을 창출할 수 있었다.

• • •

버핏이 1998년 연말 버크셔 주주들에게 보낸 서한에서 제너럴 리 인수에 관해 직접 설명한 부분을 보면 내가 앞서 언급한 숫자에 근거해 추론한 것과는 다소 다른 입장을 취했다는 사실을 알 수 있다. 버핏은 "수십 년 동안 제너럴 리라는 이름은 재보험에서 품질, 진정성, 전문성을 상징해왔다. 그리고 론 퍼거슨의 리더십 아래 이러한 명성은 더욱 빛나고 있다. 우리가 배울 점이 많다"고 평했다. 버핏은 당시 경영진 및 사업 전반에 관한 긍정적 의견을 제시하며 제너럴 리 / 버크셔 결합이 이익 안정성보다는 기대 수익을 보고 보험을 인수하는 재보험 사업 특유의 이익 변동성을 확실히 흡수할 수 있는 독특한 구조적 이점을 결합 사업에 가져다줄 것이라고 설명한다.

구체적으로 상장된 다른 독립 재보험사들과는 달리 제너럴 리는 이익 변동성을 좋아하지 않는 투자자들로부터 더 이상 폄하되지도 않을 것이며, 변동성이 커질 것 같은 경우에도 수익성 있는 보험을 인수하는 데만 집중할 수 있게 될 것이라고 말했다. 버핏은 계속해서 제너럴 리가 보험 상품 판매에 있어 버크셔의 전 세계적인 유통망을 확장하는 데 기여할 수 있는 능력과 버크셔 사업에 가져올 보험인수 관련 기술적 능력에 관해 설명한다. 놀랍게도 버핏은 이 투자에서 재무 측면은 단지 일부분만 고려했다. 이 투자는 인수에 대한 사업적 합리성에 기반을 두고 있었다.

[표 17.7] 과거 11년간의 재무정보 요약(1987~1997년)

(단위: 백만 달러, 주당 수치 제외)

운영 요약	1997	1996	1995	1994	1993	5년 평균	1992	1991	1990	1989	1988	1987	10년 평균
연결													
총수익	8.251	8.286	7.210	3.837	3.560	19.5%	3.387	3.207	2.954	2.742	2.719	3.115	10.2%
순 수익 보험료	6.545	6.661	6.102	3.001	2.524	22.7%	2.349	2.249	2.150	1.898	1.903	2.365	10.7%
순이익	968	894	825	665	711	8.1%	657	657	614	599	480	511	6.6%
기본 주당	12.04	11.00	9.92	7.97	8.28	9.8%	7.55	7.46	6.89	6.52	5.04	5.04	9.1%
주당(희석)	11.76	19.78	9.74	7.86	8.16	9.6%	7.45	7.32	6.76	6.40	5.03	5.03	8.9%
세후 이익 (실현손익 제외)	965	877	788	621	604	15.7%	465	563	566	559	518	458	7.7%
기본 주당	12.00	10.79	9.47	7.43	7.01	17.8%	5.30	6.37	6.35	6.08	5.44	4.52	10.3%
주당(희석)	11.72	10.57	9.30	7.33	6.91	17.4%	5.25	6.25	6.23	5.97	5.44	4.52	10.0%
세전 투자수익	1.288	1.205	1.017	749	755	11.3%	755	752	706	673	570	506	9.8%
세후 투자수익	969	909	787	622	619	9.3%	620	618	581	558	494	435	8.3%
보험 투자	24.576	23.168	21.061	17.237	12.012	17.5%	10.986	10.471	9.291	8.758	7.831	6.954	13.5%
총자산	41.459	40.161	34.263	28.116	19.419	23.0%	14.700	12.416	11.033	10.390	9.394	8.902	16.6%
장기부채	285	286	150	150	184	8.4%	190	290	290	250	100	100	11.0%
보통주 주주 지분	8.161	7.326	6.587	4.859	4.761	14.1%	4.227	3.911	3.270	3.084	2.695	2.563	12.3%
운영자기자 본이익률 (%)	16.9	16.2	16.5	14.5	15.4	–	13.1	17.7	20.0	21.9	21.9	20.4	–
총자기자본 이익률(%)	23.4	14.5	32.9	9.5	18.3	–	15.8	23.6	17.4	24.7	19.5	21.2	–

북미 재산·상해

순수입 보험료	3.058	3.081	2.964	2.581	2.275	7.0%	2.177	2.122	2.040	1.789	1.780	2.251	3.1%
세전 투자수익	814	727	711	986	705	3.0%	703	703	662	638	539	479	5.45%
세전 수익 (실현손익 제외)	849	741	716	599	644	11.7%	489	647	649	612	511	449	6.6%
법정 잉여	6.309	5.326	4.607	3.770	3.836	12.8%	3.452	3.363	2.902	2.684	2.319	2.009	12.1%
투자	15.995	14.879	13.481	11.177	11.601	8.8%	10.477	10.003	8.848	8.417	7.532	6.666	9.1%
청구 및 청구비용 채무	8.881	8.741	7.385	7.029	6.803	6.0%	6.635	6.230	5.816	5.535	5.218	4.739	6.5%
손해율(%)	68.4	69.0	67.3	71.4	70.0	–	78.8	72.0	67.5	69.7	70.7	74.5	–
사업비율 (%)	30.8	30	32.3	30.5	31.3	–	29.9	29.3	31.5	28.3	28.8	24.7	–
인수 합산비율(%)	99.2	99.1	99.6	101.9	101.1	–	108.7	101.3	99.0	98.0	99.5	99.2	–

해외 재산·상해

순수입 보험료	2.268	2.505	2.429	420	249	67.5%	172	127	110	109	123	114	34.9%
세전 투자수익	369	394	247	52	43	51.0%	47	44	39	31	27	24	31.4%
세전 수익 (실현손익 제외)	315	320	200	46	25	67.3%	24	30	25	35	33	26	28.3%
투자	8.581	8.290	7.535	6.060	589	75.9%	509	469	442	342	299	279	40.9%
청구 및 청구비용 채무	4.560	4.664	4.352	3.289	253	86.5%	202	164	156	121	109	105	45.8%
손해율(%)	72.1	73.2	77.0	69.2	75.1	–	80.2	75.8	71.5	62.4	64.4	64.2	–
사업비율 (%)	30.3	28.9	25.8	29.4	30.9	–	32.8	35.2	37.5	33.4	31.3	31.9	–
인수 합산 비율(%)	102.4	102.1	102.8	98.6	106.0	–	113.0	111.0	109.0	95.8	95.7	96.1	–

글로벌 생명·건강

순수입 보험료	1.219	1.075	709	–	–	–	–	–	–	–	–	–	–
세전 투자수익	73	59	40	–	–	–	–	–	–	–	–	–	–

세전 수익 (실현손익 제외)	83	53	50	–	–	–	–	–	–	–	–	–	–
생명·건강 계약 순 보험급부	637	523	379	330	–	–	–	–	–	–	–	–	–
재무 서비스													
수익(순 실현손익 제외)	300	269	250	229	211	21.1%	115	100	88	90	101	106	11.0%
세전 수익 (실현손익 제외)	105	100	100	85	58	60.0%	10	1	6	14	27	30	13.3%
보통주 주주 정보													
평균 발행주식 수													
기본	79.5	80.3	82.1	82.1	84.5		85.7	87.1	88.0	91.3	95.3	101.4	
희석	81.9	82.5	84.2	84.0	86.6		87.6	89.0	89.9	93.2	95.3	101.5	
보통주 주당 배당금	2.20	2.04	1.96	1.92	1.88	4.1%	1.80	1.68	1.52	1.36	1.20	1.00	8.2%
총 보통주 배당금	174	163	161	157	159	2.6%	153	146	133	124	114	101	2.6%
자사주 매입비용	864	735	35	207	134	–	179	59	236	206	268	274	–
주당 보통주 주주 지분	105.40	89.92	80.22	59.35	56.92	16.1%	49.89	45.14	37.50	34.28	29.04	26.20	14.9%
보통주 주가													
고가	219.38	169.38	157.88	128.50	132.75	12.1%	123.13	101.88	93.00	95.75	59.25	68.38	12.1%
저가	151.25	139.13	122.88	102.50	105.38	14.0%	78.63	84.88	69.00	55.00	45.88	48.75	12.0%
종가	212.00	157.75	155.00	123.50	107.00	12.9%	115.75	101.88	93.00	87.13	55.25	55.88	14.3%

자료: 1997년 제너럴 리 코퍼레이션 10K 보고서 7~9페이지

[표 17.8] 손익계산서(1995~1997년)

(단위: 백만 달러, 주당 수치 제외)

	1997	1996	1995
보험료 및 기타 수익			
순수입보험료(재산·상해)	5.326	5.586	5.393
순수입보험료(생명·건강)	1.219	1.075	709
총 순수입보험료	6.545	6.661	6.102
순경과보험료(재산·상해)	5.414	5.618	5.141
순경과보험료(생명·건강)	1.193	1.060	696
총 순경과보험료	6.607	6.678	5.837
투자수익	1.288	1.205	1.017
기타 수익	352	309	292
순투자실현수익	4	104	64
총수익	8.252	8.296	7.210
비용			
청구 및 청구비용	3.788	3.984	3.680
생명·건강 급부	883	789	505
인수비용	1.414	1.478	1.345
기타 운영 원가 및 비용	810	727	550
영업권 상각	29	21	13
총비용	6.924	6.999	6.093
소득세 및 외부주주 지분 제외 수익	1.327	1.297	1.117
소득세 비용(급부):			
당기	254	327	288
이연	48	−4	−41
소득세	302	323	247
소수 지분 전 수익	1.025	974	870
외부주주 지분	57	80	45
순이익	968	894	825
주당 수치			
보통주 주당순수익			
기본	12.04	11.00	9.92
희석	11.76	10.78	9.74
평균 발행주식 수			

296

기본	79,502,845	80,251,342	82,085,315
희석	81,947,547	82,466,750	84,227,806
보통주 주주 귀속 주당 배당금	2.20	2.04	1.96

자료: 1997년 제너럴 리 코퍼레이션 10K 보고서 34페이지

[표 17.9] 연결대차대조표(1996~1997년)

(단위: 백만 달러)

자산	1997	1996
투자		
채권, 매각 가능(원가: 1997년 $15,859, 1996년 $16,298)	16.847	16.992
우선주, 적정가치(원가: 1997년 $980, 1996년 $771)	1.041	789
보통주, 적정가치(원가:1998년 $2,098, 1996년 $1,940)	4.748	3.672
단기투자, 액면가와 비슷한 수준의 상각비용 반영	1.172	1.019
기타 투자자산	768	696
총 보험 투자	24.576	23.168
현금	193	154
미수령 투자수입	358	350
매출채권	1.858	2.663
재보험사 보유 펀드	488	474
회수 가능 재보험	2.706	2.935
이연 인수비용	476	457
영업권	968	1.038
기타 자산	962	804
재무 서비스 자산		
투자증권, 적정가치(원가: 1997년 $790; 1996년 $176)	792	179
상품유가증권, 적정가치(원가: 1997년 $1,908; 1996년 $2,994)	1.859	2.967
단기투자, 적정가치	129	248
현금	159	211
상품계정 자산	4.313	3.962
재매각조건부 증권	903	–
기타 자산	719	551
총 재무서비스 자산	8.874	8.118

총자산	41.549	40.161
부채 및 자본		
부채		
청구 및 청구비용	15.797	15.977
생명·건강 계약 보험 급부	907	751
미경과보험료	1.874	1.957
기타재보험 수지	2.948	3.388
지급어음	285	286
소득세	1.104	732
기타 부채	997	963
외부주주 지분	1.032	1.166
재무 서비스 부채:		
재매입조건부 증권 매각분, 계약가치	1.030	1.985
재매입조건부 증권 매각분(기한 미도래), 시장가치	1.190	869
상품계정 부채	3.664	3.785
상업어음	689	140
지급어음	746	4
기타 부채	1.032	830
총 재무서비스 부채	8.351	7.613
총부채	33.295	32.833
누적 전환우선주(발행: 1997년 1,700,231주, 1996년 1,711,907주. 액면가 없음)	145	146
종업원 예금 및 종업원 지주 관련 대출	−142	−144
보통주 주주 지분		
보통주(1997년·1996년 발행주식 수: 102,827,344; 액면가 $0.50)	51	51
납입자본	1.109	1.041
투자자산 미실현 평가액, 이연소득세 반영	2.460	1.625
외환 관련 조정, 이연소득세 반영	−42	−53
유보이익	7.492	6.708
차감: 보통주 자사주, 원가(주식 수: 1997년 25,393,840, 1996년 21,262,113)	−2.909	−2.046
총 보통주 주주 지분	8.161	7.326
총 부채 및 자본	41.459	40.161

자료: 1997년 제너럴 리 코퍼레이션 10K 보고서 35페이지

18

미드아메리칸
에너지 홀딩스 컴퍼니1999
MidAmerican Energy Holdings Company

• • •

모든 요소를 종합해보면 버핏은 무엇보다 그가 신뢰하고 사업을 계속
성장시키리라 믿었던 경영진에 투자한 것으로 보인다.

1999년 10월 워런 버핏은 미드아메리칸 에너지의 지분 약 76%
를 주당 35.05달러(발표 전 종가 대비 29%의 프리미엄 부여)에 현금으로
인수하는 계약을 발표했다. 버크셔 해서웨이는 이 딜에서 보통주뿐
만 아니라 전환우선주와 확정금리부 증권을 취득했다. 전체적으로
이 딜은 버크셔 해서웨이가 미드아메리칸 에너지 전체 지분의 76%
를 보유하지만, 의결권은 10% 미만만 행사하도록 구조화되었다. 이
는 부분적으로 1935년의 공공전력지주회사법PUHCA: Public Utility
Holding Company Act과 관련된 복잡한 규정을 위반하지 않기 위해서
였다. 이 법은 공공전력 지주회사의 사업 활동을 크게 제한하고 있었

는데, 버크셔가 10% 이상의 의결권을 가지게 된다면 이러한 제한 규정이 적용되는 대상이 되었을 것으로 추정된다.

전체적으로 버크셔 해서웨이는 미드아메리칸의 인수를 위해 약 20억 달러를 지급했다. 이 거래에는 주목할 만한 공동 투자자가 2명 있었다. 1988년부터 버크셔 해서웨이의 이사회에 참여했고, 버핏에게 이 거래를 소개한 월터 스콧Walter Scott과 당시 미드아메리칸의 기업가적 CEO였던 데이비드 소콜David Sokol이 바로 그들이었다.

투자 사례로 바로 들어가 보자. 만약 내가 당시 잠재적 투자자였다면 그 회사에 관해 다음과 같은 두 가지 주요 질문을 했을 것이다. 그것은 양질의 사업인가? 그리고 그 회사는 좋은 가격에 거래되고 있는가? 1998년 미드아메리카의 연말 보고서는 1999년 말 거래가 발표되었을 때 입수할 수 있었던 당시 가장 최근의 연차보고서였기 때문에 그 보고서에서 시작하는 게 좋을 것 같다.

연차보고서에서 알 수 있듯이 미드아메리칸은 무엇보다 전력 생산이 주력 사업이었지만 전력 분배와 발전 연료인 가스 탐사에도 관여한 다각화된 에너지 회사였다. 재무제표 주석에 실린 부문별 사업 내용에 따르면 미드아메리칸은 사업을 크게 3개의 핵심 사업 부문과 간접 부문으로 분류했다([표 18.1] 참조).

이 연차보고서에는 1998년 연말 기준 회사가 보유한 발전소 목록도 있다.

여기서 알 수 있듯이 수입에서 가장 큰 부분을 담당한 사업 부문은 국내 발전 부문이었는데, 대부분의 미국 내 발전소는 아이오와 주

[표 18.1] 사업 부문

부문	매출	영업이익	비고
국내 발전	$5억 8,300만	$3억 1,400만	
해외 발전	$2억 2,400만	$1억 4,300만	주로 필리핀 소재
해외 설비	$18억 4,300만	$1억 7,300만	주로 영국 소재
기업	$3,300만	−$1,000만	
총계	$26억 8,300만	$6억 1,900만	

와 일리노이 주에 있었다. 미드아메리칸은 석탄, 가스, 지열, 수력, 원자력 발전소 등을 보유하고 있었다. 필리핀 3곳, 영국 2곳에 있는 해외 발전소 및 발전 시설은 해외 발전 부문을 구성하는 자산이었다.

국내와 해외 발전 사업은 운영 측면에서 크게 다르지 않았다. 두 사업 부문 모두 핵심 활동은 발전소 건설과 연료 구입(석탄 등) 및 전기 판매 등의 발전소 운영이었다. 연료와 비용, 기술, 효율 등에서도 미묘한 차이가 있었지만, 수익성이 낮은 발전소와 높은 발전소를 구별하는 가장 큰 요인은 정부 규제 측면이었다. 발전 산업은 전 세계에서 가장 규제를 많이 받는 산업 중 하나이며, 결과적으로 발전회사의 수익성은 그 발전소가 운영되는 국가의 규제 환경과 실질적으로 연관돼 있다.

당시 미국에는 미드아메리칸과 관련 있는 규제기관과 정책이 많았다. 국가 차원에서 1980년 직전에 공공전력규제정책법PURPA: Public Utilities Regulatory Policies Act이 통과된 이후 독립적인 에너지 생산이 장려되었고, 전력회사는 그렇게 생산된 전기를 구매해야 했다. 이 규제는 가격 수준으로까지 확대되었다. 각 주에도 국가 정책과 관련 있

[표 18.2] 발전소 요약(1988년)

프로젝트[a,b]	시설 용량 (MW)	보유 용량 (MW)[c]	연료	위치	상업 가동	달러 지불 여부	매출처[d]	정치적 위험 보험
가동 프로젝트								
카운슬 블러프즈 에너지 센터, 유닛 1&2	131	113	석탄	아이오와	1954, 1958	Yes	MEC	No
카운슬 블러프즈 에너지 센터, 유닛 3	675	534	석탄	아이오와	1978	Yes	MEC	No
루이자 발전소, 유닛 1&2	700	616	석탄	아이오와	1983	Yes	MEC	No
닐 발전소, 유닛 1&2	435	435	석탄	아이오와	1964, 1972	Yes	MEC	No
닐 발전소, 유닛 3	515	371	석탄	아이오와	1975	Yes	MEC	No
닐 발전소, 유닛 4	624	253	석탄	아이오와	1979	Yes	MEC	No
오텀와 발전소	716	372	석탄	아이오와	1981	Yes	MEC	No
쿼드 시티즈 발전소	1,529	383	원자력	일리노이	1972	Yes	MEC	No
리버사이드 발전소	135	135	석탄	아이오와	1925–1961	Yes	MEC	No
컴버스천 터빈즈	758	758	가스	아이오와	1969–1995	Yes	MEC	No
멀린 수력 발전	3	3	수력	일리노이	1970	Yes	MEC	No
임페리얼밸리	268	134	지열	캘리포니아	1986–1996	Yes	에디슨	No
새러낵	240	90	가스	뉴욕	1994	Yes	NYSEG	No
파워 리소스	200	100	가스	텍사스	1988	Yes	TUEC	No
노콘	80	32	가스	펜실베이니아	1992	Yes	NIMO	No
유마	50	25	가스	애리조나	1994	Yes	SDG&G	No
루즈벨트 핫 스프링스	23	17	지열	유타	1984	Yes	UP&L	No
데저트 픽	10	10	지열	네바다	1985	Yes	N/A	No
마하나동	165	149	지열	필리핀	1997	Yes	PNOC-EDC	Yes
말리보그	216	216	지열	필리핀	1996–1997	Yes	PNOC-EDC	Yes
어퍼 마히오와	119	119	지열	필리핀	1996	Yes	PNOC-EDC	Yes

티사이드 파워	1,875	289	가스	영국	1993	No	복수	No
바이킹	50	25	가스	영국	1998	No	노던	No
총 가동 프로젝트	**9,517**	**5,197**						

a. 티사이드 파워, 쿼드 시티즈 발전소, 오텀와 발전소. 데저트 픽은 현재 미가동 중

b. 인도네시아 소재 3개 발전소 제외, 두 곳은 중재 재판 중이며 한 곳은 1998 3월 가동 예정

c. 실제 용량(MW)은 발전소 설계와 가동/비축 조건에 좌우됨. 시설용량은 총 발전 가능 용량(와류량 차감)을 말하며, 와류량은 발전시설에는 사용되지만 외부 판매는 되지 않는 용량을 의미함. 보유용량은 시설용량 중 현재 미드아메리칸이 법적 소유권을 가진 용량을 의미함.

d. PNOC-에너지 개발공사(PNOC-EDC), 필리핀 정부(GOP) 및 필리핀 관개청(NIA)(NIA는 이 시설로부터 용수도 구매하고 있음), 노던 일렉트릭(Northern), 필리핀 정부는 PNOC-EDC와 NIA의 관련 계약 의무도 지원하고 있음. 서던 캘리포니아 에디슨 컴퍼니(Edison), 샌디에이고 가스 앤 일렉트릭 컴퍼니(SDG&E), 유타 파워 앤 라이트 컴퍼니(UP&L), 본네빌 전력청(BPA), 뉴욕 스테이트 일렉트릭 앤 가스 코퍼레이션(NYSEG), 텍사스 유틸리티 엘렉트릭 컴퍼니(TUEC), 나이아가라 모호크 파워 코퍼레이션(NIMO), 미드라메리칸 에너지 컴퍼니(MEC)

는 수많은 규제가 있었다. 예를 들어 아이오와 주에서는 직접적인 이익 규제를 통해 관할 내 미드아메리칸의 연간 보통주 자본이익률이 12%를 초과하면 그 이익의 일부를 고객과 나눠야 한다고 규정했다. 반대로 미드아메리칸의 연간 보통주 자본이익률이 9% 이하로 떨어지지 않는 한 전기 가격을 올릴 수 없었다.

영국에서는 발전 산업의 규제에 '풀Pool'이라 불리는 전력거래 시장도 포함돼 있었다. 1989년 전기법의 단계적 도입 이후 잉글랜드와 웨일즈에서 생산되는 거의 모든 전기는 이 풀을 통해 구입하고 판매해야 했으며, 이 풀 안에서 가격도 정해졌다. 심지어 회사가 전기를 생산해 공익사업용으로 판매하려고 하더라도 공익사업 운영 고객들에게 재판매하기 위해서는 정해진 가격으로 풀에 전기를 팔고 풀에서 다시 사야 했다. 이 조치를 포함한 다른 몇 가지 조치들 때문에 영국에서는 가격 규제가 만연해 있었다.

전반적으로 국내외를 막론하고 정부 규제의 목적은 회사의 수익성을 낮지는 않지만 높지도 않은 범위로 제한하기 위한 것이었다. 에너지 회사가 규정된 계약기간 내에 효율성을 높일 수 있다면 이익도 증가시킬 수 있었지만 오랫동안 그렇게 할 수는 없었다. 일단 규제기관들에 이러한 높은 수준의 이익이 노출되면 새로운 규제가 적용되기 시작할 것이기 때문이었다.

미드아메리칸의 마지막 두 사업 부문은 해외 설비와 기업 부문이었다. 해외 설비 부문은 영국의 배전업체였던 노던 일렉트릭 디스트리뷰션Northern Electric Distribution Limited이 주도하는 사업 부문이었다. 1998년에 이 회사는 약 1만 7,000km의 가공 전기선로 및 2만 6,000km의 지하 전기선로를 보유하고 있었으며, 약 150만 명의 고객들에게 전기를 공급할 수 있는 권리를 가지고 있었다.

노던은 배전뿐만 아니라 천연가스를 공급하고 분배하기도 했다. 미드아메리칸은 노던 외에도 가스 탐사 및 생산에 관여하는 영국의 CE 가스CE Gas UK Limited 등 다른 사업체들을 보유하고 있었다. 이처럼 해외, 특히 영국에서 미드아메리칸은 탐사에서부터 발전, 배전, 판매에 이르는 완전한 에너지 공급 가치사슬을 구축한 전통적 유틸리티 사업을 운영하고 있었다. 마지막 사업 부문인 기업 부문에는 법률이나 금융 같은 기업 관련 기능을 제공하는 부문도 있었지만, 부동산 사업인 홈서비스 같은 여러 틈새 사업들도 있었다.

재무제표를 보면 미드아메리칸은 1998년 지주회사 기준으로 25억 5,000만 달러의 매출과 1억 2,700만 달러의 순이익을 달성했다.

1998년 연말 희석 반영 발행주식 수 7,410만 주를 기준으로 한 희석 주당순이익은 2.01달러였다. 영업이익을 계산해보면 EBIT는 4억 9,100만 달러였다. 이는 순이자비용 2억 2,000만 달러, 소득세 준비금 9,300만 달러, 소수주주 지분 관련 비용 4,100만 달러, 특별손실 1,100만 달러를 제외한 수치다. 순이자비용의 규모(순이익의 2배 정도)를 고려하면 EBIT가 순이익보다 사업 본연의 수익 능력을 더 잘 반영하고 있다고 볼 수 있다. 이익률을 보면 EBIT 마진이 19.2%, 순이익 마진이 5%였다.

회사의 잠재적 투자자로서 나는 그 사업의 자본집약도와 수익 경제성을 반영하기 위해 ROTCE를 산출해보았을 것이다. 4억 9,100만 달러의 EBIT에서 1998년 당시 일반적이었던 35%의 세율을 적용한 법인세를 빼면 NOPAT는 3억 1,000만 달러가 된다. 총투하자본은 다음과 같았을 것이다.

여기서 알 수 있는 것처럼 미드아메리칸의 발전 및 유틸리티 사업에 투하된 자본은 상당한 수준이다. 전체적으로 매출의 174%나 되는 규모로 대부분의 다른 생산 비즈니스보다 상당히 높은 수준이다.

[표 18.3]

범주	규모	매출액 대비 비중
고정자산	$42억 3,600만	166%
재고자산	–	0%
매출채권	$5억 2,800만	21%
매입채무	–$3억 600만	–12%
총투하자본(TCE)	$44억 5,800만	174%

이 TCE와 NOPAT 값을 기반으로 산출한 ROTCE는 7.2%이다. 이 것은 제법 높은 수준이지만 예외적으로 높은 수준은 아니다. 이 고 정자산 중 일부가 대차대조표에는 계상돼 있었지만, 그해 이익에 기 여하지 않았다는 점을 감안하면 1997년 연말 기준으로 덜 보수적인 합리적 TCE 수준은 3억 7,300만 달러 정도가 될 것이다. 이 수치를 기반으로 계산한 ROTCE는 8.5%로 앞선 수치보다 더 높지만 여전히 아주 좋은 수준은 아니다. 투자자로서 나는 ROTCE 측면에서 본 미 드아메리칸 사업의 경제성은 좋긴 하지만 확실히 훌륭하지는 않다고 결론 내렸을 것이다.

물론 추가로 고려해야 할 요인도 있다. 미드아메리칸이 높은 수준 의 일관성을 갖춘 유틸리티 기업이라는 점을 고려하면 그 회사는 매 우 저렴한 자본을 활용할 수 있었다. 따라서 ROTCE 경제성이 시 사하는 수준보다는 더 높은 수익을 창출할 수도 있을 것이다. ROE 를 산출해보는 것은 이 가설을 시험할 수 있는 좋은 방법이다. 8억 2,700만 달러의 보통주 지분에 대한 1억 2,700만 달러의 순이익으 로 산출한 미드아메리칸의 ROE는 15%이다. 이는 실제로 미드아메 리칸이 적어도 부분적으로는 합리적 가격이 책정된 자본을 재무 레 버리지로 활용해 사업에서 상당히 많은 이익을 얻을 수 있다는 가설 을 뒷받침하는 것으로 보인다. 전반적으로 나는 미드아메리칸이 동 업종 내 다른 회사들보다 더 잘 운영되고 더 많이 성장했지만, 그 회 사의 핵심 사업은 본질적으로 훌륭한 복합체는 아니었다고 결론지 을 것이다.

마지막으로 가치평가 측면을 살펴보자. 버크셔 해서웨이가 미드아메리칸을 매수한 가격인 주당 35.05달러로 산출한 가치평가 결과는 다음과 같을 것이다.

이 가치평가 배수들은 특히 미드아메리칸이 훌륭한 복합체는 아니었다는 이전의 분석을 감안하면 매우 높은 수준으로 보인다. 확실히 미드아메리칸 내부에 분명히 가치는 있지만 평가에는 반영되지 않는 사업이 한두 개(부동산 사업 등) 있었지만, 사업의 순환성 때문에 이익이 침체된 수준에 머물러 있는 것이 아니었다면 그 당시 잠재적 투자자로서 나에게 미드아메리칸은 과소평가된 것처럼 느껴지지는 않았을 것이다.

[표 18.4] EV/EBIT 배수

EV/EBIT	1998	1997
EV*	$78억 6,700만	$78억 6,700만
EBIT	$4억 9,100만	$3억 4,300만
EV/EBIT	16.0배	22.9배

* EV는 1999년 6월 30일 주가 35.05달러에 희석 반영 발행주식 수 7,264만 주를 곱한 값에 순부채 53억 2,100만 달러를 더해 산출했다. 순부채는 현금 $2억 4,700만 + 시장성 유가증권 $1억 3,000만 + 용도제한 현금 $3억 8,500만 + 지분투자 $1억 9,000만 - 모회사 채무 $20억 1,700만 - 프로젝트 채무 $42억 5,600만으로 계산되었다. 당시 10Q 보고서 수치에 기초한 이 합계는 인수 관련 보도자료에 인용된 EV 값(약 90억 달러)보다는 다소 낮은 수준이다. 이는 ① 보고서 발간일인 6월 30일과 언론 발표일 사이의 순채무 변동과 ② 우선주 가치의 계산 차이에서 비롯되었다.

[표 18.5] PER 배수

PER	1998	1997
주가	$35.50	$35.50
EPS(희석)	$2.01	마이너스
PER	17.4배	적용 불가

1998년에 달성한 7%의 ROTCE와 15%의 ROE 수치를 고려하면 사업의 순환성으로 인해 이익이 침체된 수준이었을 가능성은 없는 것으로 보인다. 발전 사업은 분명히 자본집약도가 높은 사업이기 때문에 주기적으로 나올 수 있는 높은 수준의 ROTCE도 약 12~13%를 넘지는 않으리라 추정했을 것이다. 다만 동일한 자산 기준으로 실적이 아주 좋았던 해의 이익이 50% 더 많았다고 가정한다면 비교 가능한 EV/EBIT 배수는 약 11배, PER 배수는 약 12배로 확연히 낮아졌을 것이다.

유일하게 인상적이었을 것 같은 부분은 성장이다. 재무실적 요약에서 볼 수 있듯이 1994년과 1998년 사이에 매출액은 1억 5,400만 달러에서 25억 달러로 증가했다. 마찬가지로 이 기간에 순이익도 3,700만 달러에서 1억 2,700만 달러로 늘어났다. 연차보고서에서는 이것이 내부적인 유기적 성장과 기업 인수로 인한 성장 덕분임을 분명히 하고 있다. 대체로 나는 미드아메리칸을 성장성은 괜찮은 수준이지만 수익성은 평균적인 수준인 안정적인 사업으로 보았을 것이다. 따라서 적어도 보통주에 대해서는 특별히 매력적인 투자 대상으로 보지 않았을 것이다.

그렇다면 버핏이 이 투자에서 남들과 다르게 본 점은 무엇이었을까? 이 인수에 관한 1999년 10월 25일 버크셔 해서웨이의 보도자료에서 단서를 찾을 수 있다. 첫째, 이 딜은 보통주 매입을 통한 단순한 인수가 아니었다. 규제 문제로 의결권 비율을 낮게 가져가기 위해 버크셔 해서웨이는 보통주와 무배당 전환주식에 약 12억 5,000만 달러를 투자했고, 추가로 8억 달러를 양도불가 신탁 우선주에 투자했다. 버크셔의 연간 주주 서한에 언급되었듯이 8억 달러의 신탁 우선주는 11% 이율의 확정금리부 증권에 해당했고, 버핏도 그렇게 간주했다.

이 부분을 고려하면 버핏의 미드아메리칸 투자는 상대적으로 위험이 적은 11%라는 확정금리의 혜택을 받으며 12억 5,000만 달러만 출자한 것으로 볼 수 있다. 구조는 다소 복잡하지만 이 딜은 사모주식 거래와 유사해 보인다. 버핏과 그의 동료들은 약 7,200만 주(희석 반영) 전체를 주당 35.05달러에 매입하지는 않았는데, 이 주식을 모두 인수하기 위해서는 약 25억 달러가 필요했을 것이다. 버핏은 주식 인수를 위해서는 12억 5,000만 달러만 지급하고, 동시에 11%의 수익을 창출하는 확정금리부 증권에 투자하면서 회사 이익의 76%에 대한 소유권을 갖게 되었다. 또한 채권 형태의 증권에도 투자했으며, 공동 투자자였던 월터 스콧과 데이비드 소콜도 3억 달러를 투자했다. 이러한 딜 구조에서 버핏은 두 가지 혜택을 보았다.

첫째, 그는 매력적인 고정수익 투자를 할 수 있었다. 둘째, 상당히 안정적으로 성장하는 기업을 대상으로 재무 레버리지를 활용해 그 사업에 내재된 적정 ROTCE 수준보다 높은 자기자본이익률을 얻을 수 있었다. 계량화하기는 어렵지만 이 딜은 보통 투자자들이 미드아메리칸의 보통주에 투자하는 것보다 훨씬 더 나은 것 같다. 단지 규제 요건을 회피하기 위해 거래를 이렇게 복잡한 방식으로 구조화한 것이 아니라는 사실도 분명해 보인다.

이 투자에서 버핏에게 중요했던 것 같은 또 다른 부분은 경영진과 이사회이다. 버핏은 미드아메리칸 인수에 관해 설명하면서 "지금 이 상황이 드래프트라고 가정하고, 만약 내가 두 명만 지명할 수 있었다면 나는 이 산업을 위해 월터 스콧과 데이비드 소콜을 선택했을 것이다"라고 말했다. 이 투자는 버핏이 뛰어난 경영자라고 믿었던 두 파트너에게 투자한 사례였던 것 같다. 미드아메리칸의 연차보고서에서 경영진에 대한 강한 느낌을 받지 못했지만, 성장 측면에서 회사의 역사를 보면 경영진이 유능했다는 사실은 분명하다. 버핏은 개인적으로 경영진의 능력을 이해함으로써 이 투자에서 분명히 이득을 보았다.

나중에 이 사업에 관한 버핏의 코멘트를 읽으면서 나는 숫자에 대한 버핏의 날카로운 안목에 놀랐다. 특히 그는 미드아메리칸이 영업권(매수가격 배분이라고도 함) 중 상당액을 상각하고 있다고 언급한다. 실제로 1998년 연차보고서에는 영업권 상각이 있지만, 그 수치는 손익계산서의 '감가상각 및 감모상각' 계정에 숨겨져 있다. 1998년에는 영업권 상각액이 4,200만 달러에 불과하지만, 이는 기업이 사업을 영위하는 데 필요한 비용이 아니라 회계상 비용에 불과하기 때문에 실제 비용으로 계산해서는 안 된다. 이 요인을 고려했을 때 실제 EBIT에서 PPA를 뺀 값은 4억 9,100만 달러가 아닌 10% 더 많은 5억 3,300만 달러가 될 것이다. 그 결과 EV/EBIT 배수도 16.0배에서 14.6배로 다소 낮아질 것이다.

모든 요소를 종합해보면, 버핏은 무엇보다 그가 신뢰하고 사업을 계속 성장시키리라 믿었던 경영진에 투자한 것으로 보인다. 그는 또한 만약 다른 투자자가 같은 가격에 보통주를 매입했다면 얻을 수 있었던 것보다 훨씬 더 나은 투자 구조를 설계했다. 하지만 가치평가 측면에서 보면 버핏은 미드아메리칸의 과거 이익 수준에 대해 전액을 지급한 것 같다. 아마도 주식시장에서 많은 주식이 오를 만큼 올랐던 1999년에는 버핏은 이전보다 더 많은 대가를 지불해야 했고, 비록 훌륭하지는 않지만 적정한 수익을 기대하며 상당한 규모의 자본을 투입할 수 있는 사업에 대해 충분한 대가를 지급할 준비가 돼 있었던 것 같다.

[표 18.6] 과거 5년간의 재무정보 요약

(단위: 천 달러)

	1998ᵃ	1997	1996ᵇ	1995ᶜ	1994
손익계산서 항목					
영업수익	2,555,206	2,166,338	518,934	335,630	154,562
총수익	2,682,711	2,270,911	576,195	398,723	185,854
비용	2,410,658	2,074,051	435,791	301,672	130,018
소득세 준비금 반영 전 이익	272,053	196,860*	140,404	97,051	55,836
외부주주 지분	41,276	45,993	6,122	3,005	–
회계원칙 변경 및 특별항목 반영 전 이익	137,512	51,823	492461	63,415	38,834
특별항목(세금 반영)	–7,146	–135,850	–	–	–2,007
회계원칙 변경 누적 효과 (세금 반영)	–3,361	–	–	–	–
순이익·순손실	127,003	–84,027	2,492,261	63,415	36,827
우선주 배당금	–	–	–	1,080	5,010
보통주 주주 순이익·순손실	127,003	–84,027	492,461	62,335	31,817
주당 이익					
회계원칙 변경 및 특별항목 반영 전	2.29	0.77*	1.69	1.32	1.02

특별항목	−0.12	−2.02	–	–	−0.06
회계원칙 변경 누적 효과	−0.06	–	–	–	–
순이익·순손실	2.11	−1.25*	1.69	1.32	0.96
보통주 발행주식 수	60,139	67,268	54,739	47,249	33,189
주당이익					
특별항목 및 회계원칙 변경 누적 효과 반영 전−희석	2.15	0.75	1.54	1.22	0.95
특별항목−희석	−0.10	−1.97	–	–	−0.05
회계원칙 변경 누적 효과−희석	−0.04	–	–	–	–
순이익·순손실−희석	2.01	−1.22*	1.54	1.22	0.95
희석주식 발행주식 수	74,100	68,686	65,072	56,195	39,203
대차대조표 항목					
총자산	9,103,524	7,487,626	5,630,156	2,654,038	1,131,145
총부채	7,598,040	5,282,162	4,181,052	2,084,474	867,703
자회사 신탁 의무상환 전환 우선주	553,930	553,930	103,930	–	–
자회사 우선주	66,033	56,181	136,065	–	–
외부주주 지분	–	134,454	299,252	–	–
상환우선주	–	–	–	–	63,600
자본	827,053	765,326	880,790	543,532	179,991

a. KDG 인수 반영
b. 노던, 팔콘 시보드, 파트너십 인터레스트 인수 반영
c. 마그마 파워 컴퍼니 인수 반영
* $87,000, 보통주 주당 $1.29, 보통주(희석) 주당 $1.27 포함. 인도네시아 비경상 자산 감손분 차감
자료: 1998년 미드아메리칸 에너지 홀딩스 컴퍼니 10K 리포트 61페이지

[표 18.7] 대차대조표(1997~1998년)

매년 12월 31일 마감
(단위: 천 달러)

자산	1998	1997
현금 및 현금등가물	1,604,470	1,445,338
조인트 벤처 현금 및 투자	1,678	6,072
용도제한 현금	515,231	223,636
용도제한 투자	122,340	–
외상매출금	528,116	376,745
순유형자산	4,236,039	3,528,910
순인수자산 적정가치 초과비용	1,538,176	1,312,788
지분투자	125,036	238,025
이연비용 및 기타 자산	432,438	356,112
총자산	9,103,524	7,487,626
부채 및 자본		
부채		
외상매입금	305,757	173,610
기타 미지급 부채	1,009,091	1,106,641
모회사 채무	2,645,991	1,303,845
자회사 및 프로젝트 채무	3,093,810	2,189,007
이연소득세	543,391	509,059
총부채	7,598,040	5,282,162
이연수입	58,468	40,837
자회사 신탁 의무상환 전환우선주	553,930	553,930
자회사 우선주	66,033	56,181
외부주주 지분	–	134,454
보통주 및 상환 옵션	–	654,736
자본		
보통주, 주당 액면가 $0.0675*	5,602	5,602
자본잉여금	1,233,088	1,261,081
유보이익	340,496	213,493
누적 기타 포괄 수입	45	-3,589
보통주 및 상환 옵션	–	-654,736
자사주 -23,375주, 1,658주(원가)	-752,178	-56,525

총자본	827,053	765,326
총부채 및 자본	9,103,514	7,487,626

* 수권주식 수 180,000주, 발행주식 수 82,980주, 유통주식 수 각각 59,605주 & 81,322주
자료: 1998년 미드아메리칸 에너지 홀딩스 컴퍼니 10K 리포트 73페이지

[표 18.8] 손익계산서(1996~1998년)

매년 12월 31일 마감
(단위: 천 달러, 주당 수치 제외)

	1998	1997	1996
수익:			
영업수익	2,555,206	2,166,338	518,934
이자 및 기타 수입	127,505	104,573	57,261
총수익	2,682,711	2,270,911	576,195
원가 및 비용:			
판매원가	1,258,539	1,055,195	31,840
영업비용	425,004	345,833	132,655
일반 및 관리비	46,401	52,705	21,451
감가 및 감모	333,422	276,041	118,586
카섹난 지분투자 손실	–	5,972	5,221
이자비용	406,084	296,364	165,900
차감: 자본화	−58,792	−45,059	−39,862
비경상 비용 – 자산가치 감손	–	87,000	–
총원가 및 비용	2,410,658	2,074,051	435,791
소득세 준비금 반영 전 이익	272,053	196,860	140,404
소득세 준비금	93,265	99,044	41,821
외부주주 지분 반영 전 이익	178,788	97,816	98,583
외부주주 지분	41,276	45,993	6,122
회계원칙 변경 및 특별항목 반영 전 이익	137,512	51,823	92,461
특별항목(세금 반영)	−7,146	−135,850	–
회계원칙 변경 누적 효과(세금 반영)	−3,363	–	–
보통주 주주 순이익·순손실	127,003	−84,027	92,461
주당			
회계원칙 변경 및 특별항목 반영 전 이익	2.29	0.77	1.69

	-0.12	-2.02	-
특별항목	-0.12	-2.02	-
회계원칙 변경 누적 효과	-0.06	-	-
순이익·순손실	2.11	-1.25	1.69
주당-희석			
회계원칙 변경 및 특별항목 반영 전 이익	2.15	0.75	1.54
특별항목	-0.10	-1.97	-
회계원칙 변경 누적 효과	-0.04	-	-
순이익·순손실	2.01	-1.22	1.54

자료: 1998년 미드아메리칸 에너지 홀딩스 컴퍼니 10K 리포트 74페이지

[표 18.9] 현금흐름표(1996~1998년)

매년 12월 31일 마감
(단위: 천 달러)

	1998	1997	1996
영업활동 현금흐름			
순이익·순손실	127,003	-84,027	92,461
영업활동 순현금흐름 조정:			
비경상 비용-자산가치 감손	-	87,000	-
특별항목(세금 반영)	7,146	-	-
회계원칙 변경 누적 효과	3,363	-	-
감가 및 감모	290,794	239,234	109,447
순인수자산 적정가치 초과비용 상각	42,628	36,807	9,139
주식 할인 발행 상각	42	2,160	50,194
이연 및 기타 비용 상각	21,681	31,632	11,212
이연소득세 준비금	34,332	55,584	12,252
지분투자 수입	-10,837	-16,068	-910
외부주주 지분 이익·손실	5,313	-35,387	1,431
기타 항목 변동:			
매출채권	-135,124	-34,146	-13,936
매입채무, 미지급 부채, 이연수익	-41,803	29,799	2,093
영업활동 순현금흐름	344,538	312,588	273,383

투자활동 현금흐름:

KDG, 노던, 팔콘 시보드, 파트너십 인터레스트, 마그마 인수(순현금)	−500,916	−632,014	−474,443
지분투자 배분	17,008	23,960	8,222
운영 프로젝트 관련 자본 지출	−227,071	−194,224	−24,821
필리핀 건설	−112,263	−27,334	−167,160
인도네시아 건설	−83,869	−146,297	−76,546
UK 가스 자산 인수	−35,677	−	−
국내 건설 및 기타 개발비용	−36,047	−12,794	−73,179
단기투자 감소	1,282	2,880	33,998
용도제한 현금 및 투자 증가/감소	20,568	−116,668	63,175
기타	−33,787	60,390	−2,910
투자활동 순현금흐름	−990,772	−1,042,101	−713,664

재무활동 현금흐름:

보통주 및 자사주 매각과 주식 옵션 행사 수익	3,412	703,624	54,935
자회사 신탁 전환 우선주 수익	−	450,000	103,930
모회사 채무 발행 수익	1,502,243	350,000	324,136
모회사 채무 상환	−167,285	−100,000	−
리볼빙 순수익	−	−95,000	95,000
자회사 및 프로젝트 채무 수익	464,974	795,658	428,134
자회사 및 프로젝트 대출 상환	−255,711	−271,618	210,892
금융 채무 관련 이연비용	−47,205	−48,395	−36,010
자사주 매입	−724,791	−55,505	−12,008
기타	21,701	13,142	10,756
재무활동 순현금흐름	797,338	1,741,906	757,981
환율 변동 효과	3,634	−33,247	4,860
현금 및 현금등가물 순증가	154,738	979,146	322,560
기초 현금 및 현금등가물	1,451,410	472,264	149,704
기말 현금 및 현금등가물	1,606,148	1,451,410	472,264

추가 정보

지급이자(자본화 반영)	341,645	316,060	92,829
지급소득세	53,609	44,483	23,211

자료: 1998년 미드아메리칸 에너지 홀딩스 컴퍼니 10K 리포트 76페이지

19

•

벌링턴 노던 2007~2009
Burlington Northern

• • •

시장에 공포가 만연하고 BNSF의 단기 실적도 저조했지만,
버핏에게는 상대적으로 불확실한 시기에 그의 경력에서
가장 큰 지분을 투자할 수 있는 용기가 있었다.

워런 버핏은 2007년 연말 주주들에게 보낸 서한에서 47억 3,000만 달러를 투자해 벌링턴 노던 산타페BNSF: Burlington Northern Santa Fe의 주식 6,082만 8,818주를 매수해 보유하고 있다고 밝혔다. 주당 평균 매수가격은 77.76달러였으며 버핏이 확보한 그 회사의 지분은 17.5%였다.

바로 이것이 유니언 퍼시픽Union Pacific과 함께 북미 지역의 최대 철도회사 중 한 곳이었으며 지금도 활발하게 영업 중인 BNSF에 대한 버핏의 첫 번째 투자였다. 2009년 말 버핏과 버크셔 해서웨이는 남은 BNSF의 지분을 모두 인수했는데, 이 딜에서 버핏은 BNSF의 시

[그림 19.1] 2008년 벌링턴 노던 연차보고서

가총액을 총 340억 달러로 평가하고, 주당 약 100달러에 BNSF의 주식 총 3억 4,120만 주를 매수했다. 이때 버핏이 매입한 것은 BNSF의 나머지 77.4% 지분이었는데, 버크셔 해서웨이는 2007년부터

2010년 사이 그 회사의 지분을 이미 17.5%에서 22.6%로 늘린 바 있었다.

이 장에서는 BNSF 투자와 관련해 2010년에 집행된 매수뿐만 아니라 2007년에 집행된 초기 투자 당시의 관점에서도 살펴보도록 하겠다. 철도망의 운영은 종종 높은 수준의 자금 수요를 수반하기도 한다. BNSF는 북미 주요 경제 센터 간 화물 운송에서 대부분의 수익을 창출했다. 따라서 기관차 및 화물차, 선로 인프라, 선적장, 터미널, 배송 센터, 전문 서비스 및 정비소 등의 지원시설 네트워크를 유지하는 비용이 발생했다.

2008년 BNSF의 연차보고서를 보면 이 회사에는 약 4만 명의 직원, 6,510대의 기관차, 그리고 8만 2,555대의 화물차가 있었다. 회장 겸 CEO인 매튜 로즈Matthew Rose는 1997년과 2008년 사이 BNSF가 철도 인프라 및 철도 차량 개선에 300억 달러를 지출했다고 말했다. 어떤 기준으로 보아도 이것은 엄청난 액수이다. 일상적 운영 외에도 수익성 있는 철도회사가 되기 위해서는 사업 확장을 위해 자본을 현명하게 배분하고, 경쟁 환경을 탐색하며, 철도망 이용권리 같은 규제 문제를 성공적으로 관리하는 것도 필요했다.

2008년 BNSF의 연차보고서를 보면 사업은 4개의 핵심 부문과 기타로 구분돼 있다. 매출액을 기반으로 구분한 사업 부문은 다음과 같다.

기타 범주를 제외하고 4대 핵심 화물 사업 부문에서는 2008년에 175억 달러의 매출을 올렸다. [표 19.1]에서 알 수 있듯이 소비재 부

[표 19.1] 사업 부문 개요

부문	매출액	매출비중
소비재	$60억 6,400만	34%
산업재	$40억 2,800만	22%
석탄	$39억 7,000만	22%
농업 제품	$34억 4,100만	19%
기타	$5억 1,500만	3%
총계	$180억 1,800만	100%

문이 가장 큰 부문이었지만 산업재, 석탄, 농업 제품 부문 또한 상당한 규모였다.

각 화물 범주의 세부 사항을 살펴보면 소비재 부문에서는 컨테이너(국내 제품뿐만 아니라 국제 운송 컨테이너도 포함)가 90%, 자동차 제품이 10%를 차지했다. 산업재는 건설 제품, 빌딩 제품, 석유 제품, 화학 제품·플라스틱, 그리고 식음료 제품을 말한다. 석탄 부문은 말 그대로 석탄, 구체적으로는 와이오밍 주와 몬태나 주의 파우더 강 유역에서 캐낸 미국 저황탄을 수송하는 사업 부문이었다. 농업 제품 부문에서는 옥수수, 밀, 콩, 기타 벌크 식품뿐만 아니라 에탄올, 비료, 농업 관련 제품을 운송했다. 전반적으로 모든 제품 범주에서 BNSF의 주요 사업 활동은 벌크 제품 운송이었다. 그해 10-K 보고서에 실린 그림 19.2에서 볼 수 있듯이 BNSF는 주로 미국 중서부를 중심으로 사업을 운영하고 있었다.

보고서에서도 언급되었듯이 BNSF의 고객 인터페이스를 보면 BNSF 매출의 약 3분의 2가 다양한 기간으로 구성된 개별 고객 계약

[그림 19.2] BNSF 운영 지도

——— BNSF 선로 및 철도망 이용권리
——— 지선 연결
------ 일괄수송 운반 약정

자료: 2007년 유니언 퍼시픽 코퍼레이션 연차보고서

에서 창출되었고, 나머지 3분의 1은 운수업자 공시가격을 지급하는 고객들에게서 나왔다.

또한 평균 운송거리는 대략 비슷하게 유지되고 있는 반면 톤마일 t-mile 총량(즉, 양)은 지난 2년 동안 각각 1~2% 정도 증가했다. 그러나

[표 19.2] BNSF 운영지표

12월 31일 마감

	2008	2007	2006
유상 톤마일(백만)	664,384	657,572	647,857
유상 톤마일당 화물 수익	$26.34	$23.34	$22.45
평균 운송거리(마일)	1,090	1,079	1,071

자료: 2008년 벌링턴 노던 산타페 10K 보고서 10페이지

실제적 차이는 지난 2년 동안 4%에서 13% 사이로 크게 증가한 톤마일당 평균 수익(즉, 가격)에서 비롯되었다.

그중 일부는 연료 가격 상승에 기인했다. 하지만 BNSF의 상세 재무정보를 보면 연료비는 17억 달러 증가하는 데 그친 반면, 화물 수익은 30억 달러 늘었다. 이 정보는 BNSF가 가격결정력을 가지고 있었음을 의미한다.

BNSF를 이해하는 데 필요한 또 다른 주요 측면은 그 회사의 경쟁

[그림 19.3] 운영 지도

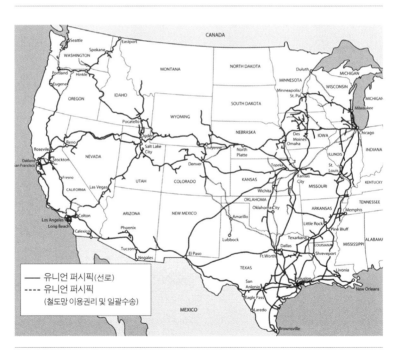

자료: 2008년 벌링턴 노던 산타페 코퍼레이션 연차보고서

적 위치를 확인하는 것이었다. 우선, BNSF는 다른 철도회사들과 경쟁한다. 2008년을 기준으로 직원 4만 8,000명과 기관차 약 8,700대를 보유하고 있던 유니언 퍼시픽은 가장 큰 경쟁 철도회사였다. BNSF가 유니언 퍼시픽과 시장에서 어느 정도로 경쟁하고 있었는지 보기 위해 유니언 퍼시픽의 운영 지도([그림 19.3])를 살펴보도록 하겠다.

여기서 볼 수 있듯이 BNSF와 유니언 퍼시픽은 중부 평원과 서부 해안 사이 상당히 많은 노선에서 서로 경쟁했다. 이러한 사실을 감안하면 가격, 적시성 그리고 서비스 품질 또한 두 철도회사의 운영 측면에서 고려해야 할 부분이다. [표 19.3]은 2008년 유니언 퍼시픽의 연차보고서에 실린 운영지표들을 정리한 것이다.

이 지표를 BNSF의 지표와 비교하면 두 가지 결론을 도출할 수 있다. 첫째, BNSF는 유니언 퍼시픽보다 철도망을 더 잘 활용했고, 관리 물량도 더 많이 늘렸던 것 같다. 2006년부터 2008년까지의 기간 동안 유상 톤마일이 소폭 감소했던 유니언 퍼시픽과 달리 BNSF의 유상 톤마일은 3% 증가했다. 둘째, BNSF와 마찬가지로 유니언 퍼시픽

[표 19.3] 유니언 퍼시픽 운영지표

12월 31일 마감

	2008	2007	2006
유상 톤마일(백만)	562,600	561,800	565,200
유상 톤마일당 화물 수익	$30.43	$27.56	$26.17
가동률	77.3%	79.3%	81.5%
고객만족지수	83	79	72

자료: 2008년 유니언 퍼시픽 연차보고서 35페이지 '운영/실적 통계' 내용 정리

도 가격을 인상하고 있었다. 두 철도회사 모두 가격을 인상할 수 있었다는 것은 업계 내에서 유리한 가격결정 환경이 조성되고 있었고, 철도회사 간에 극심한 가격 경쟁은 없었다는 것을 의미한다.

직접적 경쟁에 관한 한 유니언 퍼시픽이 BNSF의 진정한 경쟁자였지만, 앞선 분석 결과를 보면 이 두 철도회사는 가격 규율이 지켜지는 훌륭한 복점을 형성할 가능성이 있었다. 유니언 퍼시픽도 상당히 좋은 성과를 거두었지만, BNSF는 2006년과 2008년 사이에 수익성 있게 유상 톤마일을 증가시킬 수 있었기 때문에 BNSF가 이 두 회사 중 운영을 더 잘했다고 볼 수 있었다.

다른 철도회사들과의 직접적인 경쟁 외에도 장거리 화물 운송 분야에서 경쟁하는 대체 운송수단들도 고려해야 하는데, 그중 가장 명확한 것은 트럭, 배, 항공기를 통한 운송이다. 수상 운송은 수로 인근 지역으로 제한되며, 항공 운송은 가격이 매우 높기 때문에 화물 철도를 대체할 수 있는 가장 적절한 수단은 트럭 운송이다.

매튜 로즈 BNSF 의장은 연차보고서에서 트럭 운송 대비 화물 철도의 장점을 설명하며 "같은 양의 연료로 화물 1톤을 운송한다면 트럭보다 평균 3배 더 먼 거리를 이동할 수 있다"고 말했다. 철도 운송은 미국 내 화물 운송의 40% 이상을 차지하지만, 전체 온실가스 배출량 측면에서 보면 그 비중은 2.6%에 불과하다. 전반적으로 철도는 정기 운송을 위한 가장 효율적이고 저렴하며 환경친화적인 옵션이라고 할 수 있을 것이다. 사실 로즈는 BNSF가 유니언 퍼시픽 같은 직접적인 경쟁자들보다는 전체 철도 산업이 전체 화물 운송 파이에서 더 큰 부분을 점유할 수 있도록 그 기회를 찾는 데 집중해야 한다고 말한다.

벌링턴 노던 산타페의 재무 측면을 보면 2000년부터 2007년까지 BNSF의 매출은 92억 달러에서 158억 달러로 증가했다. 마찬가지로 EBIT는 2000년 22억 달러에서 2007년 35억 달러로 늘었다. 순이익은 2000년 9억 8,000만 달러에서 2007년 18억 달러로 증가했다. 이 기간의 연평균 성장률을 보면 매출액 성장률, EBIT 성장률, 순이익 성장률은 각각 약 8%, 7%, 9%였다. 2007년 연말 BNSF의 대차대조표에 실린 필요 자본을 [표 19.4]에 정리했다.

표에서 알 수 있듯이 철도 사업에 투하된 1차 자본은 고정자산에 묶여 있다. 이 범주에는 선로와 정비시설뿐 아니라 기관차와 기동차 등 철도 차량도 포함돼 있다. 고정자산 외에는 자본이 거의 필요하지 않다. 158억 달러의 매출액과 35억 달러의 EBIT 수치를 바탕으로 산출한 세전 이익률은 10.9%이다. 또한 24억 달러의 NOPAT에 30%의 세율이 반영돼 있다고 가정하면 이론상 세후 ROTCE는 7.6%가 될 것이다.

[표 19.4]

범주	금액	매출액 대비 비율
고정자산	$335억 8,300만	213%
재고자산	$5억 7,900만	4%
매출채권	$7억 9,000만	5%
매입채무	-$28억 2,400만	-18%
총투하자본(TCE)	$321억 2,800만	203%

비록 이 수치 자체는 크게 인상적이지는 않지만(보통 15% 수준을 넘어서야 좋은 ROTCE로 간주된다), BNSF는 전체 자본보다는 유형자본 대비 한계수익률이 훨씬 더 나은 것 같았다. 이것은 꽤 간단하게 설명할 수 있다. 순고정자산 총액 중 약 80%는 선로 및 도로와 관련된 자산이었다. 기관차, 화물차, 기타 장비들은 그중 약 60억 달러를 차지하는 데 그쳤다.

기관차와 화물차는 몇 년에 한 번씩 부분 교체하거나 새로 사야할 수도 있지만, 핵심 철도 선로 및 도로와 관련된 비용은 대부분 한 번 발생하며 이후 추가로 필요한 자본은 많지 않다. 물론 운행 지역이 확장되면서 새롭게 개통해야 하는 선로도 있지만, 이 '한계자본'의 규모는 핵심 선로를 개통하는 데 들었던 비용보다는 훨씬 적다.

구체적으로 BNSF는 2006년, 2007년, 2008년의 신규 및 유지 선로 규모가 각각 854마일, 994마일, 972마일이었다고 보고했다. 이 회사의 총 운행 마일 규모인 6만 마일과 비교하면 이 수치들은 1%를 약간 넘는 수준에 불과하다. 새로운 확장 선로도 이 수치에 포함돼 있었다. 이는 2007년과 2008년 각각 5%, 14% 늘어난 화물수익 증가폭과 비교하면 매우 적은 규모의 투자액이다. 따라서 한계 ROTCE는 사업의 총자본에 기반해 산출한 7.6%보다 최소 2배 이상 높을 수도 있다.

전체적으로 다른 운송수단에 비해 더 효율적인 철도를 기반으로 사업을 운영하며 연간 약 6~8%의 장기 성장률을 기록하고 있고, 동시에 15%가 넘는 높은 한계 ROTCE를 달성하고 있는 것으로 보였기 때문에 구조적 이점이 있는 양질의 사업이라는 그 사업의 경제적 성격을 이해한 잠재적 투자자에게 BNSF는 매력적으로 다가왔을 것이다. BNSF에 대해 반대 주장을 한다면 그것은 그 회사의 사업이 경쟁 사업이라는 것과 운영상 수행을 잘하는 것이 사업 성공에 중요하다는 질적인 문제에 관한 것일 터이다.

이는 자연스럽게 운영 책임이 있는 BNSF 경영진에 관한 분석으로 이어진다. 2007년 말 BNSF를 담당한 주요 경영진은 CEO 겸 회장인 매튜 로즈, CFO인 토마스 헌드Thomas Hund 등이었다. 매튜 로즈는 2000년부터 BNSF의 회장 겸 CEO 직책을 맡고 있었다. 그는 1993년에 입사했는데 CEO가 되기 전 COO 직책을 맡는 등 운영 분야에서도 경력을 쌓았다. BNSF에 입사하기 전에는 노퍽 서던 레일로드Norfolk Southern Railroad의 자회사에서 운송담당 부사장으로 근무하기도 했다.

로즈는 분명히 철도 운영 경험이 상당한 경영자였고, 앞서 논의한 바와 같이 CEO로서 매우 뛰어난 재무성과를 올렸으며, 매출과 이익 성장을 일관되게 달성했다. 로즈의 리더십 덕분에 BNSF가 유니언 퍼시픽을 앞서는 경우도 자주 있었다. 토마스 헌드도 철도 분야에서 폭넓은 경력을 쌓은 경영자였다. 그는 1999년부터 BNSF의 CFO 직책을 맡아왔으며, 이전에는 BNSF와 산타페 레일웨이Santa Fe Railway에서 다양한 재무 관련 직무를 맡았다. 1999년 12월 31일부터 2007년 12월 31일 사이 BNSF의 발행주식 수(희석 반영)는 약 4억 6,700만 주에서 3억 5,900만 주로 약 23%가 감소했고, 배당금은 0.48달러에서 1.14달러로 증가했다. 이것은 훈드가 자본을 훌륭하게 관리했음을 보여준다. BNSF 경영진들은 주식을 많이 소유하고 있는 것 같지는 않았지만, 그 방면에서 매우 경험이 많고 매우 훌륭한 성과를 쌓아온 것처럼 보였다.

마지막으로 가치평가 부분이다. 버핏은 여러 번의 트랜치(분할 발행된 증권이나 채권, 여기서는 분할 매수를 의미함-옮긴이)로 벌링턴 노던 산타페 주식을 매입했다. 버핏은 2007년 회사 지분 17.5%를 처음 매입하면서 회사의 총가치를 270억 달러로 산정해 매입대금으로 47억 달러를 지급했다. 주당 평균가격은 77.78달러였다. 이 매수에 대한 전통적인 가치평가 배수는 다음과 같을 것이다([표 19.5] 참조).

이것은 믿을 수 없을 정도로 싼 수준은 아니다. 하지만 관리가 잘되고 있는 본질적으로 좋은 기업으로, 높은 한계 ROTCE를 달성하면서 동시에 연간 7%의 매출과 이익 성장이 가능하리라 판단할 만한 합리적 근거가 있었다는 점을 감안하면 성장의 가치를 믿는 투자자에게는 적정가격보다 낮은 수준이라고 할 수도 있다. 그렇다면 핵심은 성장에 관한 신뢰가 될 것이다. BNSF가 더 연비 효율적인 화물

[표 19.5] 가치평가 배수

	2007(예상)	2006
EPS(희석)	$5.10	$5.11
PER	15.3배	15.2배
EBIT	$34억 9,000만	$35억 2,000만
EV/EBIT	10.1배	10.0배
P/B	2.43배	2.42배

운송이라는 구조적 이점을 가지고 있고, 성장을 달성한 역사가 오래
되었으며, 유능한 경영진을 보유하고 있었다는 점을 감안하면 나는
잠재적 투자자로서 성장 전망에 대해 상당히 낙관적이었을 것이다.

2010년 이 회사의 나머지 지분 3억 4,100만 주를 매입하면서 버크
셔가 지급한 가격은 주당 약 100달러였다. 이것은 그가 2007년에 처
음 사들인 주식의 매수가격보다 대략 20% 높은 수준이다. 2009년
연말 이익(매수 당시 4분기 결과는 아직 나오지 않았을 것이다)을 기반으
로 산출한 새로운 가치평가 결과는 다음과 같았을 것이다([표 19.6]
참조).

2007년 매수 당시보다 2009년 버핏이 지급한 가격이 반영하는 가
치평가 수준이 낮지 않았다는 점은 분명하다. 회사의 소유권 100%
를 가져가기 위해 지급해야 했을 프리미엄을 감안하더라도 당시 투
자자는 2008년 실적 기준 11.0배라는 EV/EBIT의 배수가 그 업계가
최고 호황이었던 해의 가치평가 수준이며, 2009년 실적 기준 13.2배
라는 배수는 지속 가능한 이익을 가정해 지급한 가격을 더 정확히
반영하는 수치였다는 사실을 쉽게 알 수 있었다. 버핏은 BNSF의 성

[표 19.6] 가치평가 배수 2

	2009(예상)	2008
EPS(희석)	$5.01	$6.06
PER	19.9배	16.5배
EBIT	$32억 6,000만	$39억 1,000만
EV/EBIT	13.2배	11.0배
P/B	2.66배	3.06배

장 전망에 관해 더 잘 알고 있었거나 EV/EBIT 13.2배 수준의 대가를 지급할 만큼 그 회사의 성장 전망을 확신했던 것으로 보인다.

나에게 가장 인상 깊었던 부분은 이 투자가 이루어진 당시의 경제적 상황이었다. 2009년 말 버핏이 벌링턴 주식을 매수했을 때 미국은 당시 최근 가장 심각한 경기침체 시기를 지나고 있었다. 2009년 11월 3일 벌링턴 노던 인수가 발표되었을 때 다우지수는 1만 선 부근을 맴돌고 있었는데, 그해 3월이 되자 7,000선 아래로 떨어졌다. 구체적으로 벌링턴 노던 산타페를 보면 연말 실적(버핏이 주식을 매입한 당시에는 알 수 없었을 것이다)은 3년 전인 2006년 BNSF가 달성한 실적과 비슷한 수준이었다. 그러나 시장에 공포가 만연하고 BNSF의 단기 실적도 저조했지만, 버핏에게는 상대적으로 불확실한 시기에 그의 경력에서 가장 큰 지분을 투자할 용기가 있었다.

그는 나쁘지 않은 수준의 성장과 높은 한계 ROTCE를 가진 양질의 사업을 매수할 기회를 보았다. 특히 2009년에 다른 사람들은 비싸다고 생각했을 만한 가격을 지급할 수 있을 만큼 자신도 있었다. 여기서 나는 버핏이 2009년 말에 확실히 흥미로운 다른 투자 후보들보다 잘 알고 있던 이 좋은 투자 대상을 고수하기로 했다고 추측한다.

요약하면 버핏은 처음에는 BNSF를 좋은 경영진이 이끄는 좋은 기업으로 보고 적정한 가격에 투자한 것으로 보인다. 그는 2009년 시장과 회사의 모멘텀이 모두 불확실한 상황에서 그가 잘 알고 있는 기업을 인수하기 위해 초기 매수가격 대비 약 25%의 프리미엄만 더하면 되는 좋은 투자 기회를 잡았다. 펀드를 운용하고 있다면 펀드에 가입한 단기 투자자들에게 이러한 투자에 관해 설명해야 하겠지만, 그것과 상관없는 노련한 투자자들에게도 투자에는 많은 용기가 필요한 것 같다.

매튜 로즈의 워런 버핏과의 인터뷰

2009년 12월 21일, 벌링턴 노던 산타페 코퍼레이션BNSF은 자사 인트라넷에 CEO 매튜 로즈가 버크셔 해서웨이의 BNSF 인수와 관련해 워런 버핏과 인터뷰한 비디오를 올렸다. 인터뷰 내용은 다음과 같다.

BNSF 비디오 뉴스

워런 버핏과의 인터뷰

인터뷰 진행: 매튜 로즈

2009년 12월 3일

로즈: 안녕하세요. 매튜 로즈입니다. BNSF 비디오 뉴스 특집에 오신 걸 환영합니다. 여러분 모두 버크셔 해서웨이가 BNSF를 인수한다는 중대한 발표를 뉴스에서 많이 보셨을 겁니다. 주변에서 많은 질문을 받았습니다. 이것이 BNSF에 어떤 의미가 있는지, BNSF에서 일하는 개인에게는 어떤 의미가 있는지, 고객들에게 어떤 의미가 있는지, 그리고 우리가 사업을 운영하는 지역사회에 어떤 의미가 있는지 같은 질문들이었습니다. 나는 버크셔 해서웨이의 회장이자 CEO인 워런 버핏보다 이런 질문들에 대해 더 잘 답할 수 있는 사람은 없을 거라고 생각했습니다. 오

늘 이 자리에 워런이 자리해주셨습니다. 바로 시작하도록 하겠습니다. 약 20명에게 '워런에게 하고 싶은 질문'을 보내달라고 했습니다. 그런데 받은 질문은 약 150개나 됩니다. 오늘은 그중 15~20개 정도만 질문하도록 하겠습니다. 바로 시작합시다. 다시 한 번 환영한다는 말씀을 드립니다. 그리고 우리와 함께해주셔서 고맙습니다. 첫 번째 질문은 왜 BNSF인지, 그리고 왜 지금인지입니다.

버핏: 저는 철도를 좋아합니다. 그러니까, 제가 일요일마다 유니언역으로 내려가서는 철도를 지켜보던 것이… 70년 전이네요. 하지만 20년 전 버크셔의 규모로는 그렇게 할 수 없었어요. 다행히 버크셔는 커졌습니다. 우리는 배당금을 지급하지 않기 때문에 매년 현금이 80억, 90억, 100억 달러씩 쌓입니다. 아시다시피 이런 멋진 철도회사를 인수할 기회가 있었으면 하는 게 제게는 꿈이었습니다. 이것보다 더 행복할 수는 없을 거예요.

로즈: 자, 그럼 다음 질문입니다. 인수를 발표하면서 미국의 경제적 미래에 대한 올인 베팅이라고 하셨습니다. 몇 년 동안 철도회사의 지분도 축적해오셨고요. 그리고 그 발표에서 "나는 이런 이벤트가 좋다"고 하시기도 했습니다. 그렇다면 철도 산업의 미래에 대한 당신의 견해와 생각을 공유해주시겠습니까?

버핏: 나라가 잘되면 이 사업도 잘될 것이고, 그러면 또 나라도 더 잘되겠죠. 다음 주나 다음 달이나, 심지어 내년은 잘 모르겠지만 앞으로 50년을 내다보면 이 나라는 성장하고 더 많은 사람이 살고 있을 테고, 더 많은 물자가 이동하게 되겠죠. 그런데 철도라는 것이 그런 많은 상품들을

운송하는 합리적인 방법이라, 아마도 항상 더 큰 비중을 차지하게 될 겁니다. 비용 효율성 측면에서, 연비 측면에서, 환경친화적인 측면에서 철도의 점유율이 떨어질 리는 없고, 파이는 커질 것 같고, 그리고 그 파이에서의 철도의 점유율도 높아질 것 같습니다.

로즈: 그렇다면 다음 질문입니다. 예전에 당신은 괜찮은 기업을 좋은 가격에 사느니 훌륭한 기업을 괜찮은 가격에 사는 게 낫다고 하셨는데요, BNSF는 그 훌륭한 기업이라는 당신의 정의에 부합합니까?

버핏: 어떤 기업이 없어지지 않을 거라는 사실을 처음부터 안다면 그건 대단한 기업입니다. 제 말은⋯ 훌라후프 사업도 있었는데, 아시다시피 없어졌지요. 그러고 나서는 애완견 얼굴이 그려진 돌멩이 같은 그런 것들도 그랬고. 심지어 텔레비전 제조업체들도 일본으로 넘어갔어요. 모두 다요. 철도회사는 아무 데도 안 갈 것입니다. 바로 여기 미국에 있을 거예요. 점점 더 많은 물건을 나르는 4개의 큰 철도회사들은 계속 남아 있을 겁니다. 그래서 그것은, 좋은 기업이죠. 코카콜라나 구글 같은 건 아닐 거예요. 왜냐하면 이 회사는 공공 서비스 타입의 회사이기 때문입니다. 그리고 상당한 규제도 받는데 그런 것도 그런 그림의 일부예요. 하지만 시간이 지날수록 더 좋은 기업이 될 겁니다. 이 나라에서 철도회사가 점점 더 많은 돈을 투자하기를 바라는 것은 이치에 맞는 일일 겁니다. 확장하고, 더 효율적이 되는 거니까요. 그래서 여러분은 사회의 편이고, 사회는 당신의 편일 겁니다. 매일은 아니겠지만, 대부분의 경우에요.

로즈: 제 생각에 우리 4만 명의 직원들도 확실히 그 의견에 동의할 것 같습니다. 좋습니다. 그럼 다음 질문입니다. 돌이켜보면 기업들은 버크셔 해서

웨이에 합류한 후 더 많은 이익을 내고 있습니까? 그리고 만약 그렇다면 왜 그럴까요?

버핏: 당신이 옳다고 생각하는 대로 사업을 운영할 수 있습니다. 은행 마음에 들어야 할 필요가 없죠. 월가를 기쁘게 할 필요도 없지요. 물론 언론이나 다른 사람도 마찬가지입니다. 기본적으로 그래서 우리 회사 경영자들은 자신들이 정말 하고 싶은 걸 할 수 있습니다. 자신들의 사업을 경영하죠. 버크셔처럼 그렇게 하는 곳은 없습니다.

로즈: 알겠습니다. 다음 질문은 아, 그리고 이건 제 질문은 아닙니다. 버크셔가 직접 BNSF의 경영에 관여할 것인지, 그리고 경영구조가 바뀔 건지요?

버핏: 아니요, 그렇지 않을 겁니다. 아주 간단해요. 오마하에 20명이 있는데, 철도회사를 경영할 줄 아는 사람은 한 명도 없어요.

로즈: 좋습니다. 다음 질문입니다. 이 딜이 고용에 긍정적인 영향을 미칠까요, 아니면 부정적인 영향을 미칠까요?

버핏: 글쎄요, 전 고용 측면에서는 아무것도 변하지 않을 거로 생각합니다. 그러니까 여러분들은 철도회사를 운영하게 될 것이고, 그것도 효율적인 방식으로요. 그리고 상황이 좋을 때는 상황이 안 좋을 때보다 더 많은 사람을 고용할 겁니다. 우리가 이 회사를 소유했다는 사실이 실제로 고용에 영향을 주지는 않을 겁니다.

로즈: 좋습니다. 자, 이건 우리 기관차 기술자 중 한 명이 한 질문입니다. 당신은 버크셔 해서웨이의 이익과 적정 임금, 건강 관리, 좋은 근무 환경이 상충할 때 어떻게 균형을 잡을 생각입니까?

버핏: 당신이 원래 BNSF을 관리해왔던 것처럼 할 겁니다. 그리고 나나 오마

하의 어떤 사람도 노동이나 구매나, 아니면 당신이 어떤 기관차를 사는지 등등 그 어떤 것에도 관여하지 않을 겁니다. 관리가 잘되고 있어서 이 회사를 인수한 거죠. 만약, 만약 우리가 경영진을 BNSF에 데려온다면 우리 모두 곤경에 처하게 되었을 겁니다.

로즈: 네, 다음 질문은 재무 쪽에서 나왔네요. 인수하면서 생긴 부채 80억 달러를 상환하기 위해 상당한 규모의 BNSF 자산 매각이 있을까요?

버핏: 아니요, 한 푼도요.

로즈: 다음 질문입니다. 버크셔는 BNSF의 인프라를 유지하기 위해 필요한 자본을 계속 투자할 생각이십니까?

버핏: 그렇게 하지 않으면 정신 나간 거겠죠. 아시다시피 우리는 기업을 인수해서 굶게 내버려두지 않습니다. 여러분이 여기까지 올 수 있었던 것은, 3, 5, 10년 후에 필요하다고 생각해서 미리 투자했기 때문이죠. 그것이 철도 사업이고, 그것은 계속 그렇게 될 겁니다.

로즈: 제가 규제 문제에 관해 이야기하는 걸 들으셨을 텐데요. 우리는 몇 년 동안 직원들과 그 문제에 관해 의견을 나눠왔습니다. 질문은 이겁니다. 우리 산업의 규제 위험에 관한 당신의 관점은 무엇인지요? 당신이 알고 있는 한에서요.

버핏: 그건 절대 사라지지 않을 겁니다. 아시다시피 당신이 지불하는 요금에 신경을 쓰는 사람들은 항상 있을 겁니다. 심지어 그 사람이 목초지에서 농사짓고 있는 사람일 수도 있어요. 그런데 거기에는 사실 공공사업이라는 측면이 있죠. 지금은 기업이라는 측면도 있지만, 유틸리티라는 측면이 확실히 있어요. 그래서 항상 규제가 있을 겁니다. 화주와 철도회사

사이에는 항상 어느 정도 긴장 관계가 있을 것이고, 그 사람들은 모두, 그리고 항상 요금에 영향을 미치기 위해 정치적 영향력을 행사하려고 도 할 겁니다. 하지만 결국 이 나라에는 적어도 지금과 같은 상태로 유지하거나, 아니면 그것을 넘어 성장하기 위해 많은 돈을 쓰는 철도회사가 있어야 할 것이고, 그러니 합리적인 수준의 수익을 부정하는 것은 사회에서 볼 때 정신 나간 짓일 겁니다.

로즈: 재무 그룹에서 다른 질문을 했네요. 필요한 자본을 요청할 경우 이제 BNSF는 다른 버크셔의 회사들과 내부적으로 경쟁하게 될까요?

버핏: 전혀 아닙니다. 아니에요.

로즈: 좋은 질문이었다고 생각합니다. 그럼, 다음 질문입니다. 10년 뒤 BNSF 인수를 어떻게 평가할 수 있을까요? 성공적이었는지 아니었는지.

버핏: 글쎄요. 제 기준에 따라 평가해보겠죠. 아까도 말씀드렸지만 나는 잘되고 있는 나라에 베팅을 한 거예요. 내가 틀렸다면 그건 내 잘못이지 BNSF의 잘못은 아닙니다. 하지만 다른 철도와 비교해볼 겁니다. 철도가 트럭과 다른 모든 것들에 비해 어떤지도 살펴볼 겁니다. 하지만 결국 나는 그것에 대해 별로 걱정하지 않아요. 나는 이 나라가 어떻게 발전할지 알고 있다고 생각합니다. 그래서 나는 정말 그것에 대해 별로 걱정하지 않습니다.

로즈: 다음 질문은, BNSF가 버크셔 해서웨이의 장기적 목표를 어떻게 지원해야 하는지, 그리고 당신은 BNSF 경영진에 어떤 기대를 하고 있는가입니다.

버핏: 지금처럼 25만 명의 주주가 있을 때와 똑같이 하셔야 합니다. 아시다시

피   제 말씀은 버크셔의 이해관계도 그 사람들과 다를 게 없다는 거예요. 저도 그렇게 생각하고요. 우리는 이 철도회사가 가능한 한 잘 운영되기를 바랍니다. 가능한 한 모든 철도 차량을 유니언 퍼시픽에서 우리 쪽으로 가져올 수 있다면 그것도 좋겠지만, 유니언 퍼시픽도 잘되길 바랍니다. 제 말씀은, 두 회사 모두 잘할 거라는 겁니다. 두 회사 모두 앞으로 몇 년 동안 잘할 겁니다. 만약 그렇지 않다면 우리는 여기 있지 않았을 겁니다.

로즈: 좋습니다. 이 질문은 어떤 직원이 한 질문이네요. 그대로 읽어드리면, 나는 버크셔가 몇몇 회사에서 회사가 지원하는 연금 플랜을 없앴다고 들었습니다. BNSF의 연금 플랜에 관한 당신의 생각은 무엇이며, 인수한 회사의 기존 연금을 유지할지 말지 결정할 때 어떤 요소를 고려하시는지요?

버핏: 그건 경영진의 몫이기도 하지만, 제 말씀은 정부가 제정하는 연금 정책에 변화가 있을 수도 있다는 겁니다. 401K 같은 게 생길 거라고 40년 전에 누가 상상이나 했겠습니까? 그런 일이 생기면, 다른 것들도 마찬가지겠지만 어떤 결정을 내려야 하겠죠.

로즈: BNSF는 실적에 대한 보상의 일부를 기업 실적과 연계해 직원들이 회사의 소유권을 갖도록 장려하는 급여 체계를 개발했는데요, 합병 이후 이런 상황은 어떻게 달라질까요?

버핏: 주식이든, 다른 어떤 것이든 성과급 대상이었던 분들은 당연히 성과급 보상을 받게 될 것이고, 그 보상은, 아시다시피 기본적으로 당신이 산정하겠죠.

로즈: 알겠습니다. 국가 경제와 철학에 대한 당신의 견해에 관한 질문들이 많았는데요, 그중 몇 가지만 질문드리겠습니다. 첫 번째로 최근의 국가 채무 증가가 다음번 경제위기로 이어질 수 있다는 이야기가 있는데요, 여기에 동의하시는지, 그리고 그렇다면 무엇을 해야 하는지요?

버핏: 사실 몇 달 전에 그것에 관한 기고를 했습니다. 그게 문제이긴 하죠. 만약 우리가 1776년으로 돌아갈 수 있다면 매해 초 미국에서 무슨 문제가 생길지 미리 알 수 있을 겁니다. 우리는 그 문제들을 피하는 데는 완벽하지 않지만, 해결하는 데는 꽤 능숙합니다. 제 말씀은, 아시다시피 우리는 대공황, 세계대전 그리고 독감은 말할 것도 없고, 내전까지 겪었습니다. 국가에는 항상 문제가 발생합니다. 하지만 국가는 항상 그것을 해결합니다. 그리고 사업이 3개월이나 6개월 후에 어떻게 될지는 모르겠지만, 나는 이 사실은 알고 있습니다. 앞으로 100년을 내다보면, 아마 50년은 안 좋을 수도 있고요, 아니면 15년은 안 좋고 또 다른 15년은 그저 그럴지도 모르겠습니다. 아니면 70년이 좋을 수도 있고요. 그게 어떤 순서로 올지는 모르지만 전반적으로 이 나라는 잘될 겁니다. 우리는 1790년에 400만 명의 사람들로 시작했는데, 지금 우리가 가진 것을 보세요. 그건 시스템 덕분입니다.

로즈: 다음 질문입니다. 당신은 자회사 간 경영 협력을 장려합니까?

버핏: 그렇습니다. 우리는 자회사들 사이에 양쪽 모두에게 이익이 되는 방법을 찾을 수 있다면, 그렇게 하라고 합니다. 하지만 오마하에서는 아무 것도 강요하지 않습니다. 예를 들어 화물 문제와 관련해 단열재 회사인 존스 맨빌과 협력해 문제를 해결한 카펫 회사 사례가 있습니다. 그리고

다른 회사들과 협력해 대량 구매로 컴퓨터를 사면서 특별 할인을 받은 경우도 있었고요. 하지만 오마하에서는 아무것도 강요한 적이 없습니다. 우리는 이래라저래라 간섭하기 위해 모이라고 하지 않습니다. 하지만 경영자들이 서로를 알게 되면서 때로는 서로 유리한 부분을 찾아내기도 합니다.

로즈: 알겠습니다. 다음 질문은 버크셔 해서웨이는 노조활동이 활발한 회사에는 투자한 적이 없다고 생각되는데요, 그런 점을 감안할 때 민간부문 사업에서, 특히 BNSF에서 노조의 역할에 대한 버핏 당신의 견해는 어떠한가입니다.

버핏: 네, 아마 그랬을 수도 있고요. 그런데 우리는 확실히 노조활동이 적당한 수준인 회사에서 상당히 활발한 회사까지 많은 회사를 소유하고 있습니다. 버펄로 뉴스는 글쎄요, 아마 12개, 13개의 노동조합이 있을 겁니다. 시즈 캔디즈에도 복수의 노동조합이 있고요. 농업 장비 회사인 CTB도 마찬가지입니다. 우리에게는 정말 많은 노동조합이 있습니다. 그리고 아시다시피 산업의 문제죠, 대부분은요. 그리고 경영진이 과거에 어땠는지도 관련이 있고요.

로즈: 당신은 오너들이 자신들의 사업에 대단한 열정을 가지고 있는 훌륭한 개인 및 가족 경영 회사를 인수해왔습니다. 어떤 특성 때문에 그 회사들이 그렇게 성공할 수 있었나요? 그리고 우리 BNSF의 4만 명의 직원들은 어떻게 우리의 일과 삶에 그 원칙을 적용할 수 있을까요?

버핏: 네, 맞아요. 우리는 경영자들이 사업에 열정적인 회사들을 찾습니다. 그것은 정말 큰 차이를 만들죠. 그러니까 어떤 것에 열정적인 사람은 매

일매일의 의사결정과 직무에 특별한 무언가를 가져다줍니다. 그래서 여러분이 사업에 열정적이라고 생각하지 않았다면 난 정말 여기 있지 않았을 겁니다. 제 말씀은, 어떤 관료적인 사람이 마지못해 매일 사업을 운영하는 것은 정신 나간 일이라는 겁니다. 미국에서는 안 통할 겁니다. 그것이 중요한 부분입니다. 가족 사업에서 꽤 자주 찾을 수 있고, 물론 그것보다는 덜하지만, 전문경영인이 관리하는 사업에서도 자주 찾을 수 있습니다. 그리고 그것은 BNSF도 마찬가지라고 확신합니다.

로즈: 마지막으로 하시고 싶은 말씀이 있다면요?

버핏: 마지막으로 하고 싶은 말은, 이 자리에 있게 되어 행복합니다. 79세가 될 때까지 기다려야 했지만, 소년 시절의 꿈이 실현되었습니다.

로즈: 인생이 어떻게 변할지에 관한 질문이 많았습니다. 제 생각에, 몇몇 직원들은 조금 좌절감을 느꼈던 것 같아요. 왜냐하면 결국은, 사실 이것은 기업 구조에 관한 것이니까요. 주주들 대신에 우리에게는 이제 버크셔 해서웨이와 당신이 있습니다. 물론 우리 직원들이 매일 계속 집중하고 있는 것은 안전을 향상시키고, 철도에 더 많은 화물을 싣고, 비용을 절감하고, 그리고 고객의 공급체인 안으로 더 깊이 들어가는 것입니다. 우리는 버크셔 해서웨이와의 좋은 관계를 기대하고 있습니다. 비디오 뉴스를 위해 시간을 내주셔서 감사합니다. 우리 직원 모두에게 큰 의미가 있을 것으로 확신합니다. 대단히 고맙습니다.

버핏: 초청해주셔서 감사합니다.

[표 19.7] 손익계산서(2006~2008년)

12월 31일 마감
(단위: 백만 달러, 주당 수치 제외)

	2008	2007	2006
수익	18,018	15,902	14,985
영업비용			
연료	4,640	3,327	2,856
보상 및 혜택	3,884	3,773	3,816
구매 서비스	2,136	2,023	1,906
감가 및 감모 상각	1,397	1,293	1,176
장비 렌트	901	942	930
재료 기타	1,148	959	780
총영업비용	14,106	12,316	11,464
영업이익	3,912	3,486	3,521
이자비용	533	511	485
기타 비용	11	18	40
세전 이익	3,368	2,957	2,996
소득세 비용	1,253	1,128	1,107
순이익	2,115	1,829	1,889
주당순이익:			
기본 주당순이익	6.15	5.19	5.23
희석 주당순이익	6.08	5.10	5.11
평균 주식 수:			
기본	343.8	352.5	361.0
주식 보상 희석 효과	4.0	6.4	8.8
희석 반영	347.8	358.9	369.8

자료: 2008년 벌링턴 노던 산타페 10K 리포트 39페이지

[표 19.8] 대차대조표(2007~2008년)

12월 31일 마감
(단위: 백만 달러)

자산	2008	2007
유동자산		
현금 및 현금등가물	633	330
외상매출금	847	790
자재 및 재료	525	579
이연소득세(당해)	442	290
기타 유동자산	218	192
총유동자산	2.665	2.181
고정자산	30.847	29.567
기타 자산	2.891	1.836
총자산	36.403	33.583
부채 및 자본		
유동부채		
외상매입금 및 기타 유동부채	3.190	2.824
유동성장기부채	456	411
총 유동부채	3.646	3.235
장기부채 및 상업어음	9.099	7.735
이연소득세	8.590	8.484
연금 관련 채무	1.047	444
상해 및 환경 관련 채무	959	843
종업원 퇴직 및 실직 관련 비용	57	77
기타 부채	1.874	1.621
총부채	25.272	22.439
자본		
보통주, 액면가 $0.01, 수권주식 수 600,000주; 발행주식 수 541,346주, 537,330주	5	5
자본잉여금	7.631	7.348
유보이익	12.764	11.152
자사주, 원가, 202,165주, 189,626주	-8.395	-7.222
누적 포괄 손실	-874	-139

	11.131	11.144
총자본	11.131	11.144
총 부채 및 자본	36.403	33.583

자료: 2008년 벌링턴 노던 산타페 10K 리포트 40페이지

[표 19.9] 현금흐름표(2006~2008년)

12월 31일 마감
(단위: 백만 달러)

	2008	2007	2006
영업활동			
순이익	2.115	1.829	1.889
영업활동 순현금흐름 조정:			
감가 및 감모 상각	1.397	1.293	1.176
이연소득세	417	280	316
종업원 퇴직 및 실직 관련 비용	−15	−21	−27
장기 상해 및 환경 채무	150	26	−55
기타	81	183	−43
유동자산 및 유동부채 변동:			
외상매출금	191	20	−127
외상매출금 판매 프로그램 변동	−250	−	−
자재 및 재료	54	−91	−92
기타 유동자산	−31	12	99
외상매입금 및 기타 유동부채	−132	−39	53
영업활동 순현금	3.977	3.492	3.189
투자활동			
자본 지출	−2.175	−2.248	−2.014
시설 건설비용	−64	−37	−14
설비 인수비용	−941	−745	−1.223
자산 처분 수익	348	778	1.244
기타	−241	−163	−160
투자활동 순현금	−3.073	−2.415	−2.167
재무활동			
상업어음 및 은행 대출 순증감	−161	−584	283
장기대출	1.150	1.300	300

장기대출 상환	−217	−482	−467
배당금 지급	−471	−380	−310
스톡옵션 행사 수익	91	142	116
BNSF 보통주 매입	−1.147	−1.265	−730
주식 보상 플랜으로 인한 초과 세금 혜택	96	121	95
시설 건설 관련 수익	68	41	−
기타	−10	−15	−9
재무활동 순현금	−601	−1.122	−722
현금 및 현금등가물 증감	303	−45	300
현금 및 현금등가물:			
기초	330	375	75
기말	633	330	375
현금흐름 관련 추가 정보			
지급 이자(자본화 반영)	538	494	462
소득세(환급액 반영)	820	680	779
비현금자산 파이낸싱	258	461	109

자료: 2008년 벌링턴 노던 산타페 10K 리포트 41페이지

20
•
IBM2011

International Business Machines Corporation

· · ·

모든 것을 고려해볼 때 IBM은 잠재적 투자자들이 버핏이 본 것과
비슷한 그림을 볼 수 있었던 독특한 사례인 것 같다. 뛰어난 재무, 경영진, 현금흐름,
그리고 배당 및 자사주 매입 형태로 진행된 면밀한 자본 배분은
모두 잠재적 투자자가 인식할 수 있었던 부분이었다.

2011년 11월, 워런 버핏은 CNBC의 TV 쇼 〈스쿼크 박스Squawk
Box〉에서 버크셔 해서웨이가 IBM의 시가총액 중 107억 달러에 상당
하는 지분을 보유하게 되었다고 발표했다. 이는 그 회사 전체 주식 중
5.5%에 해당하는 지분이다. 버핏은 이 매수에 관해 설명하면서 지난
50년 동안 이 회사의 연차보고서를 읽어왔지만 전 세계 IT 기업에 이
회사의 사업이 얼마나 중요한지를 최근 들어 깨달았다고 말했다. 버
핏은 2010년 연차보고서를 읽은 후 주식을 매수하기 시작했다.

IBM은 1911년 찰스 랜리트 플린트Charles Lanlett Flint에 의해
CTRComputing-Tabulating-Recording Company이라는 사명으로 설립되

[그림 20.1] 2010년 IBM 연차보고서

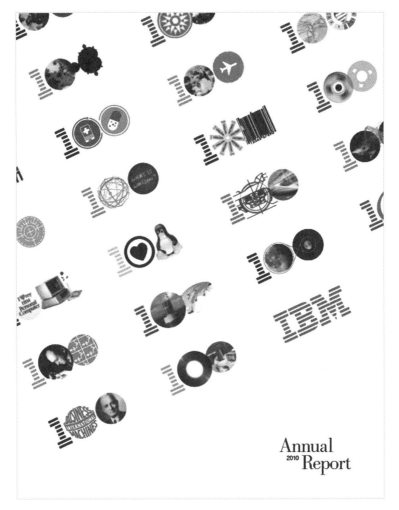

었다. CTR은 상업용 저울과 산업용 시간기록계 같은 19세기 후반 기술을 다루던 회사였다. 하지만 1924년 그 회사는 토머스 J. 왓슨 시니어Thomas J. Watson Sr의 지휘 아래 국제적으로 확장하고 새로운 제품에 집중할 준비를 마쳤다. 이러한 새로운 목표를 반영하기 위해 왓슨은 회사의 이름을 인터내셔널 비즈니스 머신즈 코퍼레이션IBM: International Business Machines Corporation으로 변경했다. 왓슨은 IBM 직원들에게 큰 존경이 깃든 열정을 불러일으킨 것으로 잘 알려진 상징적인 리더다. 전문성 및 고객 중심이라는 목표를 기반으로 회사의 새로운 방향은 'Think'라는 모토 하에 설정되었다.

이 새로운 창립 이후 수십 년 동안 IBM은 연구 및 개발에 집중했다. 1930년부터 1980년까지 IBM은 계산용 기계 및 기록 보관 시스템을 개발하는 데 큰 역할을 했으며 민간기업(예: SABRE-아메리칸 항공의 예약 시스템 개발)과 정부(예: 사회보장제도를 위한 기록 보관 시스템 구축)에 관련 서비스를 제공했다.

2013년 블룸버그Bloomberg는 20년 연속으로 IBM이 다른 어떤 회사보다도 많은 미국 특허를 획득했다고 보도했다. IBM의 발명품 중에는 현금 자동 입출금기ATM, 플로피디스크, 하드디스크 드라이브, 마그네틱 카드, 통일 상품 코드UPC, 주사 터널 현미경, 그리고 2011년 TV 퀴즈쇼 〈제퍼디Jeopardy〉에서 승리한 AI 시스템 '왓슨Watson' 등도 포함돼 있다. IBM의 핵심 사업은 전 세계적으로 다양하게 분포된 고객의 시스템, 계산, 처리 요구에 대한 맞춤식 솔루션을 제공하는 것이었다.

2000년부터 IBM은 강력한 사업 부문을 확대하고 부실한 사업 부문은 정리하기 시작했다. 2002년에는 IT 시스템, 통합, 구현 컨설팅에 중점을 둔 글로벌 비즈니스 서비스GBS: Global Business Services

부문을 강화하기 위해 PwC 컨설팅을 인수했다. 2005년에 IBM은 자사의 개인용 컴퓨터 사업을 레노버Lenovo에 매각했다. 또한 마이크로뮤즈Micromuse, SPSS, 어센셜Ascential, 파일넷FileNet, ISS, 코그노스Cognos, 케넥사Kenexa, 소프트레이어 테크놀로지스SoftLayer Technologies 등 소프트웨어, 엔터프라이즈, 클라우드 서비스 분야의 수많은 회사를 인수했다. 지난 10년 동안 IBM의 전략적 초점은 소프트웨어 사업 부문을 구축하는 데 맞춰져 있었다.

2011년 초 IBM 투자를 고려하던 투자자가 무엇을 보았을지 이해하기 위해 회사의 2010년 연차보고서를 살펴보도록 하자. 이 보고서는 IBM의 회장이자 CEO인 사무엘 팔미사노Samuel Palmisano가 IBM의 국제적인 고수익 제품 및 서비스 사업으로의 전환과 어떻게 이러한 사업 전환이 향후 10년 동안 IBM을 강력한 위치에 서게 할 것인지에 관해 설명한 개인적 메모로부터 시작된다.

팔미사노는 그 메모 5페이지에 명확한 로드맵을 제시했다(2010년 로드맵). 비전은 명확했다. IBM은 향후 5년 동안 주당순이익 성과를 기준으로 분명한 성공을 거두게 될 것이다. 그리고 그 비전을 달성하는 세 가지 수단은 ① 운용 레버리지, ② 자사주 매입, ③ 성장이 될 것이다. 팔미사노에게 운영 레버리지는 점점 더 높은 이윤을 내는 방향으로 사업을 전환하고 회사의 생산성을 향상시키는 것을 의미했다. 자사주 매입에 관해서는 500억 달러 규모의 주식을 재매입하고 향후 5년간 200억 달러를 배당금으로 지급한다는 구체적 목표를 밝혔다. 훨씬 복잡하긴 하지만 성장에 관해서도 몇 가지 중점 영역을 제시한다. IBM은 중국, 인도, 브라질을 '성장시장'으로 설정하고 그 지역에서 지점 수를 거의 2배로 늘리고 있었다. 팔미사노는 2015년까지 성장시장의 매출비중을 20%에서 30%로 끌어올리겠다는 목표를 제시한다.

또한 비즈니스 분석 및 최적화 분야와 관련해 지속적으로 증가하고 있는 기업 데이터라는 메가 트렌드와 기업들이 의사결정 과정을 개선하는 데 이 데이터를 활용할 수 있도록 하기 위해 IBM이 제공할 수 있는 가치에 관해 언급한다. 세 번째 성장 영역은 클라우드 컴퓨팅이었는데, IBM은 자사의 클라우드 기반 인프라를 활용할 수 있도록 하는 한편 고객이 자체적인 폐쇄형 클라우드를 개발할 수 있도록 지원하고 있었다. 마지막으로 팔미사노는 헬스케어, 소매, 은행, 통신 같은 고성장 산업에서 새로운 IT 기반 솔루션이 적용될 광범위한 영역을 언급하면서 소위 '스마터 플레닛Smarter Planet'에 관해 설명한다.

전반적으로 IBM에는 향후 5년 내에 주주들을 위해 IBM의 내재가치를 어떻게 높일 것인지에 관한 매우 분명한 비전을 가진 경영자가 있었다고 볼 수 있다. 잠재적 투자자로서 나는 팔미사노의 솔직함과 주주가치를 달성하기 위한 그의 구체적인 목표를 높이 평가했을 것이다. 하지만 그 성장이 어떻게 달성될지에 관해서는 여전히 회의적이었을 것이다.

IBM의 사업은 총 5개의 개별적인 사업 부문으로 나눌 수 있었다. 나는 IBM이 연차보고서에서 제시한 것과 같은 순서로 개별 사업 부문들을 정리해보았다.

[표 20.1] 사업 부문 개요

사업 부문	2010년 매출액	매출비중	매출총 이익률	PBT 마진
글로벌 테크 서비스	$382억	38%	34.7%	14.1%
글로벌 비즈니스 서비스	$182억	18%	28.3%	13.5%
소프트웨어	$225억	23%	86.9%	35.8%
시스템 & 테크	$180억	18%	38.5%	8.4%
글로벌 파이낸싱	$22억	2%	51.3%	48.0%
기타	$7억	1%	N/A	N/A
총계	$998억	100%	21.5%	19.5%

[표 20.1]에서 알 수 있듯이 가장 중요한 사업 부문은 글로벌 테크 놀로지 서비스, 글로벌 비즈니스 서비스, 소프트웨어 부문이었다. 이 사업 부문들은 모두 합쳐 매출의 79%와 세전 이익의 83%를 차지하고 있었다. 특히 마진이 가장 높았던 소프트웨어 부문은 전체 세전 이익에서 가장 큰 비중(44%)을 차지하고 있었다. 잠재적 투자자로서 나는 두 글로벌 서비스 부문과 소프트웨어 부문을 이해하는 데 초점을 맞췄을 것이다.

관련 산업 지식이 부족한 투자자는 글로벌 테크놀로지 서비스를 이 사업과 관련해 기본적인 부분, 즉 이 사업과 4대 주요 인프라 및 비즈니스 프로세스 서비스를 고객에게 제공하는 사업으로 ① 전체 IT 활동을 아웃소싱하거나 HR 같은 비즈니스 프로세스 실행 부문을 인도 같은 저렴한 지역으로 옮기는 전략적 아웃소싱 서비스 Strategic Outsourcing Services, ② 기업 효율성 또는 생산성을 높이는 통합 테크놀로지 서비스, ③ 기술 지원, ④ 소프트웨어 플랫폼 및 시스템의 유지보수와 제품 지원 서비스를 제공하는 유지관리 서비스가 바로 그 4대 서비스라는 내용만 이해했을 것이다. 연차보고서에서는 이것보다 더 상세한 정보를 찾을 수 없어 다른 어떤 정보가 없는 투자자라면 GTS의 핵심 사업 내용을 이해하기 힘들었을 것이다. IBM의 구조 및 업계에 정통한 사람들만이 GTS 사업이 고객이 위에 언급한 기능을 실행하는 것을 돕는 데 초점을 맞춘 테크놀로지 컨설팅 사업이라는 것을 이해할 것이다. 이와 같이 이 부문의 고객 인터페이스는 솔루션을 판매하는 영업 직원과 그 솔루션을 최고기술책임자, 최고마케팅책임자, 주요 기업 고객의 관리자에게 직접 구현하는 것으로 구성돼 있었다. 유사한 서비스를 제공한 경쟁업체에는 액센츄어Accenture, 딜로이트Deloitte, 인포시스Infosys, 코그니전트Cognizant 등이 있었다.

IBM의 연차보고서에 따르면 글로벌 비즈니스 서비스 부문에서는 주로 두 가지 영역에서 고객을 지원하고 있었다. 첫째, 컨설팅 및 시스템 통합 부문은 고객이 IT 솔루션을 개발하고 구현할 수 있도록 지원하는 광범위한 서비스 세트였다. 여기에는 SAP이나 오라클Oracle 같은 제삼자 소프트웨어의 설치뿐만 아니라 IBM이 성장 영역으로 강조하는 비즈니스 분석 및 최적화 솔루션도 포함돼 있었다.

둘째, 애플리케이션 관리 서비스는 주로 고객이 특정 사업 목적을 위해 소프트웨어 솔루션을 개발하고 유지하도록 돕는 맞춤형 소프트웨어 및 소프트웨어 지원 사업이었다. 다시 말하지만, 기술적 지식이 많지 않은 잠재적 투자자는 컨설팅과 맞춤형 소프트웨어 솔루션

구현의 혼합으로 요약될 수 있는 이 사업의 기본 내용만 이해할 수 있었을 것이다.

소프트웨어(IBM에서 소프트웨어란 회사가 소유하고 지원하는 수많은 소프트웨어 플랫폼을 의미한다), 이는 주로 미들웨어로, 미들웨어란 기업들이 서로 다른 기능을 가진 시스템 소프트웨어의 정보를 통합하기 위해 사용하는 엔터프라이즈 소프트웨어 등급을 말한다. IBM이 언급한 다섯 가지 플랫폼은 웹스피어 소프트웨어, 정보 관리 소프트웨어, 티볼리 소프트웨어, 로터스 소프트웨어, 래쇼널 소프트웨어다. IBM은 미들웨어 외에도 시스템 실행 인터페이스를 제공하는 메인

[표 20.2] 하위 범주별 IBM의 소프트웨어 매출

12월 31일 마감
(단위: 백만 달러)

	2010	2009*	연간 성장률	연간 성장률 (환율 반영)
소프트웨어 외부 매출:	$22,485	$21,396	5.1%	4.8%
미들웨어	$18,444	$17,125	7.7%	7.5%
미들웨어 주요 브랜드	13,876	12,524	10.8	10.7
웹스피어			20.8	20.6
정보관리			8.6	8.3
로터스			(2.3)	(2.1)
티볼리			15.0	15.1
래쇼널			4.8	4.8
기타 미들웨어	4,568	4,602	(0.7)	(1.2)
운영체제	2,282	2,163	5.5	4.9
기타	1,759	2,108	(16.6)	(17.0)

* 2010년과의 비교를 위해 재분류함.
자료: 2010년 IBM 연차보고서 28페이지

소프트웨어의 맞춤형 운영 체제도 지원한다.

[표 20.2]는 IBM이 연차보고서에서 제공한 미들웨어 하위 그룹의 연간 성장률을 나타낸다. 여기서 알 수 있듯이 미들웨어는 성장 범주였는데, 그중에서도 웹스피어와 티볼리가 가장 빠르게 성장하고 있다.

IBM의 소프트웨어 판매 방식을 보면 매출의 3분의 2가 매년 부과되는 반복적인 라이선스 요금과 계약 후 고객 지원료에서 창출되고 있다. 나머지 수익의 3분의 1은 일회성 또는 단기 수익에서 발생되고 있다. 여기에는 계약 후 고객 지원, 제품 업그레이드, 기술 지원 등이 포함된다.

소프트웨어 분야의 경쟁 환경을 살펴보면 IBM의 솔루션은 오라클, 마이크로소프트 그리고 틈새시장 업체인 소프트웨어 AG 등 수많은 소프트웨어 업체와 직간접적으로 경쟁했다. IBM 사업의 핵심 품질을 평가하는 일은 간단치 않다. 소프트웨어는 고객 고착도가 높고 자본집약도가 매우 낮다는 사실이 잠재적 투자자들에게 분명해 보일 것이다. GTS와 GBS 사업은 더 복잡하다. 이 사업 부문에서 제공한 서비스 중 일부인 데이터 분석이라는 특수한 IT 구현 같은 분야는 시간이 지남에 따라 IBM이 경쟁우위를 구축했을 가능성이 큰 영역으로 보였을 것이다. 비즈니스 컨설팅이나 아웃소싱 서비스 같은 다른 서비스들은 믿음직스러운 수많은 다른 경쟁업체 상품과 더불어 더욱 범용화된 것으로 보였을 것이다.

당시 잠재적 투자자는 IBM을 소프트웨어 솔루션과 인력을 기반으로 한 서비스가 복합적으로 혼합된 사업을 운영하는 회사로 결론 내렸을 수 있다. IBM의 사업은 상당히 반복적으로 발생하는 높은 품질의 매출 약 40%(소프트웨어 이익과 매칭됨)와 다양한 경쟁 제품에 직면한 낮은 품질과 높은 품질 사이의 매출 약 40%(컨설팅 및 비즈니스 서비스)로 구성돼 있었다. 그러나 이 두 번째 요소인 인력을 기반으로 한 서비스는 자산은 덜 필요하나 실행력 측면이 중요해 투자자는 그 사업이 수행에 대한 의존도가 높다는 사실을 파악하고 있어야 했다.

IBM의 재무 분석 부분으로 넘어가기 전에 매출의 약 20%를 차지한 IBM의 마지막 두 사업 부문에 관해 설명하고자 한다. IBM의 연차보고서를 보면 비즈니스 시스템 및 테크놀로지에서는 고급 컴퓨팅 능력과 스토리지 기능에 기반한 비즈니스 솔루션을 고객에게 제공했다. 이는 맞춤형 서버 및 애드온 제품, 특히 IBM의 시스템 z, 파워 시스템, 시스템 x와 같은 하드웨어 솔루션을 의미한다. 마지막 사업 부문인 글로벌 파이낸싱은 IBM 제품을 구매한 일부 고객의 자금 조달을 돕는 역할을 했다.

그럼 이제 재무제표를 살펴보자. IBM은 연차보고서 10페이지와 11페이지에 세전 이익, EPS, 잉여현금흐름, 이익률 지표 등을 통해 과거 10년간의 사업성과를 요약한 내용을 제공하고 있다. 세전 이익은 10년 동안 약 110억 달러에서 210억 달러로 증가했다. 사업 부문별 세전 이익을 참조하면 이러한 성장의 대부분은 GTS, GBS, 소프트웨어 사업에서 비롯되었음을 알 수 있다([그림 20.2] 참조).

세전 이익은 EPS 및 잉여현금흐름과 마찬가지로 그 기간 동안 2배 이상 증가했다. 과거 10년 동안의 연간 성장률은 매년 6% 이상이었

[그림 20.2] IBM의 세전 이익*(2000~2010년)

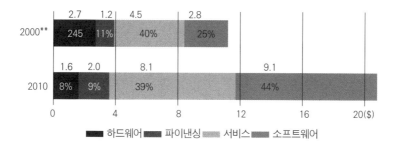

(단위: 십억 달러)

* 부문별 세전 이익의 합은 IBM 전체 세전 이익과는 다를 수 있음
** 엔터프라이즈 투자와 주식 보상 관련 부분도 미반영
자료: 2010년 IBM 연차보고서 10페이지

다. 게다가 매출총이익률은 37%에서 46%로, PBT 마진은 12%에서 20%로 증가했다. 이러한 모든 재무지표는 버핏이 선호하는 스타일과 일치한다. 2003년 한 해를 제외하고 IBM은 매년 모든 핵심 지표들을 개선했다. 이는 IBM의 사업 전환이 분명 성공적이었다는 증거다.

연차보고서에서 덜 강조된 것으로 보이는 분야는 매출이다. 사실 10년간의 사업성과 내용에서 2000년의 수익에 대한 언급은 특별히 없는 것 같다. 투자자가 2000년의 매출이 850억 달러(2010년 매출은 1,000억 달러)였다는 사실을 알기 위해서는 이전 연차보고서를 살펴볼 수밖에 없을 것이다. 이는 연간 성장률로는 약 1.6%로, 다른 지표보다는 확실히 덜 인상적이다.

IBM의 사업 경제성을 더 자세히 살펴보기 위해 IBM의 필요 자본을 [표 20.3]에 정리해보았다.

[표 20.3] 총투하자본

범주	금액($)	매출액 대비 비율
고정자산	$141억	14%
무형자산	$34억	3%
재고자산	$25억	3%
외상매출금	$108억	11%
금융채권	$268억	27%
외상매입금	-$78억	-8%
이연수입	-$116억	-12%
총투하자본(TCE)	$382억	38%

　이 표에서 알 수 있듯이 IBM의 핵심 사업은 자본집약적이지 않다. 고정자산도 일부 있지만 대부분의 필요 자본은 미수금 관련 자금 조달을 포함한 운전자본과 관련이 있었다.

　전체적으로 IBM의 TCE는 매출의 38% 수준이며, EBIT는 198억 달러, 세전 ROTCE는 52%이다. 정상 세율을 30%로 가정하면 세후 ROTCE는 36%인데 이는 매우 높은 수준의 자본이익률이다. 이것이 바로 IBM이 배당금 및 자사주 매입 형태로 주주들에게 자본을 되돌려줄 수 있는 능력의 기반이다. 재무 측면에서 잠재적 투자자들은 IBM이 수익성이 매우 높고 현금을 창출하는 기업이라는 사실을 알았을 것이다. 유일하게 걸리는 부분은 매출증가율이 상당히 낮다는 것이었다. 초기 분석에서부터, 이것이 부분적으로는 사업의 구조적 전환과 관련돼 있다고 정당화시킬 수도 있다. 물론 아메리칸 익스프레스나 심지어 BNSF의 경우에서처럼 매출이 강하게 성장하는 것을 선호했을 수도 있다.

기본적인 사업활동과 재무적 측면 외에도 잠재적 투자자는 IBM의 경영진에 대해서도 고려했을 것이다. 사무엘 팔미사노는 회장, 사장, CEO를 겸임했으므로 회사의 최종 책임자는 분명히 팔미사노였다. 그의 직업적 배경은 IBM이었다. 팔미사노는 1973년에 세일즈맨으로 빅 블루Big Blue(IBM을 의미함-옮긴이)에 입사했고, 승진을 거듭해 COO 직위에 올랐으며, 결국 2002년 3월에 CEO로 임명되었다.

　그는 잘 알려져 있었고 많은 존경도 받았던 루 거스트너Lou Gerstner의 뒤를 이었다. 거스트너는 경쟁사들이 IBM의 PC 사업을 잠식하던 1990년대에 IBM을 파산으로부터 구해낸 공로를 인정받은 CEO였다. 팔미사노는 IT 버블 붕괴 후 사업을 이어받았으며, 거스트너 이후의 IBM을 변모시키기 위한 새로운 이니셔티브를 주도한 경영자로 알려져 있었다. 그 당시까지 팔미사노는 IBM에 더욱 다양한 컨설팅 기능(2002년 PwC의 컨설팅 부문 인수 포함)을 이식하고 데이터 분석과 클라우드 컴퓨팅 같은 성장 영역을 지원하는 데 크게 기여했다. 그는 논란을 불러일으켰던 IBM PC 그룹을 레노버에 매각하는 결정도 내렸다. 그는 2005년 논란을 불러일으켰던 IBM PC 그룹을 레노버에 매각하는 결정도 내렸다. 재무정보에서 알 수 있듯이 팔미사노는 사업의 수익성에 초점을 맞추고 있었다. 이러한 사실들, 즉 재임 중 IBM의 재무실적, IBM의 매우 구체적 비전과 목표에 대한 소통을 통해 잠재적 투자자는 팔미사노가 입증된 능력 있는 경영자임을 알게 되었을 것이다. 그는 기대에 부응했다.

　IBM에 대한 가치평가와 잠재적 투자자가 IBM에 대한 투자를 전망하면서 어떤 결론을 내렸을지 살펴보기 전에 나는 그 분석과 관련 있다고 생각되는 IBM의 두 가지 다른 측면에 대해 언급하고자 한다. 첫째, IBM이 인수에 적극적이었음은 분명했다. 2000년에서 2010년 사이 IBM은 116개의 회사를 인수했다. 이 기간의 순인수비용은 270억 달러로, 이는 IBM이 창출한 현금흐름의 약 5분의 1 수준이었다. 팔미사노는 이 과정에서 IBM의 유통망에 연결할 수 있는 서비스 기능이나 소프트웨어 플랫폼을 인수하는 데 초점을 맞추었다. 바로 이것이 IBM의 주요 성장 원천 중 하나였으며 사업 전반적으로 상당한 가치를 창출한 것으로 보인다. IBM의 잠재적 투자자로서 나는 IBM을 볼트온(같은 비즈니스 라인에 속한 소규모 회사를 인수하는 것-옮긴이) 인수를 통해 유통망을 신속하게 통합하고 확대할 수 있는 하나의 플랫폼으로 인식하면서 IBM의 M&A 실적을 긍정적으로 보았을 것이다.

둘째, IBM은 연금 관련 부채가 많았다. 연차보고서의 주석 부분에 이러한 부채에 대해 자세히 설명돼 있다. IBM의 퇴직연금 제도는 미국 및 해외 모두 확정급여형 제도였는데, 관련 추정 부채 총액은 990억 달러였다. 사외적립 자산의 적정가치는 860억 달러였다. 이는 상당한 규모로 잠재적 위험 요소라고 할 수 있다. 연금 관련 결손이 발생하면 시간이 지나면서 그 부족액을 메우기 위한 현금이 필요해지기 때문이다.

현금흐름표에서 볼 수 있듯이 2010년을 포함한 과거 3년간 IBM은 이러한 결손을 시정하기 위해 연간 약 20억 달러를 현금으로 지급했다. 이것은 주식 재매입, 배당, 투자에 사용할 수 없는 진짜 현금이었다. 이것은 또한 1년 동안 IBM이 창출한 세후 현금흐름의 약 15% 규모에 달했다. 즉각적인 부정적 영향 외에도 상당한 규모의 총 추정 부채 가치는 계리적actuarial 변경에서 발생할 수 있는 위험도 수반할 수 있다. 구체적으로 총부채 990억 달러는 가입자 수명, 할인율, 급여 인플레이션 등에 관한 가정에 따라 추정한 금액에 불과하다. 따라서 가정의 사소한 변경도 미래에 IBM이 떠안아야 할 절대적 부채액에 상당한 영향을 미칠 수 있다.

예를 들어 2009년과 2010년 사이 IBM은 미국 확정급여형 연금제도의 총부채 평가에서 할인율 가정치를 5.6%에서 5.0%로 변경한 것으로 보인다. 이것만으로도 IBM의 부채를 15억 달러나 증가시키는 계리적 효과가 발생했다. IBM의 가정은 대략 덜 보수적인 쪽인 것 같다. 이 부분은 잠재적 투자자로서 내가 염두에 두고 있는 장기적 위험 중 하나다. 이러한 위험 요소를 제외하면 IBM은 경제성이 뛰어난 성과가 좋은 양질의 기업으로 보인다.

이제 가치평가로 들어가 보자. 앞서 언급했듯이 버핏은 2011년 상반기에 IBM 지분을 매수했다. 버크셔가 그해 주주들에게 보낸 서한을 보면 버핏이 지급한 평균 가격은 주당 169.87달러였다. 매입한 총 주식 수는 IBM의 총 발행주식 수의 5.5%였다. IBM의 상당한 시가총액 규모를 감안할 때 버핏이 어느 정도는 다른 일반 투자자가 보통주를 매입하는 것처럼 주식을 매입했다는 사실에 주목해야 한다. CNBC 〈스쿼크 박스〉에서의 인터뷰를 보면 버핏은 사무엘 팔미사노

[표 20.4] 기업가치 계산

주가	$169.87
발행주식 수*	12억 2,800만
시가총액	$2,086억
순금융부채 및 연금결손**	$298억
기업가치	$2,384억

* 2010년 IBM의 연차보고서 수치
** 현금 및 시장성 유가증권 $117억, 단기 및 장기부채 $286억, 순연금결손 $129억

[표 20.5]

	2010	2009
EPS(희석)	$11.52	$10.01
PER	14.7배	17.0배
EBIT	$201억	$185억
EV/EBIT	11.9배	12.9배
시가총액 대비 잉여현금흐름	7.8%	7.2%

* 2010년과 2009년의 잉여현금흐름은 각각 $163억, $151억으로 계산됨.

와 개인적으로 잘 아는 사이도 아니었다. 따라서 이것은 아마도 보통 일반 투자자와 가장 비슷한 입장에서 행한 투자일 것이다.

이 매수에 대한 전통적 가치평가 배수는 위와 같을 것이다.

IBM이 재무성과가 우수하고 경영진이 검증된 우수한 기업으로 보였다는 점을 감안하면 이 가치평가 결과는 싸지는 않지만 타당해 보인다. 만약 IBM이 이전 10년 동안의 추세를 계속 유지한다면 11.9배의 EV/EBIT와 14.7배의 PER이라는 결과는 이익 증가 측면을 제대로 반영하지 않았다고 볼 수도 있다. IBM의 잉여현금수익률에도 주목해야 한다. 감가상각 및 감모상각보다 유지보수용 자본 지출이 적

고(부분적으로는 이전보다 하드웨어가 줄어들었기 때문임), 일반 세율보다 IBM에 적용된 세율이 낮다는(부분적으로 해외 사업 및 세금 공제 때문임) 복합적인 부분은 IBM이 비정상적으로 많은 이익을 현금화할 수 있다는 것을 의미했다.

사실 내 분석으로는 2003년 이래 IBM은 EBIT의 현금이익 전환 비율이 매년 80% 이상이었다. 거의 8%에 육박하는 현금이익 수익률은 상당히 건실한 수준이다. 이는 경영진이 이미 이 현금흐름의 상당 부분을 자사주 매입과 배당에 투입하겠다고 약속했다는 점을 고려할 때 특히 매력적이다. 전반적으로 IBM의 잠재적 투자자로서 나는 이 투자가 꽤 매력적이라고 생각했을 것이다. 사업의 복잡성을 완전히 파악하지 못하고, 확정급여형 연금제도에도 신경이 쓰였겠지만 나는 IBM의 탄탄한 재무성과, 검증된 경영진, 적정한 가치를 특히 좋아했을 것이다.

버핏의 관점

워런 버핏은 버크셔의 IBM 주식 매수를 처음 발표한 2011년 11월 CNBC 〈스퀘크 박스〉에서 진행한 인터뷰를 포함해 다른 여러 인터뷰에서도 IBM에 대한 투자에 관해 이야기했다. IBM은 그해 버핏의 연차보고서에도 언급되었다. 버핏은 버크셔의 연차보고서에서 IBM을 훌륭한 사업이자 코카콜라, 아메리칸 익스프레스, 웰스 파고와 함께 자신의 4대 투자 중 하나라고 언급했다.

특히 버핏은 CEO 루 거스트너와 사무엘 팔미사노가 IBM을 탈바

꿈하는 데 있어 탁월한 성과를 거뒀다고 평가하며 경영 및 재무성과가 정말 뛰어나고 놀라웠다고 말한다. 나아가 버핏은 IBM이 주주 환원과 관련해 수년간 행한 빈틈없는 자본 배분에 관해서도 자세히 설명한다. 그는 주가가 하락하더라도 개의치 않을 것이라고 말했다. 그렇다면 더 많은 IBM 주식을 축적할 수 있을 것이고, 기존 주주들의 지분도 더 많이 매수할 수 있을 것이기 때문이었다.

〈스퀴크 박스〉에서 버핏은 주식 매입을 시작하기 전 사무엘 팔미사노가 IBM의 재정적 방향에 관해 주주들에게 제시한 명확한 목표에 특히 주의를 기울였다고 말했다. 팔미사노는 놀라울 정도로 자신이 의도한 것을 성취했다. 버핏은 버크셔 자회사의 꽤 많은 IT 조직들과 IBM에 관해 이야기한다고 언급하면서 그 논의에서의 요점은 IBM의 역할상 강점과 관계의 지속성이었다고 말했다.

> [IBM]은 IT 부서가 일을 더 잘할 수 있도록 도와주는 회사입니다. … 대기업에서 감사를 바꾸거나 로펌을 바꾸는 것은 중요한 일이죠. IT 부서도 공급업체와 협력해 많은 일을 하고 있어요. 거기에는 상당한 연속성이 있습니다.
> – 워런 버핏, 2011년 11월 14일 CNBC 〈스퀴크 박스〉 인터뷰

분명히 버핏은 IBM에 열광했다. 그리고 IBM이 다른 대기업들과는 다르게 주주를 존중한다고도 말했다. 인터뷰 말미의 IBM은 IT 회사인 데다 주가도 사상 최고가인데 왜 IBM 주식을 매수하고 있느냐는

질문에 버핏은 자신은 IT 회사를 포함해 모든 회사를 고려한다면서, 그전에는 단지 자신이 이해할 수 있을 것 같은 회사를 찾지 못했을 뿐이라고 답했다. 버핏은 IBM 주식을 사상 최고가에 매수한 소감을 묻는 말에 전혀 개의치 않는다고 답했다. 그는 가이코의 지배 지분을 당시 최고가에 사들였고, BNSF에서도 마찬가지였다.

이 모든 것을 고려해볼 때 IBM은 잠재적 투자자들이 버핏이 본 것과 비슷한 그림을 볼 수 있었던 독특한 사례인 것 같다. 뛰어난 재무, 경영진, 현금흐름, 그리고 배당 및 자사주 매입 형태로 진행된 면밀한 자본 배분은 모두 잠재적 투자자가 인식할 수 있었던 부분이었다. 버핏은 버크셔 자회사의 IT 부서와의 논의를 통해 투자에 도움을 받을 수 있었다. 이는 IBM의 사업에 대한 그의 긍정적 평가를 더욱 확신할 수 있게 만들었다. 그렇지만 전반적으로 버핏의 결정은 앞서 논의된 기준에 근거한 것이었으며, 그는 IBM에 투자하기 위해 적정한 대가를 지급할 용의가 있었다.

[표 20.6] 손익계산서(2010년)

12월 31일 마감
(단위: 백만 달러, 주당 수치 제외)

	2010	2009	2008
수익:			
서비스	56.868	55.128	58.892
판매	40.736	38.300	42.156
파이낸싱	2.267	2.331	2.582
총수익	99.870	95.758	103.630
원가:			
서비스	38.383	37.146	40.937
판매	14.374	13.606	15.776
파이낸싱	1.100	1.220	1.256
총원가	53.857	51.973	57.969
총이익			
비용 및 기타 수익:			
판매 및 일반 관리	21.837	20.952	23.386
연구, 개발, 엔지니어링	6.026	5.820	6.337
지적재산권 및 맞춤개발 수입	−1.154	−1.177	−1.153
기타 비용·수익	−787	−251	−298
이자비용	368	402	673
총비용 및 기타 수익	26.291	25.647	28.945
세전 이익	19.723	18.138	16.715
소득세 준비금	4.890	4.713	4.381
순이익	14.833	13.425	12.334
보통주 주당순이익:			
희석 가정	11.52	10.01	8.89
기존	11.69	10.12	9.02
가중평균 발행주식 수			
희석 가정	1,287,355,388	1,341,352,754	1,387,797,198
기본	1,268,789,202	1,327,157,410	1,369,367,069

자료: 2010년 IBM 연차보고서 62페이지

[표 20.7] 대차대조표(2010년)

12월 31일 마감
(단위: 백만 달러)

자산	2010	2009
유동자산		
현금 및 현금등가물	10.661	12.183
시장성 유가증권	990	1.791
외상매출금 및 받을어음 (상각액 반영: $324 & $217)	10.834	10.736
단기 금융채권 (상각액 반영: $342 & $438)	16.257	14.914
기타 외상매출금 (상각액 반영: $10 & $15)	1.134	1.143
재고자산	2.450	2.494
이연세액	1.564	1.730
선급비용 및 기타 유동자산	4.226	3.946
총유동자산	48.116	48.935
고정자산	40.289	39.596
차감: 감가상각 누계액	26.193	25.431
순고정자산	14.096	14.165
장기 금융채권(상각액 차감: $58 & $97)	10.548	10.644
선급 연금자산	3.068	3.001
이연세액	3.220	4.195
영업권	25.136	20.190
순무형자산	3.488	2.513
투자 및 제구좌자산	5.778	5.379
총자산	113.452	109.022
부채 및 자본		
유동부채		
세금	4.216	3.826
단기부채	6.778	4.168
외상매입금	7.804	7.436
보상 및 혜택	5.028	4.505
이연수입	11.580	10.845
기타 미지급 비용 및 부채	5.156	5.223
총유동부채	40.562	36.002

장기부채	21.846	21.932
퇴직 및 비연금 퇴직후 채무	15.978	15.953
이연수입	3.666	3.562
기타 부채	8.226	8.819
총부채	90.279	86.267
자본:		
보통주(액면가 주당 $20) 및 자본잉여금*	45.418	41.810
유보이익	92.532	80.900
자사주, 원가(2010년 933,806,510주, 2009년 821,679,245주)	−96.161	−81.243
누적 기타 포괄 이익·손실	−18.743	−18.830
총자본	23.046	22.637
비지배지분	126	118
총지분	23.172	22.755
총 부채 및 자본	113.452	109.022

* 수권주식 수: 4,687,500,000주, 발행주식 수: 2010년 2,161,800,054주, 2009년 2,127,016,668주
자료: 2010년 IBM 연차보고서 63페이지

[표 20.8] 현금흐름표(2008~2010년)

	2010	2009	2008
영업활동 현금흐름			
순이익	14.833	13.425	12.334
영업활동 순이익 항목 조정			
감가상각	3.657	3.773	4.140
무형자산 감모상각	1.174	1.221	1.310
주식 보상	629	558	659
이연세액	1.294	1.773	1.900
자산 매각 이익·손실	-801	-395	-338
영업 자산 및 부채 변동(인수 및 매각 반영)			
채권(금융채권 포함)	-489	2.131	274
퇴직 연금 관련	-1.963	-2.465	-1.773
재고자산	92	263	-102
기타 자산 및 부채	949	319	1.268
외상매입금	174	170	-860
영업활동 순현금	19.549	20.773	18.812
투자활동 현금흐름			
고정자산 매입	-4,185	-3.447	-4.171
고정자산 처분 수익	770	330	350
소프트웨어 투자	-569	-630	-716
시장성 유가증권 및 기타 투자증권 매입	-6.129	-5.604	-4.590
시장성 유가증권 및 기타 투자증권 매각 수익	7,877	3.599	6.100
비영업 금융채권	-405	-184	-16
사업 처분(순현금이전)	55	400	71
사업 처분(순현금인수)	-5.922	-1.194	-6.313
투자활동 현금흐름	-8.507	-6.729	-9.285
재무활동 현금흐름			
부채 발행	8.055	6.683	13.829
부채 상환	-6.522	-13.495	-10.248
단기부채 순상환	817	-651	-6.025
자사주 매입	-15.375	-7.429	-10.578

자사주 거래	3.774	3.052	3.774
현금 배당 지급	−3.177	−2.860	−2.585
재무활동 현금흐름	−12.429	−14.700	−11.834
현금 및 현금등가물 환율 효과	−135	98	58
현금 및 현금등가물 순변동	−1.522	−558	−2.250
기초 현금 및 현금등가물(1.1)	12.183	12.741	14.991
기말 현금 및 현금등가물(12.31)	10.661	12.183	12.741
추가 자료			
소득세(환급 반영)	3.238	1.567	2.111
이자 지급	951	1.240	1.460
자본리스 채무	30	15	41

자료: 2010년 IBM 연차보고서 64페이지

4부

거인의
어깨 위에서

Warren Buffett

INSIDE THE INVESTMENTS OF
WARREN BUFFETT

21

●

투자 전략의 진화

· · ·

  내가 검토한 버핏의 투자 사례를 보면 워런 버핏의 오랜 투자 경력은 오직 한 가지 유형의 투자나 투자 전략으로만 정의되지 않는다. 버핏의 접근법은 그가 첫 번째 투자 파트너십을 결성했던 1957년과 오늘날 사이에 분명히 진화했다. 그가 행한 다양한 투자의 특성을 통해 그 여정을 되짚어보는 것은 투자 전략이 어떻게 진화했는지 이해하는 데 도움이 될 수 있다.

  버핏이 초기에 투자한 기업들(샌본 맵 컴퍼니, 뎀스터 밀, 버크셔 해서웨이)에서 가장 놀라운 점은 그 회사들이 보유한 자산가치에 비해 엄청나게 싼 가격에 거래되고 있었다는 것이다. 이것이 항상 낮은 주가수익비율(말하자면 5배 정도의 PER 배수)을 의미하는 것은 아니다. 실제로 샌본 맵과 뎀스터 밀 모두 버핏이 투자한 당시에는 이익이 많지 않아 PER은 높았을 것이다. 버핏은 단순히 PER 배수로 평가하기보다는 그 회사가 보유한 자산의 분명한 현금화 가치보다 낮은 수준에서 거래되는 기업을 찾고 있는 것 같았다. 예를 들어 샌본 맵은 버핏이 회사 전체에 대해 지급한 가격보다 더 가치가 높은 투자 포트폴리오를 보유하고 있었고, 뎀스터 밀에는 버핏이 팔릴 수 있다는 사실을 알고 있던 재고자산이 있었다. 그리고 버크셔 해서웨이의 경우 현금과 현금화할 수 있는 운전자본이 조합돼 있었다.

단지 싼 가격에 거래되는 회사에 대한 투자 외에도 투자 경력 초기에 버핏은 자신이 투자한 기업의 근본적 사업에 초점을 맞췄다. 그는 넷넷 투자에만 관심이 있었던 것이 아니라 이익이 발생하고 (가능한 경우) 기초 사업 전망이 긍정적으로 발전하는 기업들에 관심이 있었다. 예를 들어 샌본 맵은 기술 변화로 수년간 구조적 쇠퇴를 겪어온 기업이었지만 여전히 수익성이 좋은 기업이었으며, 사실 투자하기 전 몇 년 동안 안정적이기도 했다. 이는 그 회사가 수익성 없는 사업에 현금을 모두 소진할 수도 있다는 걱정은 안 해도 된다는 것을 의미한다. 버핏은 또한 운영상 개선될 수 있는 상황 또는 자신이 그 과정에서 긍정적인 발전의 촉매가 될 수 있는 상황을 알아보았다.

버핏의 투자 전략에서 또 다른 중요한 측면은 파트너십 초반에도 기업의 경영진에게 많은 관심을 기울였다는 점이다. 경영진을 평가하는 기준은 시간이 지나면서 진화했지만 초기 투자(뎀스터 밀, 버크셔 해서웨이 등)에서도 훌륭한 경영자를 선택하는 데 큰 관심을 보였다. 버핏은 그의 초기 투자에서도 값싼 기업을 찾는 데만 주력한, 잘하는 게 하나밖에 없는 투자자는 아니었다고 말할 수 있다. 텍사스 내셔널 페트롤리엄 투자에서 알 수 있듯이 버핏은 합병 재정거래 상황(고정 수익 증권 포함)에도 투자했다. 위험에 대한 상세한 분석과 이해를 통해 그는 이러한 투자 유형도 친숙하게 받아들일 수 있었다. 또한 버핏은 변화를 가져오는 데 적극적 역할을 할 수 있는 지배 지분 투자에도 손을 댔다. 예를 들어 그는 뎀스터 밀과 버크셔 해서웨이, 이 두 회사를 인수한 후 사업 운영에 영향을 미치는 중요한 역할을 했다.

버핏의 초기 투자 전략은 다음과 같이 요약할 수 있다. 그는 회사가 보유하고 있는 현금화 가능 자산의 가치에 비해 가격이 싼 기업을 찾는 데 가장 중점을 두었다. 하지만 다른 유형의 투자에도 익숙했으며, 그 회사들이 특히 매력적으로 보일 때 투자 기회를 잡았다. 버핏은 대부분 유형자산을 보유한 중소기업이었던 각 투자 대상을 그 사업의 소유주라는 관점에서 연구했다. 그는 사업에 관련된 핵심 인물과 자산을 모두 평가했고, 그 부분이 미래의 사업 발전에 미칠 수 있는 영향을 평가했다. 처음부터 버핏의 전략은 그레이엄의 단순한 넷넷 투자 스타일이기보다는 분명히 투자에 더 많이 개입된 스타일이었다.

버핏은 그의 경력 중반(1968년부터 1990년까지)에 이르러서는 사업의 질을 점점 더 중요하게 생각하는 것 같다. 그는 자신의 관점을 기업의 자산가치에 초점을 맞추는 것에서 지속 가능한 수익 능력을 평가하는 쪽으로 전환했다. 시즈 캔디즈와 같은 비공개 기업 투자이든, 가이코와 같은 턴어라운드 상황이든, 코카콜라와 같은 브랜드 프랜차이즈이든 이 시기에 투자한 종목들에 대한 투자 근거는 항상 매력적인 장기 이익이었다. 버핏은 여전히 가능한 한 훌륭한 기업을 훌륭한 가치에 매수했지만, 투자자들이 고려하는 것보다 높은 주가수익비율(몇몇 사례에서는 PER 15배)을 기준으로 대가를 지급하면서도 훨씬 더 편안해 보였다.

기업의 질에 대한 버핏의 정의에는 양적 측면과 질적 측면이 모두 포함되었다. 양적으로 그는 성장이 지속적이며 ROTCE도 높은 사업들에 점점 더 끌렸다. 특히 버핏은 극도로 높은 수준의 성장이나 특별히 매력적인 가치에 집착하지 않았다. 오히려 이해 가능한 구조적 요인에 의한 매우 일관된 한 자릿수 중간 정도의 성장이 그의 핵심 기준인 것처럼 보였다. 확실히 몇몇 브랜드 제품에 대한 투자의 경우에 그러했다. 1987년 버핏이 코카콜라에 투자했을 때 해외 소비 증가로 코카콜라의 매출액과 영업이익이 당시 과거 10년 중 9년 동안 증가한 상황이었다.

마찬가지로 1976년 시즈 캔디즈의 사업을 인수한 후 재무정보를 발표하면서 버핏은 각 매장의 직년 연도 대비 매출 증가가 회사 전체의 5년 연속 매출 증가와 5년 중 4년 동안의 영업이익 증가로 이어졌다는 사실을 보여주었다. 버핏이 이익 수준에 비해 싼 가격으로 사업을 인수했을 때에도 이러한 일관된 성장 측면을 종종 볼 수 있었다. 예를 들어 《워싱턴 포스트》는 버핏이 인수하기 전에 직전 10년 중 10년 모두 매출이 증가했고 10년 중 8년 동안은 영업이익도 증가했다. 버핏은 그의 투자 경력 중 이 중반기에는 거의 모든 경우 세후 20% 이상의 ROTCE를 일관되게 달성할 수 있는 회사에 투자했다. 지속적인 성장과 높은 ROTCE를 가진 기업에 투자하는 것은 버핏이 사실 복합체 기업, 즉 오랫동안 신뢰할 수 있는 지속적인 성장을 보인 회사에 투자하는 것을 의미했다.

사업에 대한 그의 양적 평가가 진화한 것처럼 버핏은 사업 운영의 질적 측면을 이해하는 자신의 능력을 훨씬 더 큰 신뢰하게 되었다. 아메리칸 익스프레스와 이후 가이코에 대한 투자에서처럼 버핏은 다른 사람들, 더 크게는 시장이 보지 못한 핵심적인 질적 통찰을 바탕으로 포트폴리오의 상당 부분을 구축했다. 아메리칸 익스프레스의 경우 그는 샐러드 오일 스캔들이 회사의 수익 창출 능력에 장기적 영향을 미치지는 않을 것이며, 다른 사업 부문들(신규 신용카드 사업부 등)이 자리 잡아 회사가 앞으로 크게 성장할 것이라는 사실을 깨달았다. 가이코에 대해서는 그 회사의 사업이 보험 산업 내에서 내재적 경쟁우위를 가지고 있고, 턴어라운드가 일어날 가능성이 있다는 점을 인식했다.

《버펄로 이브닝 뉴스》는 버핏의 질적 통찰로 추진된 또 다른 투자 사례다. 버핏은 (가치평가 지표가 과도하게 높은 것으로 보일 수도 있는) 이 회사의 과거 이익이 아니라 사업이 근본적으로 어떻게 진행될지에 관한 깊은 지식, 즉 상당히 견고한 매출과 가격결정력을 바탕으로 더 많은 이익과 훨씬 더 높은 이익률을 달성할 수 있다는 확신을 가지고 그 회사를 인수했다. 그는 부분적으로 《워싱턴 포스트》의 캐서린 그레이엄과 캐피탈 시티즈의 톰 머피를 멘토링하면서 쌓은 미디어 분야에서의 경험을 통해 이러한 부분을 이해했다. 그의 투자 이후 몇 년도 되지 않아 회사의 이익이 10배 이상 증가하면서 투자에 관한 버핏 자신의 질적 통찰에 대한 신뢰는 단 몇 년 안에 입증되었다.

마지막으로 버핏은 이 중반기에 더 양질의 기업으로 초점을 옮겼을 뿐만 아니라 주로 보험, 미디어, 소매 등 이후 반복적으로 추가 투자한 몇몇 사업 분야에 관한 전문지식을 쌓았다. 버핏은 다른 산업에 속한 기업에도 투자했지만 이러한 특정 산업의 사업 구조에 관해서는 상당히 깊이 이해하고 있었다. 예를 들어 그는 손해, 비용, 합산비율을 살펴보고 회사가 인수한 리스크도 검토해 보험회사의 보험인수 성과를 평가하는 방법과 관련된 감각을 예리하게 향상시켰다. 투자 측면에서도 버핏은 준비금 관리와 관련된 보험회사의 역량을 판단하는 방법에 관해 명확한 견해를 갖고 있었다.

버핏의 전문성은 개념에 국한되지 않았다. 그는 많은 CEO를 포함해 재능 있는 사람들과 네트워크를 구축했다. 예를 들어 미디어 산업에서 버핏은 투자 기회를 찾고 검토할 때 캐서린 그레이엄과 스탠 립시와 같은 동료들과의 긴밀한 관계를 통해 확실한 도움을 받았다. 경영진에 대한 그의 신뢰는 투자 결정 과정에서 계속 중심적인 역할을 했지만, 중반기에 그는 경영진의 신뢰성과 운영 능력뿐만 아니라 자본을 현명하게 배분하는 능력에도 초점을 맞추기 시작했다. 버핏은 《워싱턴 포스트》의 캐서린 그레이엄에게 인수와 자본 지출에 관해 보수적으로 접근하는 방법을 직접 조언하기도 했다.

1990년 이후 그의 경력 후반기에 버핏이 맞닥뜨린 도전은 계속 증가하는 버크셔 해서웨이의 자본을 투자하는 것이었다. 결과적으로 투자 대상으로 대기업을 선호하는 방향으로 투자 전략이 변화했다. 하지만 그의 투자 스타일을 보면 버핏은 여전히 자신이 중반기에 연마한 질적인 요소에 대한 초점을 유지하고 있는 것 같았다. 웰스 파고가 겪고 있던 담보대출 위기를 정확하게 평가하기도 했고, 미국 항공사가 직면하고 있던 경쟁 역학을 제대로 이해하지 못한 점을 스스로 실패로 인정하기도 했지만 버핏의 일차적 관심사는 다른 투자자들보다 더 나은 근본적 통찰을 갖는 것이었다. 버핏은 이를 위해 수십 년 전에 자신이 이미 전문가가 된 동일한 산업, 때로는 동일한 기업들로 되돌아갔다.

예를 들어 제너럴 리 사례를 보자. 버핏이 투자할 무렵 버크셔는 이미 자체적으로 상당한 수준의 보험 사업을 운영하고 있었고 가이코와 같은 보험회사도 소유하고 있었으며, 버핏은 개인적으로 제너럴 리의 소유주들도 알고 있었다. 버핏은 그러한 경험 덕분에 사업에 관한 이해 측면에서 다른 대부분의 투자자를 능가했다. 그 지식은 제너럴 리의 경영진과의 대화에서도 나타났다. 버핏은 처음 제너럴 리의 경영진을 만나 회사 인수에 관해 논의하면서 "엄격하게 말하면 저는 불관여주의입니다. 여러분이 사업을 경영하세요. 저는 관여하지 않겠습니다"라고 말했다고 한다. 하지만 그가 바로 가이코에 관해 언급하면서 구체적 숫자를 인용하기 시작하자 경영진은 깜짝 놀랐다. 심지어 인수담당 책임자였던 태드 몬트로스Tad Montross는 감탄하며 이렇게 외쳤다고 한다. "세상에! 관여하지 않으신 게 이 정도예요?" 버핏은 자신의 능력 범위를 넘지 않으려 했지만 관련 분야에서의 그의 능력은 항상 인상적이었고 종종 그가 인정한 범위도 넘어섰다.

전반적으로 동일한 투자 철학을 따르면서 지속적으로 특정 산업에 대한 방대한 전문성을 더했음에도 막대한 규모의 자본 때문에 버핏은 투자 전략을 진화시킬 수밖에 없었다. 무엇보다 버핏은 기업 규모가 매우 크고 때로는 사업이 성숙 단계에 있으며, 동시에 자신의 많은 자본을 현명하게 투자할 수 있는 기업에 대한 투자 기회를 모색하기 시작했다. 버핏의 가장 최근의 투자인 미드아메리칸 에너지와 벌링턴 노던 산타페는 이러한 새로운 접근법의 예다.

앞의 본문에서 설명한 바와 같이 미드아메리칸 에너지는 주로 미국과 해외에 수십 개의 발전소를 건설하고 효율적으로 운영하는 사업을 전개했다. 그 기반 시설을 건설하고 유지하는 데에는 수십억 달러가 필요했다. 1998년 버핏이 이 기업에 투자했을 때 미드아메리칸 에너지는 그해 매출 총액의 166%에 달하는 42억 달러의 고정자산을 보유하고 있었다. 상대적으로 안정적이긴 하지만, 많은 자본이 필요했기 때문에 세후 이익률은 보통 높은 한 자릿수나 낮은 두 자릿수 정도였다. 하지만 버핏에게는 많은 양의 자본을 유기적으로, 그리고 합리적인 수익률로 투자할 수 있다는 분명한 가치가 있었다. 이 가치는 버핏이 회사에 투자할 때 설계한 독특한 구조를 통해 더욱 향상되었다. 거기에는 등급이 다른 여러 주식이 포함돼 있었으며 그를 통해 수익의 일정 부분을 어느 정도 보장받을 수 있었다.

마찬가지로 철도회사인 벌링턴 노던 산타페도 필요한 자본액이 상당했다. 선로 구축 및 유지 관련 비용 말고도 기관차 및 화물차뿐 아니라 선적장, 터미널, 배송 센터 같은 지원 시설에 대한 지속적인 유지에도 비용이 발생했다. 이 회사의 한계자본이익률은 전체 투하자본이익률보다는 높았지만 여전히 몇 년 동안 수십억 달러의 투자가 필요한 상황이었다. 미드아메리칸과 마찬가지로 BNSF에 대해서도 버핏은 15배 이상의 PER에 근거해 인수가격을 지급했는데, 이것은 그의 초기 투자에서 볼 수 있었던 상당히 낮은 수준의 가격은 결코 아니다. 대신에 버크셔가 곧 100%의 지분을 소유하게 된 이 두 기업에 대한 투자 사례에서는 버크셔가 이 투자를 통해 상당한 규모의 자본을 투자할 수 있었으며 동시에 합리적인 수준의 수익을 창출할 수 있었다는 것이 핵심이다.

버핏이 막대한 규모의 자본을 투입하는 데 주력했다는 추가적 증거는 고정수익이라는 특성을 가진 우선주 또는 전환주에도 투자했다는 사실이다. 골드만삭스, 제너럴 일렉트릭, 뱅크 오브 아메리카, 버거킹(모두 이 책에서는 다루지 않았음)뿐만 아니라 US 에어에 대한 투자가 그러했다. 최근 몇 년을 보면 버핏은 대규모 자본을 활용할 수 있다면 다소 낮은 수익률도 기꺼이 받아들이는 것 같다.

전반적으로 내가 가장 놀란 부분은 버핏의 투자가 단지 싼 주식이나 자본이익률이 높은 기업에만 국한되지 않았고, 동시에 특정 측면(성장 등)이나 상당히 낮은 가치에도 한정되지 않았다는 점이다. 버핏의 경력은 어떤 부분에서는 시장에 존재했던 기회, 또 다른 부분에서는 버핏 자신의 발전, 그리고 그가 운용한 투자자산의 원천 및 한계에 의해 꾸준히 진화했다. 신뢰할 수 있고 유능한 경영진 같은 투자 기준은 그의 투자 경력 내내 일관되게 적용되었다. 기업의 복합적 능력, 그리고 대규모 자본을 투자할 기회 같은 다른 측면들도 시간이 지남에 따라 발전했다. 이러한 진화를 통해 버핏은 자신의 파트너십을 성공적으로 관리하는 것에서 시작해 결국에는 세계에서 가장 큰 투자 수단 중 하나를 성공적으로 관리할 수 있게 되었다.

22

버핏에게 배울 점

• • •

수년간 워런 버핏은 주주들에게 보내는 서한이나 인터뷰 혹은 기사를 통해 투자와 관련된 거의 모든 주제에 관해 언급해왔다. 우리는 그가 언급한 내용을 바탕으로 위험 대비 수익에서부터 포트폴리오 집중에 이르기까지 모든 내용을 포함하는 투자 조언 목록을 작성할 수 있다. 하지만 이 책은 버핏이 투자를 고려할 때 당시 투자 분석가들이 그가 투자한 기업들에 관해 보았을 부분에 초점을 맞추고 있기 때문에 나는 더 나은 투자자가 되기 위해 가장 중요하다고 생각되는 학습 포인트에 집중하고자 한다.

이러한 교훈은 버핏의 20건의 주요 투자(이 책에서 다룬 사례)를 분석하면서 얻은 주요 포인트에 대한 내 자신의 최선의 해석으로, 내가 특별히 통찰이 있다고 생각한 아이디어는 물론 공부를 많이 한 가치투자자에게는 꼭 새로운 것이 아니더라도 다시 강조할 만큼 충분히 기본적인 아이디어도 조합했다. 따라서 본질적으로 어떻게 보면 이 목록은 어느 정도는 주관적일 수도 있다. 나는 독자들이 이 내용에 관한 자신의 관점을 바탕으로 추가적인 교훈을 끌어낼 수 있었으면 한다.

(1) 정보의 질

버핏을 따르는 대부분의 가치투자자는 그가 기업의 펀더멘털에 관해 연구하고 그 연구가 끝나면 집중적인 방식으로 투자했다고 알고 있다. 버핏은 투자란 20개의 구멍만 있는 펀치 카드를 가지고 있는 것과 같은데, 각각의 구멍은 한 투자자가 평생 할 수 있는 하나의 투자를 나타낸다고 말한다. 일반적으로 이해하기 힘든 부분은 버핏에게 좋은 연구란 과연 무엇을 의미했는지, 그리고 왜 버핏이 자신의 투자를 다양화시키기보다는 집중적인 방식으로 투자했는지 하는 것이다.

버핏의 투자에서 한 가지 두드러지는 것은 투자한 기업에 관해 그가 파악한 정보의 질이었다. 벌링턴 노던 산타페를 예로 들어보자. 버핏이 그 회사에 투자하려 했을 때, 그가 가지고 있던 정보의 수준(내가 주장하고 싶은 것은 그 정보는 헌신적인 분석가라면 누구나 얻을 수 있었을 수준의 정보였다는 사실이다)은 아주 높았다. BNSF는 공개된 연차보고서에 상세한 재무정보뿐 아니라 자신들의 사업과 가장 관련성이 높은 운영지표들을 실었다. 거기에는 유상 톤마일, 1,000톤당 화물 수익, 고객 만족도 등도 포함돼 있었다.

이는 수년간에 걸쳐 지속적으로 보고된 지표로, 잠재적 투자자들은 매해의 사업성과를 이해하는 데 필요한 객관적 데이터를 확보한 셈이었다. 더욱 중요한 것은 연차보고서에 오랜 기간 회장 겸 CEO로 재직한 매튜 로즈가 각 부문의 주요 사업과 동인에 관해 명확히 설명한 내용도 실려 있었다는 점이다. 예를 들어 그는 소비재 부문은 국내 및 국제 상품 운송 90%(국제무역 물동량에 좌우됨), 자동차 제품 운송 10%(지역 자동차 산업 환경에 좌우됨)로 이루어져 있다고 기술하고 있다.

계속해서 버핏은 시간이 지나면서 필요해질 자본의 양에 관해 상세히 설명하고, 왜 철도가 다른 대체 수단(가장 주목할 만한 부분은 트럭 운송이다)보다 더 효율적인 운송수단인지에 관해서도 논한다. 우리는 건실한 투자에 필요한 정성적 통찰을 뒷받침할 수 있는 충분히 검증 가능하고 객관적인 데이터를 이용할 수 있다. 이 사례에서 버핏의 통찰은 철도 사업에서는 네트워크 밀도가 높을수록 향후 자본집약도는 감소할 것이고, 이에 따라 투하된 한계자본에 대한 수익률은 지속적으로 개선될 것이며, 이러한 지속적인 효율 향상으로 전체 제품 믹스에서 차지하는 철도의 점유율은 수십 년 동안 계속 증가할 가능성이 크다는 것이었다.

다양한 버핏의 투자 사례들에서 한 가지 일관된 것이 있다면 해당 기업들에 관한 객관적 자료가 풍부하다는 것이다. 아메리칸 익스프레스 투자에서 버핏은 신용카드와 여행자 수표 사업이 장기적으로 잠재력이 있고, 샐러드 오일 스캔들의 피해는 제한적이고 단기적일 것이라는 질적인 통찰을 뒷받침할 정보를 가지고 있었다. 마찬가지로 코카콜라의 경우 다양한 국가로의 확장과 소비량 증가가 성장을 촉진한다는 것을 확인할 수 있는 객관적인 데이터가 있었다. 결국 버핏이 사업의 모든 측면에 관해 부지런히 연구한 것은 분명하지만, 특히 그는 구체적이고 객관적인 데이터로 뒷받침될 수 있는 투자에 초점을 맞추었다.

이러한 정보는 연차보고서뿐만 아니라 업계 자료에서도 얻었다. 미국철도협회the Association of American Railways는 매월 미국 내 모든 주요 철도회사에 대한 상세한 운영 데이터(가동률, 비가동 시간 등)를 발표했다. 투자자들은 이 정보를 통해 철도회사가 매월, 그리고 매년 어떻게 운영되는지 알 수 있었을 뿐만 아니라 다른 철도회사와도 비교할 수 있었다. 마찬가지로《버펄로 이브닝 뉴스》투자 사례에서는 버펄로 지역의 신문 발행 부수와 신문업계의 광고 데이터를 이용할 수 있었다.

버핏은 이용 가능한 객관적인 데이터의 수준이 높은 산업에 끌렸는데, 이는 성공적인 투자를 위해서는 양질의 정보에 대한 접근 여부가 중요하다는 교훈을 다시 한 번 뒷받침하고 있다. 자신의 질적 통찰을 뒷받침할 양질의 정보가 없다면 투자하지 않는 것이 아마도 최선의 길일 것이다.

이를 위해 버핏은 특정 산업을 반복적으로 검토했다. 나는 버핏이

엄선된 몇몇 산업에 그의 투자를 점점 더 집중시켰다고 생각한다. 버핏은 그러한 투자 방식으로 자신이 습득한 고급 정보가 어떤 의미인지, 그리고 반복적으로 그 지식을 어떻게 잘 활용할 수 있을지 이해하고 연마할 수 있었다. 예를 들어《워싱턴 포스트》의 상세한 구독자 수, 구독자 이탈률, 영업이익률에 관한 지식은《버펄로 뉴스》를 평가하는 데 의심할 여지 없이 큰 도움이 되었다. 전반적으로 볼 때 미디어, 보험, 브랜드 제품 등 버핏이 다시 검토한 산업은 객관적인 산업 정보가 풍부했던 산업이었던 것 같다. 버핏에게는 매우 객관적 정보가 있었기 때문에 자신의 집중적 투자 방식으로 자신 있게 큰 베팅을 할 수 있었을 것이다.

(2) 이익 성장의 꾸준함

버핏을 따르는 대부분의 투자자는 그가 '양질'의 기업에 투자했다고 생각한다. 여기서 양질의 기업이란 영속적 브랜드(코카콜라, 아메리칸 익스프레스)나 높은 자본이익률 등 '장기적 수익 창출 능력'을 가진 기업을 의미한다. 이 두 기준 모두 버핏이 고려한 사항의 일부였지만 내가 더 중요하다고 강조하고 싶은 부분은 실적, 특히 매출과 이익의 꾸준함이다.

대부분의 가치투자자는 '해자', 즉 지속적인 경쟁우위를 가진 기업을 찾는다. 많은 투자가가 네트워크 효과, 전환비용, 규모의 경제, 기타 질적 장점을 적극적으로 찾는 데 상당한 시간을 소모한다. 양적 측면에서는 현재 이익과 이익률에 관해 상세히 분석하기도 한다. 또한 버핏이 검토하기도 했던 유지보수(유지보수를 위한 자본지출)를 고려한 현금 이익을 들여다보기도 한다. 양적인 측면에서 가치투자자가 빈번하게 초점을 맞추는 또 다른 부분은 앞서 언급한 이익을 총투하자본이나 한계투하자본으로 나눈 ROTCE이다. 이 지표들 모두 연구할 가치가 있지만, 버핏의 투자를 분석하면서 얻은 교훈은 그것들이 모두 기업의 미래 전망에 관해 신뢰할 수 있는 수준의 예측을 할 때는 부차적 요소라는 것이다.

이 책에서 다룬 기업들 대부분은 버핏이 투자하기 직전 몇 년간 매출과 이익 성장이 매우 일관적이었던 기업들이다. 이들 중 다수는 당시 과거 10년 중 9년 동안 매출 또는 이익이 증가했는데, 이 수준의 실적을 기록한 다른 기업들이 거의 없었다는 점을 감안하면 이는 주목할 만한 부분이다. 버핏은 일관된 과거 재무성과와 양호한 데이터를 분명히 중시했고, 이를 이용해 기업의 일관된 성장(매출이나 이익)의 질적 이유를 이해하고 그러한 성과가 계속될 것이라는 근거를 확보했다. 예를 들어 아메리칸 익스프레스에 대한 그의 통찰은 해외여행이 점점 더 늘어나면서 아메리칸 익스프레스 여행자 수표에 대한 수요도 더 커지리라는 것이었다. 벌링턴 노던 산타페에서는 철도를 통한 화물 운송이 트럭 운송의 시장점유율을 계속 잠식할 것이며, 본질적으로 연료 효율이 더 높은 철도 운송의 강점 덕분에 그러한 추세는 계속될 것이라는 게 버핏의 통찰이었다.

하지만 왜 지속적으로 좋은 성과를 냈는지 살펴보는 것이 기업의 복합 능력이나 경쟁우위를 찾거나 현재 이익을 살펴보는 것보다 더 중요할까? 우선 경쟁우위에 관해 설명하도록 하겠다.

내 경험으로 볼 때 경쟁우위를 명확하게 파악하기는 상당히 어렵다. 때로는 실제 경쟁우위를 분명히 파악하고 이해할 수 있지만, 그것을 확인하기 위해서는 일관된 과거 재무정보나 다른 종류의 데이터가 있어야 한다. 그렇지 않으면 그것이 의미 없는 해자를 찾는 오류로 이어질 수 있다. 예를 들어 블랙베리BlackBerry가 그 회사만 생산하는 제품 및 자사가 구축한 서버라는 해자를 가지고 있다는 한때 유명했던 주장에 관해 생각해보자. 그 주장은 일부 사실일 수도 있었지만, 2011년과 2014년 사이 블랙베리의 매출이 80% 이상 감소하고 이익도 마이너스로 전환되면서 재무적으로 그 해자는 의미를 완전히 잃었다. 단순한 이론화보다는 숫자 및 객관적 데이터 형태의 근거를 찾는 것이 실제 구조적 이점을 밝히는 데 더 신뢰성이 높은 것 같다.

기업의 복합 능력과 현재 이익(많은 투자자가 이 수치를 정확하게 계산하기 위해 지나치게 많은 시간을 투입하고 있을 것이다)에 관해서는 더욱더 간단하게 설명할 수 있다. 현재 이익을 산출하는 것은 중요하다. 그 결과를 통해 투자자는 사업의 가치가 어느 정도인지 판단할 수 있다. 또한 기업의 자본이익률을 검토하는 것도 중요하다. 자본비용보다 훨씬 더 높은 자본이익을 창출하지 못한다면 기업은 장기적으로 꾸준한 수익을 창출할 수 없다. 하지만 기업의 진정한 가치는 미래 이익의 총합과 같다.

투자자가 현재 이익을 80달러, 82달러, 79달러 등으로 정확히 산출하는 것은 그다지 중요하지 않다. 5년 후 미래 이익이 700달러,

15달러, 3,000달러로 예상된다면 그것이 훨씬 더 중요할 것이다. 마찬가지로 높은 자본이익률도 기업이 장기적으로 꾸준한 수익을 창출할 수 있는 요건 중 하나이지만, 기업의 미래 전망이 불투명하다면 자본수익률이 높은 것만으로는 불충분하다. 투하된 자본의 이익률이 50%에 달하지만 매출이나 이익이 증가하지 않는다면, 그 기업은 사업의 성장을 위해 이익을 재투자할 수 없기 때문에 높은 자본이익률의 혜택을 얻을 수 없다.

이런 점을 감안하면 나는 이제 우리 연구 시간의 80%를 이미 지나간 이익을 극도로 정확하게 산출하거나 사업에 투하된 자본에 대한 정확한 이익률을 계산하는 데 쓰기보다는 이익 성장의 꾸준함이 높은 기업을 찾고, 그러한 성장이 왜 가능한지 명확하고 합리적으로 설명할 수 있는 양질의 데이터를 찾는 데 써야 한다고 생각한다. 정확하지만 틀렸다는 역설의 희생양이 되어서는 안 된다.

(3) 투자 스타일을 투자 기회에 맞추기

오늘날 투자 세계에서는 많은 투자자가 '가치', '성장', '이벤트 활용 event driven' 같은 다양한 스타일 중 하나의 방식만을 따라 자신의 투자 전략을 정의한다. 버핏은 그러한 유형들을 초월했다. 그는 값싼 넷넷 투자만 하지도 않았고 양질의 기업이나 우선주에만 투자하지도 않았다. 대신 시장 상황과 개인적인 투자 구조에 투자 전략을 맞추었다.

버핏은 1961년 연말 파트너십 서한에서 파트너십의 투자 전략인 세 가지 핵심 유형의 투자 범주에 관해 상세히 기술했다. 첫 번째 범주는 '일반' 유형이다. 이것은 바로 내재가치보다 상당히 저평가된 것으로 보이는 증권이었다. 여기에는 우리가 전형적인 가치투자로 간주하는 것, 즉 자산가치나 이익보다 가격이 싼 *기업*을 매수하는 전략 등이 대부분 포함돼 있다. 버핏은 이러한 저평가 상태가 언제 해소될지는 정확히 알 수 없지만, 자신은 시간이 지나면서 이러한 투자들의 가치가 전반적으로 상승할 것으로 기대한다고 말했다. 결과적으로 투자자는 지급한 대가에 비해 많은 가치를 얻는다. 그는 경험으로 이 범주에 있는 주식은 시장과 상관관계가 있어 시장이 하락하면 같이 하락하고 시장이 상승하면 같이 상승할 것이라는 사실을 알고 있었다. 하지만 그 주식이 저평가되고 있다는 점을 감안하면 상당한 수준의 안전 마진을 확보할 수 있을 것으로 기대했다. 즉 시장이 하락할 때 그 주식들은 상대적으로 시장보다는 덜 하락하게 될 것이다.

두 번째 투자 범주는 '워크아웃'이다. 이는 기업의 재무 이익이 기업의 특별한 활동(합병, 청산, 조직 개편, 스핀오프 등)에 좌우되는 상황이다. 버핏에 따르면 이 투자 범주는 시장 상황에 영향을 덜 받는데, 그는 여기서 10~20% 수준의 꽤 안정적인 평균 이익률을 기대했다. 이 범주에 속한 기업의 주가는 하락장에서는 시장을 큰 폭으로 웃돌지만 강한 상승장에서는 시장 상승률에 미치지 못할 것으로 예상되었다. 또한 이 투자에는 (일반적인 저평가 상황과는 달리) 기업이 설정한 정해진 일정이 존재했다.

버핏이 언급한 세 번째 투자 범주는 파트너십이 기업을 직접 지배하거나 기업 운영에 적극적인 영향을 미칠 만큼 큰 지분을 소유할 수 있는 상황이었다. 이러한 상황은 이전 두 투자 범주 중 하나에서 비롯될 수도 있지만, 여기서 버핏이 주목한 것은 자산, 운전자본 또는 (향후 그의 투자 경력에서) 운영 개선이라는 숨겨진 가치가 드러날 수 있도록 기업에 영향력을 행사할 기회였다. 그는 이것을 '지배 상황'이라고 불렀다.

버핏의 전반적 목표는 장기적으로 시장을 이기기 위해 세 가지 투자 범주를 모두 조합하는 것이었다. 그는 크게 하락하는 시장에서는 시장보다 적은 손실을 보고, 크게 상승하는 시장에서는 시장과 비슷하거나 약간 적은 이익을 얻기를 바란다고 말했다. 버핏은 기회의 파이프라인을 만드는 것에 관해서도 언급했다. 최고의 투자 유형은 시장 상황에 따라 변화하며, 투자자는 가장 유망한 기회를 식별하기 위해 이러한 흐름을 인식하고 대응해야 한다는 것이다. 버핏은 그가 고려했던 투자 유형에 유연하게 대처하면서도 장애물에 대해서는 단호하게 대처했다.

어떠한 훌륭한 공개 기업도 합리적인 가격으로 살 수 없을 때 버핏은 더 많은 합병 재정거래 기회에 투자했다. 그리고 그런 기회가 고갈되었을 때에는 비공개 기업들로 눈을 돌렸다. 1968년 그 어느 투자 범주에서도 기회를 찾을 수 없게 되자 자신의 투자 기준과 타협하기보다는 파트너십을 해산하고 수익을 분배하는 쪽을 택했다. 만약 그의 투자 요건이 저평가된 일반 투자 범주에서 내재가치 대비 50%의 안전 마진을 확보하는 것이었다면, 버핏은 그런 기회를 찾을 때까지 꿈쩍도 하지 않았다. 또한 그것이 자본을 현명하게 배분할 수 있는 경영진의 능력에 절대적인 신뢰가 있어야 한다는 것이었다면, 그는 그 원칙을 굽히지 않았다.

여기서 敎訓은 투자자들이 시장에서 한 가시 투자 스타일만 고집해서는 안 된다는 것이다. 대신에 서로 다른 투자 환경에 적합한 여러 유형의 투자에 관한 전문성을 개발하고 스스로 나타난 기회를 잡아야 한다. 기회가 고갈되고 있는 것처럼 보일 때 투자 기준을 느슨하게 함으로써 자신의 투자 원칙과 타협해서는 안 된다.

(4) 경영진의 중요성

워런 버핏의 접근 방식 중 한 측면은 수년간 변함없이 유지돼왔는데, 그것은 그가 좋은 경영진에 가장 중점을 두었다는 사실이다. 다른 유명 가치투자자들(월터 슐로스Walter Schloss, 벤저민 그레이엄 등)은 경영진을 평가하는 데 거의 관심이 없었지만, 버핏은 회사의 경영진을 이해하고 평가하는 데 엄청난 시간을 썼다. 투자하기 몇 년 전부터 경영진을 알고 있었던 경우도 상당히 많았다(몇 명만 언급히도 내셔널 인뎀니티의 잭 링월트, 캐피탈 시티즈 / ABC의 톰 머피, 살로몬의 존 굿프렌드 등이 있다). 그리고 회사를 소유하고 있을 때도 필요하다면 경영진을 감독하고 지원하는 데 상당한 시간을 할애했다. 경영진 평가를 투자 프로세스의 일부로 생각하는 투자자들 사이에서조차 버핏은 그 기준을 훨씬 뛰어넘었다.

경영진을 평가하면서 버핏이 분명히 검토한 기준 중 하나는 그들이 기업 운영에서 성공한 역사였다. 내셔널 인뎀니티의 잭 링월트를 예로 들어보자. 링월트는 1940년 동생 아더Arthur와 회사를 공동 창업해 무에서부터 회사를 키웠다. 1967년 버핏이 투자했을 때 링월트는 회사를 성공적으로 경영하고, 위험과 성장 전망 사이의 균형을 맞추는 데 이미 25년 이상을 종사한 상태였다. 버핏이 투자한 더 큰 상장기업에서도 분명한, 같은 성공의 기록이 있었다. 아메리칸 익스프레스의 CEO 하워드 클락과 코카콜라의 CEO 로베르토 고이주에타는 최소 수년간 그 역할을 해온 검증된 경영자들이었다. 이 경영자들 사이의 또 다른 유사점은 그들이 작성한 상세하고 정직한 연차보고서였다. 투자자들은 그들이 작성한 보고서의 내용에서 그 사업에 대한 특이한 통찰을 얻을 수 있었다.

버핏이 경영진의 성공 이력을 보지 않고 회사에 투자하는 것은 이례적인 일이었다. 한 가지 주목할 만한 예는《워싱턴 포스트》였는데, 당시 캐서린 그레이엄은 전임 회장 프리츠 비베가 갑자기 사망하면서 그 사업을 이어받은 상황이었다. 하지만 이 경우에서도 버핏은 신문사의 존 프레스콧,《뉴스위크》의 오스본 엘리엇, 방송의 래리 이스라엘 등《워싱턴 포스트》의 주요 사업 부문의 책임자들에 관해 파악했고, 나중에는 직접 그레이엄에게 폭넓은 멘토링을 제공하기도 했다.

버핏은 특히 소유주 경영자, 즉 회사의 소유주이거나, 아니면 사업에 헌신적이거나 개인적으로 사업과 연계된 CEO들을 높이 평가하는 것 같았다. 몇몇 사례들에서는 그 부분이 매우 명백했다. 내셔널 인뎀니티의 잭 링월트나 네브라스카 퍼니처 마트의 로즈 블룸킨은 그들이 직접 회사를 설립한 소유주 경영자였다.《워싱턴 포스트》설립자의 손녀였던 캐서린 그레이엄도 마찬가지였다. 몇몇 다른 사례에서는 경영자들이 직접적 이익 분배 계약을 맺고 인센티브를 받거나 기업이나 버핏과의 개인적인 관계로 경영자로 선택되었기 때문에 그들을 소유주 경영자로 볼 수 있었다.

이렇게 간주할 수 있는 경영자들은 뎀스터 밀의 해리 보틀, 버크셔 해서웨이의 켄 체이스, 《버펄로 이브닝 뉴스》의 스탠 립시, 미드아메리칸 에너지의 월터 스콧 및 데이비드 소콜 등이었다. 대기업이 전문경영인을 두고 있는 경우에도 버핏은 그 회사의 경영자들이 회사와 함께한 역사가 매우 길고 뚜렷한 회사에 투자했다. 캐피탈 시티즈의 톰 머피, 웰스 파고의 칼 라이하르트, 제너럴 리의 로널드 퍼거슨, BNSF의 매튜 로즈 모두 자신들이 근무하던 회사와 10년 이상, 어떤 경우에는 25년 이상 함께했다. 버핏은 그 경영자들이 그 회사의 장기적 소유주인 자신과 마찬가지의 이해관계를 가지고 있었기 때문에 그들을 선호했다.

버핏에게는 경영자에 대한 몇 가지 다른 기준도 있었다. 그는 경영자가 최고의 도덕성을 가져야 한다고 믿었다. 그렇지 않다면 그들이 멍청함보다는 똑똑함으로 투자자들에게 훨씬 더 큰 손해를 입힐 수 있다고 생각했다. 버핏은 자본을 현명하게 배분할 수 있는 능력을 갖춘 경영자들을 높이 평가했다. 물론 그는 처음부터 이 접근법을 경영진에게 강요하기보다는 자신이 지지하는 보수적 접근법을 그들에게 가르치려 노력했다. 버핏은 좋은 투자 대상을 찾는 데 있어 경영진을 가장 중요한 기준 중 하나, 더 나아가 가장 중요한 기준으로 여겼다.

그는 경영진을 파악하고, 평가하고, 이끄는 데 엄청난 시간을 썼다. 버핏은 입증된 성공의 역사를 가지고 있으며, 자신이 이끄는 사업에 깊은 관심을 가진 정직한 사람을 찾아냈다.

마치며

●

워런 버핏을 해석하는 것은 쉬운 일이 아니다. 하지만 버핏의 활동과 전략을 연구해 얻을 수 있는 교훈은 우리에게 상당한 통찰을 줄 수 있다. 이 책에서 나는 그의 긴 투자 경력에서 투자 펀더멘털과 관련된 세부 사항들을 탐구하며 구체적으로 하나의 접근법을 취하려고 노력했다. 나는 개별 투자에 대한 버핏의 접근 방식뿐만 아니라 각 상황에서 투자가가 제삼자의 관점으로 어떠한 합리적 근거를 보았을지 이해하는 데 가장 중점을 두었다. 또한 이러한 맥락에서 투자자로서의 버핏의 진화 과정을 독자들에게 설명하려고 노력했다. 나는 독자들이 그의 투자 사례에 제시된 구체적인 증거들뿐만 아니라 투자자로서의 버핏의 진화 과정과 자신들의 독특한 투자 경험을 연관시키는 과정을 통해 많은 것을 배울 수 있기를 희망한다.

투자자들이 자주 묻는 말 중 하나는 개인 투자자들이 워런 버핏의 투자 방식을 어느 수준까지 복제할 수 있느냐 하는 것이다. 그의 투자 경력 중 가장 중요하다고 생각하는 20건의 투자를 살펴본 후 나는 실제로 그중 상당수는 개인 투자자도 할 수 있었던 투자라고 주장할 수 있게 되었다. 특히 버핏의 경력 후반기에 이루어진 투자의 경우에는 더욱더 그러하다.

심지어 비공개 기업 투자나 다른 투자자들이 실행하기에는 불가능했을 것 같은 투자에서 배운 많은 교훈도 종종 유사한 상장기업에 대한 투자에 적용될 수 있다고 생각한다. 내가 보기에 버핏이 평균적으로 매년 몇 건의 좋은 투자 기회만 검토했다는 것과 그가 많은 노력을 기울여 각 투자에 대해 상당한 시간과 노력을 할애했다는 사실이 개인 투자자가 생각하기에는 따라 하기 힘든 부분이 될 수도 있다. 하지만 우리도 투자에 상당한 시간을 할애하고 인내심을 가진다면 버핏의 투자에서 얻은 많은 교훈을 자신의 투자 방식을 개선하기 위해 직접 적용할 수 있다고 진심으로 믿는다.

Warren Buffett

워런 버핏 투자의 역사

1판 1쇄 인쇄 | 2019년 10월 21일
1판 1쇄 발행 | 2019년 10월 28일

지은이 예페이 루
옮긴이 백승우
감수자 오인석
펴낸이 김기옥

경제경영팀장 모민원 기획 편집 변호이, 김광현
커뮤니케이션 플래너 박진모
경영지원 고광현, 임민진
제작 김형식

디자인 제이알컴
인쇄·제본 민언프린텍

펴낸곳 한스미디어(한즈미디어(주))
주소 121-839 서울시 마포구 양화로 11길 13(서교동, 강원빌딩 5층)
전화 02-707-0337 | 팩스 02-707-0198 | 홈페이지 www.hansmedia.com
출판신고번호 제 313-2003-227호. | 신고일자 2003년 6월 25일

ISBN 979-11-6007-404-8   13320

INSIDE THE INVESTMENTS OF
WARREN BUFFETT